伊藤塾 合格セレクション

司法試験・予備試験

2024

短答式過去問題集

刑事訴訟法

伊藤 真 監修・伊藤塾 編

日本評論社

2024年版はしがき

introduction

　この「合格セレクションシリーズ」は、2021年4月に刊行した憲法、民法、刑法を皮切りに、2021年内に行政法、商法、民事訴訟法、刑事訴訟法も刊行し、7科目すべてを受験生に届けることができ、それから毎年版を改めてきました。

　この間、多くの受験生にこの「合格セレクションシリーズ」を利用していただき、幸い好評を得ることができました。そこで、前年の短答式試験問題を加えると共に、更に受験生の便宜を図るため、2024年版を刊行することとしました。

　刑事訴訟法の短答式試験では、準用関係などを含めた正確な条文知識と共に、重要判例の理解が求められます。また、見解問題に対応するために、主要な学説もおさえておく必要があります。こうした知識を体系的かつ網羅的に習得することは、論文式試験でも役に立つでしょう。

　そこで、受験生が限られた学習時間を使って、効率よく必要な知識を習得できるよう、改めて構成の見直しを行いました。

　2024年版における主な変更点は、以下のとおりです。

1　2023（令和5）年の司法試験及び予備試験の問題を収録

　これまでの版と同様の選定基準に従い、2023年に出版した第2版後に実施された、2023（令和5）年の司法試験及び予備試験の短答式問題を新たに収録しました。

　さらに、これらの問題に対応した **CORE PLUS** を新たに追加し、最新の試験傾向に沿った知識を習得できるようにしました。

2　法改正等の新しい情報を追加

　前版の刊行後に出た判例や法改正などの新しい情報を盛り込みました。例えば、2024年の試験範囲ではないものの、令和4年法律第67号による刑事訴訟法の一部改正などの新しい情報も注記のかたちで盛り込んでいます。これによって、最新の知識が得られます。法改正に関する詳細は、凡例（xix頁）に記載します。

　なお、2024（令和6）年司法試験及び予備試験からは、出題法令の基準日が、原則として当該年の1月1日現在で施行されている法令となりました。

　次に、2022年に出版した初版以降の主な変更点は、以下のとおりです。

3 登載問題の見直し

　前版より、受験生にとって本当に必要な問題だけを収録し、全体のボリュームを抑えることによって、限られた学習時間を効率よく使ってもらうため、直近12年分の司法試験及び予備試験問題の中から、司法試験受験者の正答率が80パーセント以上、予備試験受験者の正答率が65パーセント以上という基準に従って、登載すべきフル問題を改めて厳選しました。同様に、**CORE TRAINING** も基準に従い見直しました。また、これに伴い、巻末のフル問題一覧表の記載も見直しました。

　ただし、法改正や最新判例の登場等によって特定分野における登載問題が極端に少なくなる場合や、最新の試験傾向を分析し、学習上重要であることが認められる場合には、13年以上前の問題であっても掲載しています。

　今回の改訂にあたっては、2022年に予備試験に合格され、翌2023年の司法試験に優秀な成績で合格された鈴木勇人さん、法科大学院卒業後の2023年に司法試験に1回で合格された岡田周也さんを始めとする伊藤塾の誇るスタッフに、その実力とノウハウを惜しみなく注いでいただきました。また、伊藤塾の書籍出版において従前から貢献していただいている永野達也氏（新65期）にご助力いただきました。そして、日本評論社のご協力を得て、初めて刊行することができました。ここに改めて感謝いたします。

　2024年5月

伊藤　真

はしがき

introduction

　この「合格セレクションシリーズ」の刊行を開始した2020年は、Covid-19が世界中で猛威を振るい、地球が有限である以上に、私たちの命も有限であることを強く認識させられ、当たり前と思っていたことが当たり前でなくなる現実を目の当たりにして、精一杯生きる一日一日の大切さを痛感しました。

　こうしたなかで、新型コロナ禍で可処分時間が増えたことをむしろチャンスと捉え、伊藤塾で勉強を開始して将来に備えようとする受験生が増えたことは、とても頼もしく思えました。今後も何が起こるか予測もつかない未来に向かって、外部環境の変化に振り回されないだけの自己資源を蓄える準備を着々と進めていくことは、自分のなかの不安に打ち勝つ克己心がないとできないことです。

　短答式試験は、予備試験において最初に通過しなければいけない関門です。伊藤塾は、これまで合格するためのノウハウを出し惜しみしないという方針で進化し続け、圧倒的な合格実績を出し続けてきました。本シリーズにおいては、短答式試験に特化して、そのノウハウを公開します。

　短答式試験の学習において受験生が直面する問題に向き合って制作したものですから、短答式試験の学習に苦しさを感じている受験生は、是非一度手に取って学習してほしいと思います。

1　はじめに

　司法試験・予備試験受験者にとって、短答式試験は論文式試験と同じ、あるいはそれ以上の重要性を持っています。

　短答式試験の勉強をするにあたって、短答式試験の過去問や一問一答形式の問題をただひたすらに解き続けても、なかなか新規の問題の正答率があがらないとか、他の勉強や仕事との兼ね合いで短答式試験の過去問すべてに触れる時間が取れなくなっているという悩みを持っている人も多いことでしょう。2011（平成23）年から始まった予備試験は既に12回目となるため、過去問は毎年蓄積され、年を追うほどに、過去問をすべて解いて短答式試験の対策を行うという方法は採りづらくなってきています。

　本書は、短答式試験で高得点を取りたいとか、短答式試験の勉強を開始したばかりという受験生の勉強のツールとしてはもちろんのこと、ひたすらに短答式試験の過去問を解き続けていたが成績があがらず、勉強法に悩みを抱えていたり、短答式試験の過去問をすべて解くには時間的余裕がないという悩みを抱えている受験生に向けて、構成に工夫を施して、効率よく、最速で短答式試験に合格するための道しるべとなる

ものです。

2 本書の特長

【1】 厳選した過去問と工夫を施した解説

　短答式試験の過去問は年々増加する一方なので、すべての問題で問われた知識を遮二無二理解して記憶しようとすれば、膨大な時間がかかってしまいます。しかし、実は毎年のように問われている問題も多く、合格のために最低限必要な知識は限られているのです。それらの知識は限られた数の過去問を解き、理解することで身に付けることができます。そこで、本書は効率よく合格に必要な知識を身に付けられるよう、創意工夫を施しています。

　まず、短答式試験の実践的な学習をしたい受験生のために、直近12年分の司法試験及び予備試験問題のなかから、司法試験受験者の正答率が約80パーセント以上の問題、また、予備試験受験者の正答率が65パーセント以上の問題を、法改正のない限りそのまま掲載しました。以下では、そのまま収録した問題を「フル問題」と記述します。なお、受験者の正答率に関しては、伊藤塾が毎年本試験後に行っている解答調査を基準としています。

　フル問題は、受験生の多くが解答できている問題であり、問われている知識も基礎的な知識であることが多いです。また、こうした基礎知識は短答式試験において頻繁に出題される傾向があります。受験生は、フル問題で問われている知識については正確に理解し記憶しておくことが望ましいといえます。

　フル問題の登載を直近12年に絞ったのは、限られた学習時間を効率よく使うために、受験生にとって本当に必要な問題だけを収録し、全体のボリュームを抑えるための工夫です。ただし、法改正や最新判例の導入等によって掲載問題が極端に少なくなった分野の問題や、学習上重要な問題については、13年以上前であっても掲載しています。これによって、短答式試験対策だけに必要以上の時間を取られる心配はありません。

　次に、短答式試験の学習が無機質に感じられて、なかなかはかどらないと悩みを抱えている受験者のために、**CORE TRAINING** 及び **CORE PLUS** というものを各章又は節ごとに設けています。

　CORE TRAINING とは、司法試験と予備試験の問題を各記述（以下「選択肢」と記述します）ごとに分けたうえで、その選択肢の正誤を判断するために必要な知識は何かを分析し、習得すべき知識のみを抽出したものです。具体的には、これまで実施された司法試験と予備試験の問題のうち、合格に必要十分な点数を確保できるように、フル問題の基準に満たない問題を正答率の高いほうから順に採用し、各選択肢の正解を○×形式で、端的な根拠を付し、効率よく問題を解けるようにしました。

　なお、予備試験においては合格率が約24パーセントと低く、より高い得点率が要求されるため、受験者の正答率が低い問題であっても、フル問題と合わせて当該年度の

得点率が７割に届くように、正答率が高いものから順番に採用しました。

　これらによって、各年度共通して問われる知識が何であるのかが明確となり、短答式試験の合格に必要な知識を効率よく習得することができるようになっています。

　また、短答式試験の科目や分野によっては改正や最新判例の導入等で、既存の知識以上のものが要求されることもあります。そのため、**CORE TRAINING** では、そのような点を解消すべく、過去問のほかに、必要に応じて「オリジナル問題」というものを掲載しています。

　受験生においては、**CORE TRAINING** に記載されている問題の知識も自分のものとすることで、確実な合格を目指すことができるでしょう。

　加えて、知識の習得を促進させるため、**CORE PLUS** というものを設けています。ここでは、短答式試験において必要不可欠だと考えられる知識を、**CORE TRAINING** を解くに当たって必要な知識と一部対応させるかたちで図表化し、掲載しています。**CORE PLUS** では、短答式試験に直結する知識だけではなく、その周辺知識まで網羅し、汎用性の高い知識を習得できるように工夫しています。

【2】　見解問題への対応

　刑事訴訟法の問題は、近年複数の見解からそれぞれどのような結論が導かれるかを問うものが増えています。このような見解問題の正答率は低く、この形式を正解できるか否かによって、得点率が非常に変わってきます。それほどに、見解問題の重要性は近年高いため、本書では、フル問題や **CORE TRAINING** において問題演習をするのみならず、異なる見解を図表にまとめました。これを活用することで、知識を定着させ、法的思考力が求められる見解問題についても正解できるようにしましょう。

【3】　登載フル問題一覧による年度別演習

　巻末に、本書の登載基準を満たす問題の一覧表を掲載しました。この一覧表には、直近12年以前の登載していない過去問であっても司法試験受験者の正答率が80パーセントを超えるもの、また、予備試験受験者の正答率が65パーセント以上のもの、及び登載基準は満たしているが、問題内容の重複によって、登載を見合わせたものも加えました。そのため、すべての年における正答率が高い問題が一目で分かります。

　法務省ホームページに挙がっている年ごとの問題を利用するなどして、年度別に学習する際には、正解しなければならない問題が明確なので、より戦略的な時間配分が可能になります。

　また、この登載フル問題一覧の表を目次と併せて利用することで、複数回出題された問題を更に可視化できます。複数回出題されるということは、それだけ重要度が高く、今後も出題可能性が高いといえ、確実におさえておく必要があることが分かります。

　このように、一覧表を復習時に役立ててください。

❸ 本書の構成と利用法

　本書は、前述の基準で選定した問題を伊藤塾のカリキュラムに従った体系順に並べて掲載しています。これは、『伊藤真試験対策講座』（弘文堂）の登載順でもあるため、書籍を中心に学習する独学者にも使いやすいことでしょう。そして、各章の終わりに、**CORE TRAINING**、**CORE PLUS** を置いてあります。章中の分野が多岐にわたり、当該章のフル問題、**CORE TRAINING** が多い場合には、学習の便宜を考慮し、各節ごとに、**CORE TRAINING**、**CORE PLUS** を置きました。

【1】　フル問題 ⇨ A　（後掲レイアウト見本参照。以下同じ）
（1）問題 ⇨ a

　フル問題は、司法試験と予備試験の問題のうち直近12年分について、2014（平成26）年以前は、受験者の正答率が約80パーセント以上の問題、また、予備試験のみとなった2015（平成27）年以降は、受験者の正答率が65パーセント以上の問題を掲載しています。

　フル問題で問われている知識については、正確に理解し、当該知識が問われている問題に出会ったら反射的に解答を導き出せるようにしておくことが望ましいです。そうすることで、より難易度が高い問題や、読解力が要求される問題などに時間を割くことができるからです。

　具体的な正答率は、解説右上に記載しています。この正答率を見ながら、他の受験者に差を付けられないよう、危機意識を持ってフル問題に取り組んでください。

⇨ h

　短答式試験においては、必ずしもすべての選択肢についての正誤が分かる必要はなく、一部の選択肢の正誤が正確に分かっていれば最終的な解答を導き出すことができる問題も多く出題されています。もちろんすべての選択肢の正誤が正確に分かるのが望ましいですが、試験時間の制約上、一部の選択肢のみを見て解答を導き出す場面も多いことでしょう。このような一部の選択肢の正誤を見て解答を導き出すという解答方法は、本試験と同様の形式でしか身に付けられないため、本書のフル問題を通して感覚をつかんでください。

　そのほかにも、受験生の学習の効率化を考え、次のような工夫をしています。

ア　出題分野、出題年 ⇨ b

　各問題の冒頭におおまかな出題分野を示すタイトルを付したことにより、各自の学習状況に合わせて、必要な分野を重点的に学習することができます。

　司法試験、予備試験の単体問題には出題年番号を記載し、司法試験と予備試験で同一の問題については、それぞれの出題年番号を併記しています。

　なお、本書では出題内容の重複するフル問題は掲載していませんが、出題頻度の高さから重要性を認識してもらうため、内容の共通する選択肢の解説部分に類題マーク

㊫ と出題年番号を記載しています。⇨ n

イ　論点マーク　■論■　⇨ c

　論点マークは、当該問題の選択肢の過半数が論文式試験において出題可能性のある論点である場合に付しています。短答式試験と論文式試験は、形式こそ違いますが解答するために必要となる知識が重複していることが多いです。■論■のある問題を復習する際には、論文式試験で出題がされた場面を想定しながら学習し、短答式試験で要求される知識と論文式試験で要求される知識を有機的に紐付け、理解していくことをお勧めします。

ウ　チェック欄

　出題テーマと出題年番号の記載があるすぐ横に、当該問題を解いたかどうかと、月日を記入するチェック欄を設けました。短答式試験は、その重要性が高い一方で、対策に割くことができる時間は限られています。チェック欄を利用して短答式試験対策を計画的に進め、ある程度余裕をもって短答式試験対策をすることができるようにしましょう。⇨ d

　また、各選択肢の横にもチェック欄を設けました。短答式試験の問題自体を解答するためには、必ずしもすべての選択肢を完全に理解している必要はありませんが、特にフル問題のような正答率が高い問題については、問題の解答を導き出すのに必ずしも必要とはいえない選択肢についても、次年度以降で再び出題される可能性が高いといえます。そこで、問題そのものの正誤にかかわらず、理解の正確性が不安な選択肢には、チェックを付けておき、後々復習することで、より深い知識を身に付けることが必要です。また、復習の際には、チェックが付いている選択肢のみを復習することで、手早く苦手分野を復習することができるので、時間がない場合にはそのように利用することも想定しています。⇨ e

（2）解説　⇨ f

　解説は、当該問題を解答するために必要かつ十分な知識をコンパクトに示すことに重点を置き、作成しています。太い文字で示した部分は、伊藤塾の講師が講義で強調したところです。これらによって、知識を確実に効率よく身に付けられるでしょう。なお、解説中のカギ括弧内は、条文や判例を原文のまま引用した箇所です。

　また、正解欄の横にワンポイントアドバイスを付しました。当該問題を正解するためにはどのような学習を行えばよいのか、どのような点に注意して学習を進めればよいのか、といった点について簡潔にアドバイスしています。当該問題の出題分野の学習に困った場合には参考にしてください。⇨ g

　そのほか、末尾にある文献に、拙著ではありますが『伊藤真試験対策講座』、『伊藤真の判例シリーズ』（弘文堂）を挙げました。短答式試験の学習をする際に、教科書などに立ち戻って理解することも有効です。更に理解を深めて、確実な知識としたいときにこれらの教材を参照してください。⇨ i

■ レイアウト見本

A

c　　　　　　b　　　　　　　　　　d

| No. 010 | 論　任意捜査の限界　予R5-15 | □ 月 日
□ 月 日
□ 月 日 |

a

　次のアからオまでの各記述のうち、正しいものは幾つあるか。後記１から６までのうちから選びなさい。ただし、判例がある場合には、それに照らして考えるものとする。

e

　ア．強盗殺人事件の捜査に関し、公道上を歩いている被疑者の容ぼう等を撮影することは、防犯ビデオに写っていた犯人の容ぼう等と被疑者の容ぼう等との同一性の有無という犯人を特定するための重要な判断に必要な証拠資料を入手するためであっても、被疑者の同意がある場合か、裁判官の令状がある場合以外には許容されない。

　イ．強制手段とは、有形力の行使を伴う手段を意味するものではなく、個人の意思を制圧し、身体、住居、財産等に制約を加えて強制的に捜査目的を実現する行為など、特別の根拠規定がなければ許容することが相当でない手段を意味するものであって、この程度に至らない有形力の行使は、任意捜査においても許容される場合がある。

　ウ．車両に使用者らの承諾なく秘かにGPS端末を取り付け、情報機器でその位置情報を検索し、画面表示を読み取って当該車両の所在と移動状況を把握する捜査手法は、個人のプライバシーの侵害を可能とする機器をその所持品に秘かに装着することによって、合理的に推認される個人の意思に反してその私的領域に侵入するものであり、刑事訴訟法上、特別の根拠規定がなければ許容されない強制処分に当たる。

g　　　　　　　　h

| No. 021 | 正解 4 | 逮捕に伴う無令状での捜索・差押えが許容される趣旨について、各見解の帰結を確認しよう。 | 正答率 83.8% |

f

学生A　正しい。　　　　　　　　　　　　　　　　n  類 H22-24

　見解Ⅰ（相当説）からは、**証拠存在**の**蓋然性**が認められれば**足りる**ので、被逮捕者がその現場にいるか否かにかかわらず、その現場はなおも「**逮捕の現場**」（220条１項２号）に当たる。

学生B　誤り。　　　　　　　　　　　　　　　　　　n 類 予R5-17-ア

　見解Ⅰ（相当説）、見解Ⅱ（緊急処分説）を問わず、令状主義の趣旨を厳守するため、任意提出された物を除いて、差押えの対象は、原則として逮捕の基礎となった被疑事実に関するものに限定されると解されており、逮捕者の安全を確保し、逮捕を完遂するために、例外的に凶器の押収等が許されるにすぎない。

文献 試験対策講座182～186頁 i

（3）スキルアップ問題

受験生の正答率から考えると **CORE TRAINING** に掲載すべき問題でも、専ら体系的理解や論理的思考力を問う問題であると判断したものについては、学習者の便宜を考え、フル問題と同じ形式でスキルアップ問題として最終章にまとめて掲載しました。

予備試験の短答式試験合格のためには、知識を増やすことだけではなく、体系的理解を深めることや論理的思考力を向上させることも不可欠です。この「スキルアップ問題」を活用して、予備試験の短答式試験合格に必要な体系的理解の徹底・論理的思考力の向上に努めてください。

【2】 **CORE TRAINING** ⇨ B

CORE TRAINING には、司法試験と予備試験の問題のうち直近12年分について、受験者の正答率が60パーセント以上80パーセント未満の問題を、これに加えて、予備試験のみとなった2015（平成27）年以降は、受験者の正答率が65パーセント未満の問題であっても、フル問題と合わせて当該年度の得点率が7割に届くように正答率が高いものから順に一問一答形式で掲載しました。なお、過去問の出典の表記については、凡例（xviii頁）に記載します。⇨ j

短答式試験においてより高得点を取るためには、受験生の大多数が理解している知

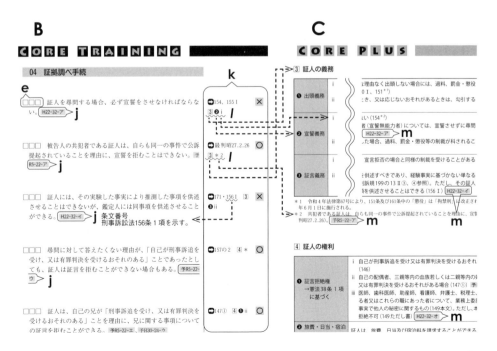

識だけを身に付けるのではなく、他の受験生と差を付けることができる範囲の知識についてもある程度身に付ける必要があります。このような知識をストックするために利用してほしいのが、この **CORE TRAINING** です。

なお、法改正等に対応させるために実際の出題から問題の内容を改変した場合には、出題年番号の後に「改題」と付しています。一方で、問題の内容に変更はないが、一問一答形式に対応させるため形式的な改変を加えた場合については、「改題」とは付していません。

CORE TRAINING の解説では、【3】に後述する **CORE PLUS** と併用してより確実に知識を身に付けられるように工夫を施しました。⇨ k

具体的には、一問ごとの解説では、可読性を重視し、問題の正誤及び必要最低限のごく簡単な解説を付すのみとしました。そして、その直後に、当該 **CORE TRAINING** で問われている知識について、**CORE PLUS** 内に詳細な解説を記載しています。

また、**CORE TRAINING** の解説の末尾に記載した番号等は、当該問題と **CORE PLUS** の図表との対応を示すものです。これにより、一目で問題の詳しい解説を探すことができます。⇨ l

CORE TRAINING と **CORE PLUS** を対応させて学習することで、単純に知識を1つひとつ覚えるのではなく、体系的な位置づけや周辺知識を意識しつつ学習することができるようになっています。

CORE TRAINING を効率よく活用し、短答式試験の過去問学習をコンパクトかつ質の高いものにしてください。

【3】 **CORE PLUS** ⇨ C

CORE PLUS は、短答式試験において必要不可欠と考えられる知識を図表化したものです。**CORE TRAINING** と対応させて、1つひとつの知識を体系立てて、有機的に関連させて学習できるよう、多数の図表を掲載しています。また、短答式試験の過去問だけでなく、その周辺知識までを網羅し、汎用性の高い知識を習得できるように工夫しています。短答式試験で通用するような質の高い知識を身に付けるために重要なのは、がむしゃらに過去問を解き続けて出てきた知識をその都度1つひとつ単純に覚えていくことではなく、知識を体系立てて、あるいは論文式試験で要求される知識とも関連づけ、あらゆる切り口からの問題に対応できるような汎用性の高い知識を身に付けることです。そのためにも、**CORE PLUS** に掲載されている知識を確実に記憶していくことが望ましいのです。

また、**CORE PLUS** にも過去問の出題年番号を同様に付してあります。⇨ m これによって、必要な知識がより明確で、かつ、短答式試験の合格に必要な知識が網羅されていますから、短答式試験の直前に見返すことによって、得点アップにつながります。短答式試験の直前には、是非、本書を活用してください。

4 おわりに

　司法試験においては、いくら自分で勉強したと思っていても合格できないことがあります。基礎・基本が不十分であったり、勉強の方向性を誤ったりすると、なかなか結果が出ません。大切なことは勉強の量よりも勉強の質なのです。

　本書は、一般の短答式試験対策問題集と比べてコンパクトですから、知識量が足りるのか不安になる受験生もいるかもしれませんが、合格するためにセレクトされた問題から、おさえるべき知識はすべて掲載しています。

　短答式試験合格に必要なのは大量の曖昧な知識ではなく、洗練された正確な知識と体系立った理解です。本書に掲載されている知識については繰り返し復習して、新たな問題を解く際や本番の短答式試験の際にも使えるような実践的な質の高い知識としてください。

　本書を通して、最短で司法試験・予備試験の短答式試験の対策を完成させ、1人でも多くの受験生が、司法試験・予備試験の短答式試験に合格されることを願っています。

　なお、制作に当たり、2020年司法試験に合格された伊藤塾出版編集課の皆さんから引継ぎ、2021年司法試験に優秀な成績で合格された井手俊輔さん、小澤瑞生さん、久郷浩幸さん、佐藤諒一さん、高橋粒さん、中野瀬里奈さん、根木満里奈さんを始めとする合格者に、その実力とノウハウを惜しみなく本書に注いでいただきました。また、伊藤塾の書籍出版において従前から貢献していただいている近藤俊之氏（54期修習）には、草稿段階から貢献していただきました。そして、伊藤塾の誇るスタッフと日本評論社のご協力を得て、初めて刊行することができました。ここに改めて感謝いたします。

2021年11月

伊藤　真

もくじ

contents

第**3**編　公　訴

第6編 救済手続

第7編 その他

スキルアップ問題

補　章

凡例

explanatory notes

1 法令名の表記

問題文中を除き、括弧内の法令名については、以下のとおり略記しました。

なお、紛らわしくない場合は「（刑訴）」を省略し、条文（項・号）番号のみ表示しています。

刑事訴訟法……刑訴

刑事訴訟規則……刑訴規

刑法……刑

憲法……憲

覚醒剤取締法……覚醒剤

警察官職務執行法……警職

検察審査会法……検審

検察庁法……検察

裁判員の参加する刑事裁判に関する法律……裁判員

裁判所法……裁

自動車の運転により人を死傷させる行為等の処罰に関する法律
……自動車運転致死傷

児童買春、児童ポルノに係る行為等の規則及び処罰並びに児童の保護等に関する法律……児童買春

少年法……少

組織的な犯罪の処罰及び犯罪収益の規制等に関する法律……組織犯罪

犯罪捜査規範……捜査規範

犯罪捜査のための通信傍受に関する法律……通信傍受

犯罪被害者等の権利利益の保護を図るための刑事手続に付随する措置に関する法律
……犯罪被害保護

爆発物取締罰則……爆発

2 条文の表記

条文（項・号）番号の表記については、番号を併記するときは〈、〉で、準用条文を表すときは〈・〉で区切っています。

CORE TRAINING の右欄及び **CORE PLUS** の図表内において、アラビア数字は条文番号、ローマ数字（Ⅰ、Ⅱ、Ⅲ……）は項、丸数字（①、②、③……）は号を表

しています。

3 判例の表記

① 最高裁については、大法廷を「最大」、その他を「最」
② 大審院については、連合部を「大連」、その他を「大」
③ 判決を「判」、決定を「決」
④ 元号の明治・大正・昭和・平成・令和をそれぞれ「明・大・昭・平・令」、年月日を「○．○．○」、と略記します。

例えば、「最高裁判決平成30年11月30日」は「最判平30. 11. 30」といった表記になります。

4 過去問の表記

過去の司法試験及び予備試験問題は、以下のように略記しています。

司法試験の出題年度－問題番号－記述番号

例えば、「H29-19-1、H23-18-4、予R5-7-5」は、平成29年司法試験の第19問の1、平成23年司法試験の第18問の4、令和5年予備試験の第7問の5となります。

また、このように複数併記してある場合は、司法試験、予備試験の順で、各々出題年の新しいほうから並べています。

司法試験と予備試験が同一の問題である場合には、司法試験問題番号のみ表記してあります。ただし、フル問題については、司法試験問題番号と予備試験問題番号を併記してあります。

5 参考文献 （→以下は、本文表記名）

伊藤真・伊藤真試験対策講座10刑事訴訟法［第5版］（弘文堂）
　　　→ 試験対策講座
裁判所職員総合研究所・刑事訴訟法講義案［4訂補訂版］（司法協会）
　　　→ 講義案
田口守一・刑事訴訟法［第7版］（弘文堂）
松尾浩也監修・条解刑事訴訟法［第5版］（弘文堂）
刑事訴訟法判例百選［第11版］（有斐閣）→ 百選
令和4年度重要判例解説（有斐閣）→ 令和4年重判
伊藤真の判例シリーズ5刑事訴訟法（弘文堂）→ 判例シリーズ

6 法改正について

　令和4年6月17日法律第67号により、刑法の一部改正（拘禁刑の創設等）に伴い、刑事訴訟法も改正されました。主に、刑の執行猶予の猶予期間経過後の刑の執行に係る手続規定が整備されたため、これに関わる箇所に注記を付しています。この施行日は、2025（令和7）年6月1日とされています。

　また、令和5年6月23日法律第66号により、刑法の一部改正（不同意わいせつ罪・不同意性交罪等の創設）に伴い、性犯罪の公訴時効期間が延長されました（250条3項、4項）。さらに、令和5年5月17日法律第28号により、公判期日等への出頭及び裁判の執行を確保するための規定や、犯罪被害者等の情報を保護するための規定が整備されました。この施行日は、保釈の取消事由の追加（96条1項5号、4項）等の一部の規定を除き、公布日より5年以内に政令で定めるとされています。

　なお、司法試験及び予備試験問題の正誤の基準となる法令の基準日が、2024年から試験実施年の1月1日に変更になりました。これに伴い、本書での解説及び正誤は、2024年の1月1日時点で施行済みの法令を基準としています。

　各種試験においては、施行日によって、出題範囲が異なる場合があります。ご注意のうえ、ご利用ください。

司法試験・予備試験
効果的学習法

　合格セレクションシリーズに掲載されている問題やここで記述したような学習方法は、伊藤真塾長や伊藤塾で開発した数多いテキストや講義のうちの一部を紹介したにすぎません。「伊藤真塾長ってどんな人かな」「伊藤塾の講義を体験してみたい」「直近合格者の勉強方法を知りたい」「伊藤塾テキストを見たい」……。そう思ったら、伊藤塾ホームページにアクセスしてください。無料でお得な情報があふれています。

　　スマホ・パソコン共通 URL　→　https://www.itojuku.co.jp/

伊藤塾ホームページにある情報の一例

塾長雑感（塾長エッセイ）
無料体験講座
合格者の声──合格体験記・合格者メッセージ──
合格後の活躍──実務家レポート──
講師メッセージ
伊藤塾の書籍紹介

　講座は、受験生のライフスタイルに合わせ、**在宅（通信）**受講と**通学（校舎）**受講、**インターネット**受講を用意しています。どの受講形態でも**学習フォローシステムが充**実しています。

刑事訴訟の主体

［**第1編序章（刑事訴訟法とは）には、登載基準を満たすフル問題がありません。**］

CORE TRAINING

□□□　刑事訴訟の目的を単純に二分化すると真実発見と人権保障に分けることができる。オリジナル① ➡ 1　**1**　○

□□□　現行の刑事訴訟法が起訴便宜主義を採用しているのは当事者主義の現れであるといえる。オリジナル② ➡ 248。審判対象の設定を検察官の専権とすることも含め当事者主義を構成　**1**❹　○

CORE PLUS

1 刑事訴訟のアウトライン オリジナル①

❶ 犯罪の発生

■法令名なき条文は刑訴を指す

❷ 捜査の端緒
- ○職務質問、所持品検査、自動車検問、検視、被害届、告訴、告発、自首、請求等
- ○司法警察職員は、犯罪があると思料するときは、犯人及び証拠を捜査するものとする（189Ⅱ）

❸ 捜　　査
- ○犯罪現場の見分、鑑識活動、証拠品の収集、聞き込みなどの基礎的捜査を経て、被疑者の割り出し
- ○逮捕、取調べ
- ○事件を検察官に送るが（246）、逮捕した場合には厳しい時間制限があり、一定の時間内に送る必要がある（203Ⅰ）
- ○任意出頭を求めて取り調べることができるので（198Ⅰ）、身体を拘束しないで捜査を続けることが多い
- ○検察官は、捜査結果を吟味し、必要ならば更に補充捜査を加え、公訴を提起するかを決定する

❹ 公 訴 提 起
- ○嫌疑が不十分なら不起訴
- ○嫌疑があっても検察官の裁量により起訴猶予（起訴便宜主義、248）オリジナル②
- ○起訴には、公判請求又は略式命令請求

❺ 公 判 手 続　公判請求の場合
- ○冒頭手続　　人定質問（刑訴規196）、起訴状朗読（291Ⅰ）、黙秘権の告知（291Ⅳ）＊、被告人・弁護人の事件についての陳述（291Ⅳ）＊
- ○証拠調べ（厳格な証明）　　検察官の冒頭陳述（296）、検察官の立証、被告人・弁護人の立証
- ○弁論手続　　検察官の論告（求刑）（293Ⅰ）、弁護人の最終弁論（293Ⅱ、刑訴規211）、被告人の最終陳述（293Ⅱ、刑訴規211）

❻ 判　　決
- ○終局判決
- ○有罪（335Ⅰ）又は無罪（336）
　上訴
- ○管轄違い（329）
- ○公訴棄却（338）
- ○免訴（337）

　　○第一審の判決に対して→控訴（372）
　　○控訴審判決に対して　→上告（405）
　　（一定期間経過後、裁判は確定）

❼ 刑 の 執 行
- ○判決確定後でも、万が一の誤審に備えて、再審（435）、非常上告（454）

＊　令和5年法律第28号により、黙秘権の告知は291条5項に変更された。2024（令和6）年2月15日に施行。

No.
001

裁判員裁判

予H27-23

　　裁判員裁判に関する次のアからオまでの各記述のうち、正しいものの組合せは、後記1から5までのうちどれか。

ア．裁判員裁判の対象事件であっても、被告人の明示の意思に反するときは、裁判員の参加する合議体により審理・裁判をすることはできない。

イ．裁判所は、裁判員裁判の対象事件については、必ず当該事件を公判前整理手続に付さなければならない。

ウ．裁判員裁判の公判において、被告人以外の者の供述を証拠とする場合、その者が供述不能である場合を除き、常にその者を証人として尋問しなければならない。

エ．裁判員は、犯罪事実の認定に関する事項につき、裁判長に告げて、被告人に対し、直接質問することができる。

オ．裁判員裁判により言い渡された判決につき、検察官は、刑の量定が不当であることを理由として控訴の申立てをすることはできない。

1．ア　イ　　　2．ア　ウ　　　3．イ　エ　　　4．ウ　オ　　　5．エ　オ

No. 001　正解 3

裁判員制度に関する問題は頻出である。取りこぼしのないよう、復習しておこう。　正答率 89.3%

ア　誤り。

　裁判員裁判の対象事件（裁判員2条1項各号）は、裁判員の参加する刑事裁判に関する法律3条又は3条の2の決定があった場合を除き、必ず裁判員の参加する合議体により審理・裁判されなければならず（裁判員2条1項柱書）、被告人に裁判体の選択権は認められていない。

イ　正しい。

　裁判所は、裁判員裁判の対象事件については、**第1回の公判期日前に、これを公判前整理手続に付さなければならない**（裁判員49条）。

ウ　誤り。

　裁判官、検察官及び弁護人は、裁判員の負担が過重なものとならないようにしつつ、裁判員がその職責を十分に果たすことができるよう、審理を迅速で分かりやすいものとすることに努めなければならない（裁判員51条）。これを受けて、証拠調べについても、適正・迅速で分かりやすいものとすべく、刑事訴訟規則において、証拠調べの請求に当たっては、必要な証拠を厳選しなければならないこと（刑訴規189条の2）、争いのない事実については、誘導尋問、同意書面（刑訴326条1項）及び合意書面（327条）を活用するなどして、適切な証拠調べが行われるよう努めなければならないこと（刑訴規198条の2）などが定められている。したがって、裁判員裁判の公判において、被告人以外の者の供述を証拠とする場合、常にその者を証人として尋問しなければならないわけではない。

エ　正しい。

　裁判員は、被告人質問において、裁判員の関与する判断に必要な事項につき、裁判長に告げて、被告人に対し、直接質問することができる（裁判員59条）。そして、裁判員の関与する判断に必要な事項には、犯罪事実の認定に関する事項も含まれる（裁判員6条1項1号）。

オ　誤り。

　検察官は、第一審判決に対して、刑の量定が不当であることを理由として、控訴の申立てをすることができる（刑訴351条、372条、381条）。そして、第一審判決には、裁判員裁判により言い渡された判決も含まれる。

文献　試験対策講座84～86、489、496、497頁

No.
002

裁判員裁判

予H30-23

☐　月　日
☐　月　日
☐　月　日

　　裁判員裁判に関する次のアからオまでの各記述のうち、正しいものの組合せは、後記1から5までのうちどれか。

☐☐☐　ア．裁判員の参加する合議体の構成は、原則として、裁判官3人、裁判員6人である。

☐☐☐　イ．裁判員の選任手続は、公開の法廷で行われる。

☐☐☐　ウ．検察官が、裁判員候補者につき不選任の請求をする場合、必ず理由を示さなければならない。

☐☐☐　エ．補充裁判員は、裁判員の員数が不足した場合に、不足した裁判員に代わって裁判員に選任されるが、選任されるまでは、訴訟に関する書類及び証拠物を閲覧することはできない。

☐☐☐　オ．法令の解釈に係る判断については、裁判官のみの合議によってなされる。

1．ア　ウ　　　2．ア　オ　　　3．イ　ウ　　　4．イ　エ　　　5．エ　オ

No.
002　　**正解　2**　　裁判員裁判の問題は条文知識が問われるので、　　正答率
　　　　　　　　　　　　　　条文をよく読んで確認しておこう。　　　68.4%

ア　正しい。

　裁判員の参加する合議体は、**裁判官**の員数が**3人**、**裁判員**の員数は**6人**とし、裁判官のうち1人を裁判長とする（裁判員2条2項本文）。

　なお、裁判員裁判の対象事件のうち、公判前整理手続による争点及び証拠の整理において**公訴事実について争いがない**と認められ、事件の内容その他の事情を考慮して**適当と認められるもの**については、裁判所は、**裁判官1人及び裁判員4人から**成る合議体を構成して審理及び裁判をする旨の決定をすることができる（裁判員2条3項）。ただし、上記の決定をするには、公判前整理手続において、検察官、被告人及び弁護人に異議のないことを確認しなければならない。

イ　誤り。

　裁判員選任手続は、公開しない（裁判員33条1項）。これは、裁判員及び補充裁判員の選任の適正は、公平中立な裁判所が行うと共に、検察官及び弁護人が出席することにより担保されることから、裁判員候補者のプライバシー保護を図るため、非公開とされたものである。

ウ　誤り。

　検察官及び被告人は、裁判員候補者について、理由を示さずに不選任の決定の請求をすることができる（裁判員36条1項）。これは、裁判員裁判の公正を確保するための方策として、「不公平な裁判をするおそれがある」ことが裁判員の不選任事由とされているが（裁判員34条4項後段）、当事者が、裁判長による質問等を通じ、そのようなおそれがあると感じたとしても、具体的な根拠に基づきこれを明らかにすることには困難を伴うことも多いと考えられたことによる。

エ　誤り。

　補充裁判員とは、裁判員の員数に不足が生じた場合に、あらかじめ定める順序に従い、裁判官から選任される裁判員である（裁判員10条2項）。補充裁判員は、訴訟に関する書類及び証拠物を閲覧することができる（裁判員10条3項）。これは、補充裁判員は裁判員の関与する判断をするための審理に立ち会うこととされているが（裁判員10条2項）、その心証形成をより完全なものとするためには、訴訟に関する書類及び証拠物も閲覧できるようにすることが必要であると考えられたことによる。

オ　正しい。

　「法令の解釈に係る判断」については、構成裁判官の合議による（裁判員6条2項1号）。これは、法令の解釈については、専門技術的判断を要すること、法的安定性が強く要請されることなどから、法的判断の専門家である職業裁判官に委ねるのが適切とされたものである。

文献　試験対策講座84、85頁

No. 003	検察官の権限	□　月　　日
	予R2-20	□　月　　日 □　月　　日

　検察官の権限に関する次の学生AないしEの【発言】のうち、正しいものの組合せは、後記1から5までのうちどれか。

【発言】

　　教授：刑事訴訟法上、検察官の権限やその行使の在り方について様々な規定
　　　　　がありますね。

　　学生A：はい。検察官は、公訴権を有していますが、証拠に基づき有罪判決
　　　　　を得られる高度の見込みがある場合には、公訴を提起しなければなら
　　　　　ないと定められています。

　　学生B：公訴権は、原則として検察官が独占していますが、裁判所の付審判
　　　　　決定があったときは公訴の提起があったものとみなされます。これは、
　　　　　起訴独占主義の例外の一つです。

　　学生C：第一審の判決があるまで、検察官は、公訴を取り消すことができま
　　　　　すが、検察官が公訴を取り消すには、裁判所の許可が必要です。

　　学生D：検察官は、公訴を提起した後も、必要と認めるときは、自らその犯
　　　　　罪を捜査することができます。

　　学生E：検察官は、再審請求権を有していますが、有罪の言渡しを受けた者
　　　　　の利益のために、再審を請求することはできません。

1．AC　　　2．BC　　　3．BD　　　4．AE　　　5．DE

2章　当事者に関する諸問題

7

No.
003　正解 **3**　　公訴権について、条文を中心に改めて確認して
　　　　　　　　　　おこう。　　　　　　　　　　　正答率
　　　　　　　　　　　　　　　　　　　　　　　　　85.3%

A　誤り。

犯人の性格、年齢及び境遇、犯罪の軽重及び情状並びに犯罪後の情況により訴追を必要としないときは、公訴を提起しないことができる（248条）。これは、検察官は、犯罪の嫌疑と訴訟条件が備わっており有罪を求めることができる場合でも、訴追の必要がないときには、裁量により不起訴とすることができるという起訴便宜主義を刑事訴訟法が採用していることを意味している。したがって、証拠に基づき有罪判決を得られる高度の見込みがある場合には、公訴を提起しなければならないわけではなく、そのように定めた規定もない。

B　正しい。

公訴は、検察官がこれを行う（起訴独占主義、247条）。もっとも、起訴独占主義の例外として、一定の犯罪について告訴又は告発をした者には、裁判所に対する付審判請求権を認める付審判手続が定められている（262条から269条まで）。裁判所による付審判決定がされた場合、その事件について公訴の提起があったものとみなされる（267条）。

C　誤り。

公訴は、第一審の判決があるまでこれを取り消すことができる（257条）。これは、起訴後において不起訴処分とする事由が判明した場合には、検察官に公訴の取消しを認める起訴変更主義を刑事訴訟法が採用していることを意味している。そして、公訴の取消しに裁判所の許可を要すると定めた規定はない。したがって、検察官は裁判所の許可なく公訴を取り消すことができる。

D　正しい。

検察官は、必要と認めるときは、自ら犯罪を捜査することができる（191条1項）。そして、起訴後も公判の準備のため、必要に応じて捜査を行うことは許されるものと解される。なお、捜査の内容によっては、公判中心主義の観点から起訴前の捜査とは異なる配慮を要する。

E　誤り。

再審請求は、一定の場合に、有罪の言渡しをした確定判決に対して、その言渡しを受けた者の利益のために、これをすることができる（435条）。そして、検察官は再審請求権を有している（439条1項1号）。したがって、検察官は有罪の判決の言渡しを受けた者の利益のために再審請求をすることができる。

文献　試験対策講座52〜54、233、234、244〜246、512頁

No. 004	弁護人の権限		☐ 月 日
		予H30-18	☐ 月 日
			☐ 月 日

次のアからオまでの各記述のうち、誤っているものの組合せは、後記1から5までのうちどれか。

☐☐☐ ア．被疑者については、保釈の請求をすることはできない。

☐☐☐ イ．弁護人は、起訴後、裁判所が行う捜索差押えに立ち会うことができる。

☐☐☐ ウ．弁護人は、被告人の明示の同意がなければ、証拠調べを請求することができない。

☐☐☐ エ．弁護人は、あらかじめ証拠を保全しておかなければその証拠を使用することが困難な事情があるときは、第1回の公判期日前に限り、裁判官に証人の尋問を請求することができる。

☐☐☐ オ．第一審で有罪判決を受けた被告人の弁護人は、改めて弁護人に選任されなければ控訴をすることができない。

1．ア　イ　　2．ア　ウ　　3．イ　エ　　4．ウ　オ　　5．エ　オ

No.
004　　　正解　4　　　　弁護人の権限の問題は条文知識なので、この機　正答率
会に条文をよく確認しておこう。　　　　　　79.2%

ア　正しい。

　保釈の請求ができるのは、「勾留されている**被告人**は、保釈を請求できる（88条1項）が、被疑者については被告人の**保釈の規定は準用されない**（207条1項ただし書）。これは、法廷への出廷確保のための身体拘束である被告人勾留と、捜査を前提とする身体拘束である被疑者勾留の性質上の差異を考慮したものである。したがって、被疑者は**保釈の請求をすることはできない**。

イ　正しい。

　検察官、被告人又は弁護人は、差押状、記録命令付差押状又は捜索状の執行に立ち会うことができる（113条1項本文）。これは、執行の公正を保障するために認められたものである。したがって、弁護人は、起訴後、裁判所が行う捜索・差押えに立ち会うことができる。

ウ　誤り。

　298条1項は、「検察官、被告人又は弁護人は、証拠調を請求することができる」と規定しており、被告人の明示の同意について何ら定めていない。これは、証拠調べ請求権は独立代理権であり、被告人の明示の意思に反してもよいからである。したがって、弁護人は被告人の明示の同意の有無にかかわらず、証拠調べを請求することができる。

エ　正しい。

　被告人、被疑者又は弁護人は、あらかじめ証拠を保全しておかなければその証拠を使用することが困難な事情があるときは、第1回の公判期日前に限り、裁判官に押収、捜索、検証、証人の尋問又は鑑定の処分を請求することができる（179条1項）。これは、公判段階における当事者主義を考えると、被疑者側の防御活動のための証拠収集も重要であるが、被疑者側には捜査機関と異なり強制処分の権限がないため、捜査機関が用いるのと同様の強制的処分が必要である場合に、裁判官の手を介してこれを行うことができるようにして、被疑者側の証拠収集活動の実効性を確保したものであり、被疑者側に防御活動を行う機会を与え、当事者主義を補強するものといえる。

オ　誤り。

　原審における代理人又は弁護人は、被告人のため上訴をすることができる（355条）。これは、弁護人の選任は審級ごとにしなければならないが、上訴するかどうかを決めるに当たっては、事情を知っている原審の弁護人の意見が重要であるので、原審における弁護人らに被告人のための上訴権を認めたものである。したがって、控訴をする際に、改めて弁護人を選任する必要はない。

文献　試験対策講座105、176、231、232、334、349、489頁

No. 005 弁護人の活動

予R1-18

□ 月　日
□ 月　日
□ 月　日

弁護人の活動に関する次のアからオまでの各記述のうち、正しいものの組合せは、後記1から5までのうちどれか。

□□□　ア．警察官が捜索許可状に基づき被疑者方を捜索する場合、弁護人は、当該捜索許可状の執行に立ち会う権利がある。

□□□　イ．裁判官は、逃亡し又は罪証を隠滅すると疑うに足りる相当な理由があるときは、検察官の請求により又は職権で、勾留されている被疑者と弁護人との接見を禁じることができる。

□□□　ウ．弁護人は、勾留されている被疑者の勾留の期間を延長する裁判に対して、準抗告をすることができる。

□□□　エ．勾留されている被疑者の弁護人は、裁判官に勾留の理由の開示を請求することができる。

□□□　オ．弁護人は、起訴前に、被疑者の勾留状の謄本の交付を請求することはできない。

1．ア　イ　　　2．ア　ウ　　　3．イ　オ　　　4．ウ　エ　　　5．エ　オ

2章　当事者に関する諸問題

No. 005　正解 **4**　接見交通権等の被疑者の防御権について確認しよう。　正答率 84.0%

ア　誤り。

222条は、捜査機関の行う押収、捜索及び検証についての諸規定（99条から142条まで）のうち必要なものを準用する旨を定めるところ、公判段階において裁判所が行う捜索差押えについて弁護人の立会権を認める113条1項本文は、準用されていない（222条1項前段参照）。したがって、警察官が捜索許可状に基づき被疑者方を捜索する場合、弁護人は、当該捜索許可状の執行に立ち会う権利を有しない。

イ　誤り。

裁判官は、逃亡し又は罪証を隠滅すると疑うに足りる相当な理由があるときは、検察官の請求により又は職権で、勾留されている被疑者と弁護人又は弁護人を選任することができる者の依頼により弁護人となろうとする者以外の者との接見を禁じることができる（207条1項本文・81条本文）。したがって、逃亡し又は罪証を隠滅すると疑うに足りる相当な理由があるときでも、勾留されている被疑者と弁護人との接見を禁じることはできない。

ウ　正しい。

裁判官が勾留に関する裁判をした場合において、不服がある者は、簡易裁判所の裁判官がした裁判に対しては管轄地方裁判所に、その他の裁判官がした裁判に対してはその裁判官所属の裁判所にその裁判の取消し又は変更を請求することができる（準抗告、429条1項2号）。ここにいう「勾留に関する裁判」とは、勾留・勾留延長・勾留取消しを認める裁判、又はこれらの請求を却下する裁判などをいう。そして、「不服がある者」の範囲については、上訴通則における上訴権者の規定（351条から355条まで）に準じて定めればよいとされており、これらの裁判を受けた被疑者の弁護人も「不服がある者」に含まれる（355条参照）。したがって、弁護人は、勾留されている被疑者の勾留の期間を延長する裁判に対して、準抗告をすることができる。

エ　正しい。

207条1項本文・82条2項、1項に規定されている。

オ　誤り。

勾留状の執行を受けた被疑者は、その謄本の交付を請求することができ（207条1項、刑訴規302条1項、74条）、当該勾留状の効力が存続する限り、当該請求の時期に制限はないとされている。そして、弁護人は、被疑者の正当な利益の保護者としての地位を有するため、法律に特別の規定がなくとも、（被疑者の明示又は黙示の意思に反しない限り）性質上当然に訴訟行為のすべてにわたり被疑者を代理してこれを行う権限を有する（包括代理権）。したがって、弁護人は、起訴前に、被疑者の勾留状の謄本の交付を請求することができる。

文献　試験対策講座156、157、176、224頁

No. 006	被害者参加	□　月　　日 □　月　　日 □　月　　日

H24-36

　次のアからオまでの各手続のうち、殺人被告事件の手続への参加を許可された同事件の被害者の配偶者が、公判期日において行うことが認められないものの組合せは、後記１から５までのうちどれか。

□□□　ア．裁判所の許可を受けて証拠の取調べを請求すること

□□□　イ．被告人の更生可能性について述べた証人の供述の証明力を争うために必要な事項について、裁判所の許可を受けて当該証人を尋問すること

□□□　ウ．裁判所の許可を受けて、犯行の動機について被告人に質問をすること

□□□　エ．裁判所に対し、強盗殺人罪の訴因への変更を請求すること

□□□　オ．検察官が懲役15年が相当であるとの意見を述べた後、裁判所の許可を受けて、「本件被告事件については無期懲役が相当である。」との意見を述べること

１．ア　イ　　　２．ア　エ　　　３．イ　ウ　　　４．ウ　オ　　　５．エ　オ

＊　令和４年法律第67号により、オの記載中の「懲役」刑は、禁錮刑と併せて「拘禁刑に当たる罪」に改正された。なお、2025（令和７）年６月１日に施行される。

2章　当事者に関する諸問題

13

No.
006　正解　2　　　被害者参加制度に関する条文（316条の33から　正答率
　　　　　　　　　　316条の39まで）は、一度目を通しておこう。　91.6%

ア　認められない。

　316条の33第1項の規定により被告事件の手続への参加を許された者（以下「被害者参加人」という）については、被告事件の公判期日に出席したり、被告事件に関する検察官の権限行使について意見を述べたりするなど、一定の行為をすることが認められているが、証拠の取調べを請求することはできない（316条の34から316条の39まで参照）。

イ　認められる。

　裁判所は、証人を尋問する場合において、被害者参加人から、その者がその証人を尋問することの申出があるときは、被告人又は弁護人の意見を聴き、審理の状況、申出に係る尋問事項の内容、申出をした者の数その他の事情を考慮し、相当と認めるときは、情状に関する事項（犯罪事実に関するものを除く）についての証人の供述の証明力を争うために必要な事項について、被害者参加人がその証人を尋問することを許すものとする（316条の36第1項）。そして、被告人の更生可能性は、犯罪事実に関係しない、いわゆる一般情状に関する事項に当たる。

ウ　認められる。

　裁判所は、被害者参加人から、その者が被告人に対して311条2項の供述を求めるための質問を発することの申出があるときは、被告人又は弁護人の意見を聴き、被害者参加人が刑事訴訟法の規定による意見の陳述をするために必要があると認める場合であって、審理の状況、申出に係る質問をする事項の内容、申出をした者の数その他の事情を考慮し、相当と認めるときは、被害者参加人が被告人に対してその質問を発することを許すものとする（316条の37第1項）。

エ　認められない。

　現行刑事訴訟法は当事者主義を採用しており、審判対象、すなわち訴因の設定は、一方当事者たる検察官の権限に属する。また、訴因変更も、新たな審判対象の設定である以上、検察官のみがこれをすることができる（312条1項参照）。したがって、被害者参加人が訴因変更を請求することはできない。

オ　認められる。

　裁判所は、被害者参加人から、事実又は法律の適用について意見を陳述することの申出がある場合において、審理の状況、申出をした者の数その他の事情を考慮し、相当と認めるときは、公判期日において、293条1項の規定による検察官の意見の陳述の後に、訴因として特定された事実の範囲内で、申出をした者がその意見を陳述することを許すものとする（316条の38第1項）。そして、求刑に関する意見は、法律の適用についての意見に当たる。

■文献■ 試験対策講座116、274、354頁

No.
007

被害者参加制度

予H28-25

☐　月　　日
☐　月　　日
☐　月　　日

　　被害者参加制度における被害者参加人又はその委託を受けた弁護士の法律上
定められた権限に関する次のアからオまでの各記述のうち、正しいものの組合
せは、後記1から5までのうちどれか。

☐☐☐　ア．裁判員裁判の対象事件において、公判前整理手続期日に出席することが
　　　　できる。

☐☐☐　イ．情状に関する事項について、証拠調べを請求することができる。

☐☐☐　ウ．裁判所が申出を相当と認めるときは、情状に関する事項についての証人
　　　　の供述の証明力を争うために必要な事項について、その証人を尋問するこ
　　　　とができる。

☐☐☐　エ．裁判所が申出を相当と認めるときは、訴因として特定された事実の範囲
　　　　内で事実及び法律の適用について意見を陳述することができる。

☐☐☐　オ．上訴をすることができる。

1．ア　イ　　　2．ア　オ　　　3．イ　ウ　　　4．ウ　エ　　　5．エ　オ

2章
当事者に関する
諸問題

No.
007　　正解　4　　　被害者参加制度に関する条文は細かいが、被害 正答率
者参加人の権限の有無を理由と共に理解しよう。 68.7%

ア　誤り。

　被害者参加人又はその委託を受けた弁護士は、公判期日に出席することができるが（316条の34第1項）、公判前整理手続期日に出席することは認められていない。

イ　誤り。

　被害者参加人又はその委託を受けた弁護士には、証拠調べ請求権は認められていない。これは、仮に、被害者参加人等に当該権利を認めると、検察官と被害者等との間に主張・立証の抵触が生じ、真実の発見が困難となりかねないうえ、検察官や弁護人において取調べの必要がないと考える証人等に対する尋問は、証人等の負担や迅速な裁判の要請との関係でも問題があるからである。

ウ　正しい。

　裁判所は、証人を尋問する場合において、被害者参加人又はその委託を受けた弁護士から、その者がその証人を尋問することの申出があるときは、被告人又は弁護人の意見を聴き、相当と認めるときは、情状に関する事項（犯罪事実に関するものを除く）についての証人の供述の証明力を争うために必要な事項について、申出をした者がその証人を尋問することを許すものとする（316条の36第1項）。これは、犯罪事実に関する検察官の主張・立証と矛盾する尋問が行われて真相の解明が困難になったり、証人に過度の負担をかけるなどの弊害が生じたりすることを防止する趣旨から、尋問が許される範囲を、一般情状に関する事項に限定するものである。

エ　正しい。

　裁判所は、被害者参加人又はその委託を受けた弁護士から、事実又は法律の適用について意見陳述の申出がある場合、相当と認めるときは、公判期日において、検察官の意見陳述（293条1項）の後に、訴因として特定された事実の範囲内で、申出をした者がその意見を陳述することを許すものとする（316条の38第1項）。これは、従前の意見陳述（292条の2）が被害者の心情を中心とするものとされていたのに対し、それが被害者等の名誉の回復や立ち直りに資するという考えに基づき、検察官が行うのと同様に、広く事実又は法律の適用に関するものにまでその範囲を拡大する趣旨である。

オ　誤り。

　被害者参加人又はその委託を受けた弁護士には、上訴権は認められていない。これは、上訴権は、客観的かつ公平に行使されるべきものであるため、被害者参加人等にこれを認めることは、適当でないからである。

文献　試験対策講座116、354頁

CORE TRAINING

01　検察官・司法警察職員

□□□　司法警察員が身体を拘束された被疑者を検察官に送致する手続をした後は、司法警察職員は、被疑者を取り調べることができないが、検察官から指示を受けたときは、この限りではない。H21-25-5

➡ 送致は司法警察員固有の捜査権限を奪うものではなく、検察官の指揮（193）に反しない限り取調べも可能　✕

02　被疑者・被告人・弁護人

□□□　被告人又は被疑者の兄弟姉妹は、被告人又は被疑者の意思にかかわらず、弁護人を選任することができる。予H28-17-ア

➡ 30Ⅱ　1 ＊　○

□□□　被疑者の国選弁護人の選任は、勾留の執行停止により被疑者が釈放された場合にはその効力を失う。予H28-17-ウ

➡ 38の2　✕

2章　当事者に関する諸問題

CORE PLUS

1　弁護人の選任権者

私選弁護人	国選弁護人
○被疑者・被告人（30Ⅰ） ○被疑者・被告人の法定代理人、保佐人、配偶者、直系の親族及び兄弟姉妹（30Ⅱ）＊	被疑者・被告人の請求又は職権

＊　被疑者・被告人の法定代理人、保佐人、配偶者、直系の親族及び兄弟姉妹が「独立して」弁護人を選任できると定めているのは、被疑者・被告人本人の意思にかかわらずということを意味する。予H28-17-ア

2　弁護人の代理権の範囲

包括代理権		移送の請求（19Ⅰ参照）、訴因変更請求の通知を受けること（312Ⅲ参照）、証拠とすることの同意（326Ⅰ参照）
独立代理権	被告人の明示の意思に反しては行使できないもの	忌避申立権（21Ⅱ）、上訴申立権（355、356）
	本人の明示の意思に反しても行使し得るもの	勾留理由開示請求権（82Ⅱ）、保釈請求権（88Ⅰ）、証拠調べ請求権（298Ⅰ）、異議申立権（309Ⅰ）

※　弁護人は被疑者の行うことのできる訴訟行為につき、代理に親しむものに限り、包括的代理権を有する（最大決昭63.2.17）。被疑者は裁判所に対し、勾留状膳本の交付請求ができるから（207Ⅰ、刑訴規302Ⅰ、74）、弁護人はこれを代理して請求することを妨げられない。

C O R E　T R A I N I N G

03　被害者

□□□　犯罪被害者は、自ら申し出て、公判期日において、被害に関する心情その他の被告事件に関する意見の陳述をすることができる。 H18-36-イ

➡ 292の2 I　③❶ ii　　○

□□□　被害者特定事項を公開の法廷で明らかにしない旨の決定がされた場合、被害者を証人として尋問する際には、被告人と被害者との間で相互に相手の状態を認識することができないようにするための遮へい措置を講じなければならない。 予R1-20-ウ

➡ 290の2 I、Ⅲ、157の5 I本文。講じることを義務とする規定は存在しない　③❷、❸　　×

□□□　傷害事件の被害者は、犯行の態様、被害の状況その他の事情により、被害者特定事項が公開の法廷で明らかにされることにより被害者の名誉又は社会生活の平穏が著しく害されるおそれがある場合、被害者特定事項を公開の法廷で明らかにしないよう申し出ることができる。 予R1-20-イ

➡ 290の2 I③　③❷　　○

□□□　不同意わいせつ致死事件の被害者の兄弟姉妹は、被害者特定事項を公開の法廷で明らかにしないよう申し出ることはできない。 予R1-20-ア改題

➡ 290の2 I①、刑181 I　③❷　　×

□□□　被害者特定事項を公開の法廷で明らかにしない旨の決定がされた場合、裁判長は、弁護人の尋問が被害者特定事項にわたるときは、当該尋問を必ず制限しなければならない。 予R1-20-エ

➡ 290の2 I、Ⅲ、295Ⅲ前段　③＊1　　×

□□□　被害者特定事項を公開の法廷で明らかにしない旨の決定に対して、抗告することはできない。 予R1-20-オ

➡ 290の2 I、Ⅲ、420 I　③＊2　　○

□□□　犯罪被害者を証人として尋問する場合において、証人が被告人の面前において供述するときは圧迫を受け精神の平穏を著しく害されるおそれがあると認める場合であって、相当と認めるときは、被告人から証人の状態を認識することができないようにするための措置を採ることができるが、この措置を採ることができるのは弁護人が出頭している場合に限られる。 H18-36-ウ

➡ 157の5 I　③❸ ii　　○

□□□　犯罪被害者を証人として尋問する場合において、証人を別室に在室させていわゆるビデオリンク方式によって行う証人尋問は、最高裁判所の判例によれば、被告人が証人に面と向かって反対尋問をする権利を奪うもので、憲法第37条第2項に違反し、許されない。 H18-36-エ

➡ 最判平17. 4. 14（百選64事件） 3 * 3　　✕

C O R E　 P L U S

3 犯罪被害者の保護

❶ 公判手続への関与による保護	ⅰ 被害者参加制度（316条の33から316条の39まで） ⅱ 公判手続への被害者等による心情その他の意見の陳述を可能とする制度（292の2 Ⅰ） H18-36-イ ⅲ 被害者等による公判記録の閲覧及び謄写制度（犯罪被害保護3 Ⅰ）
❷ 個人の特定を避けるための保護 予R1-20-ウ	290条の2第1項各号の事件を取り扱う場合に、当該事件の被害者等（被害者又は被害者が死亡した場合若しくはその心身に重大な故障がある場合におけるその配偶者、直系の親族若しくは兄弟姉妹）若しくは当該被害者の法定代理人又はこれらの者から委託を受けた弁護士から申出があるときは、被告人又は弁護人の意見を聞き相当と認めるときは、被害者特定事項を公開の法廷で明らかにしない旨の決定をすることができる（290の2 Ⅰ） 予R1-20-ア改題・イ *1, *2
❸ 証人になる場合の保護 予R1-20-ウ	ⅰ 不安や緊張の緩和のために適当な者を証人に付き添わせることができる（157の4 Ⅰ） ⅱ 尋問の際に圧迫を受け、精神の平穏を著しく害されるおそれがある場合であって相当と認めるときには遮へい措置を採ることができるが（157の5 Ⅰ本文）、被告人から証人の状態を認識できないようにするための措置を採る場合には弁護人の在廷が必要となる（157の5 Ⅰただし書） H18-36-ウ ⅲ 一定の場合ビデオリンク方式を採用することができる（157の6 Ⅰ、Ⅱ）*3

＊1　290条の2第1項、3項の決定があった場合において、訴訟関係人のする尋問又は陳述が被害者特定事項にわたるときは、一定の場合を除き、当該尋問又は陳述を制限することができる（295Ⅲ前段）。 予R1-20-エ
＊2　訴訟手続に関し判決前にした決定に対しては、即時抗告できる旨の規定がある場合を除いて、抗告することができないが（420 Ⅰ）、290条の2第1項、3項の決定はこの抗告できない場合に当たる。 予R1-20-オ
＊3　映像と音声の送受信によって、証人の姿を見ながら供述を聞き、自ら尋問することができるから、被告人の証人審問権（憲37Ⅱ前段）は侵害されていない（最判平17.4.14百選64事件）。 H18-36-エ

2章 当事者に関する諸問題

第2編

捜　査

【第2編第3章第1節（捜査総説）には、登載基準を満たすフル問題がありません。】

No. 008	捜査の端緒	□ 月 日
	予R5-14	□ 月 日
		□ 月 日

　捜査の端緒に関する次のアからオまでの各記述のうち、誤っているものの組合せは、後記1から5までのうちどれか。ただし、判例がある場合には、それに照らして考えるものとする。

□□□　ア．被害者の法定代理人は、被害者の意思に反して告訴をすることはできない。

□□□　イ．検視においては、死因の確認のために必要があるときには、死体の腹部を切開することができる。

□□□　ウ．親告罪の告訴期間の起算点である「犯人を知った」とは、告訴権者において犯人が誰であるかを知ることをいい、犯人の住所氏名などの詳細を知る必要はない。

□□□　エ．司法警察員は、口頭による告発を受けたときは調書を作らなければならない。

□□□　オ．司法警察員は、自首を受けたときは、速やかにこれに関する書類及び証拠物を検察官に送付しなければならない。

1．ア　イ　　　2．ア　オ　　　3．イ　ウ　　　4．ウ　エ　　　5．エ　オ

| No. 008 | 正解 1 | 条文を参照しつつ、捜査の端緒について知識を整理しよう。 | 正答率 69.5% |

ア　誤り。

被害者の法定代理人は、独立して告訴をすることができる（231条1項）。

イ　誤り。　　　　　　　　　　　　　　　　　　　類 予R2-14-エ 、予H30-14-ア

検視（229条）とは、**犯罪の可能性のある死体**を、**検察官等が五官の作用で見分する**ことをいい、令状は不要である。検視で**検察官等が行えるのは、死体の外表調査や見分**であって、**死体の解剖**は、令状に基づいた**鑑定処分**（168条1項、225条1項）によらなければならない。したがって、死因の確認のためであっても、検視として**死体の腹部を切開**することは**できない**。

ウ　正しい。　　　　　　　　　　　　　　　　　　　　　　　　　類 H25-22-イ

親告罪の告訴は、**犯人を知った日から6か月以内**にしなければならない（235条本文）。ここでいう「犯人を知った」とは、**告訴権者において、犯人が誰であるかを知ることをいい、少なくとも犯人を特定し得る程度に認識することを要する**が、犯人の住所氏名などの詳細を知る必要はない（最決昭39.11.10）。

エ　正しい。

告訴又は告発は、**書面又は口頭で、検察官又は司法警察員にすることとされており**（241条1項）、**口頭による告訴又は告発**を受けた場合は、検察官又は司法警察員は、**調書を作成**しなければならない（同条2項）。

オ　正しい。

司法警察員は、**自首**を受けたときは、速やかにこれに**関する書類及び証拠物を検察官に送付**しなければならない（245条・242条）。

■**文献**／試験対策講座40、142頁

No.	論	任意処分と強制処分	□	月 日
009		予H29-14	□	月 日
			□	月 日

　次のアからオまでの各記述のうち、正しいものには1を、誤っているものには2を選びなさい。ただし、判例がある場合には、それに照らして考えるものとする。

ア．強制手段とは、有形力の行使を伴う手段を意味するものではなく、個人の意思を制圧し、身体、住居、財産等に制約を加えて強制的に捜査目的を実現する行為など、特別の根拠規定がなければ許容することが相当でない手段を意味するものであって、この程度に至らない有形力の行使は、任意捜査においても許容される場合がある。

イ．荷送人の依頼に基づき宅配便業者の運送過程下にある荷物について、捜査機関が、捜査目的を達成するため、荷送人や荷受人の承諾を得ることなく、その荷物に外部からエックス線を照射して内容物の射影を観察した行為は、任意処分として許される。

ウ．捜索に至らない程度の行為は、強制にわたらない限り、所持品検査においても許容される場合があると解すべきであるが、状況のいかんを問わず常に許容されるものと解すべきではなく、かかる行為は、所持品検査の必要性、緊急性、これによって害される個人の法益と保護されるべき公共の利益との権衡などを考慮し、具体的状況の下で相当と認められる限度でのみ許容される。

エ．警察官が、交通取締りの一環として交通違反の多発する地域等の適当な場所において、交通違反の予防、検挙のための自動車検問を実施し、同所を通過する自動車に対して走行の外観上の不審な点の有無にかかわりなく短時分の停止を求めて、運転者などに対し必要な事項についての質問などをすることは、それが相手方の任意の協力を求める形で行われ、自動車の利用者の自由を不当に制約することにならない方法、態様で行われる限り、適法である。

オ．酒気帯び運転の疑いが生じたため、酒気を検知する旨告げたところ、運転者が急に反抗的態度を示し、エンジンのかかっている自動車の運転席に乗り込んで発進させようとしたので、警察官が運転席の窓から手を差し入れエンジンキーを回転してスイッチを切った場合、この行為が適法とされることはない。

3章　捜査に関する諸問題

No. 009 | 正解 ア1、イ2、ウ1、エ1、オ2 | 解説中のいずれも任意処分と強制処分に関する最重要判例である。事案の内容、規範、結論を正確におさえよう。 | 正答率 90.3%

ア　正しい。

　判例は、警察官が取調室から退出しようとした被疑者の左手首をつかんだ事案において、「**強制手段とは、有形力の行使を伴う手段を意味するものではなく、個人の意思を制圧し、身体、住居、財産等に制約を加えて強制的に捜査目的を実現する行為**など、特別の根拠規定がなければ**許容することが相当でない手段**を意味するものであって、右の程度に至らない有形力の行使は、**任意捜査においても許容される場合がある**」としている（**最決昭51.3.16百選1事件**）。

イ　誤り。

　判例は、捜査機関が、宅配便業者の運送過程下にある荷物を、荷送人や荷受人の承諾を得ずに検証許可状によることなくエックス線検査を行った事案において、エックス線検査は「その射影によって**荷物の内容物の形状や材質をうかがい知ることができる**上、内容物によってはその品目等を相当程度具体的に**特定することも可能**であって、荷送人や荷受人の内容物に対する**プライバシー等を大きく侵害するものである**」ことを理由に、本事案における**エックス線検査**を、検証としての性質を有する**強制処分に当たる**と解している（**最決平21.9.28百選30事件**）。

ウ　正しい。

　判例は、職務質問に付随する所持品検査は、**所持人の承諾を得て**、その限度において**行うのが原則**であるが、犯罪の予防・鎮圧など**行政警察上の目的を達成する**観点から、所持人の承諾なき所持品検査が**常に許されない**と解するのは相当でなく、**捜索に至らない程度の行為**は、**強制にわたらない限り、許容される**場合があるとしている。そのうえで、**捜索に至らない程度の行為**であっても、それを受ける者は、所持品の捜索及び押収を受けることのない権利（**憲35条1項**）を**侵害される**から、「かかる行為は、限定的な場合において、**所持品検査の必要性、緊急性、これによって害される個人の法益と保護されるべき公共の利益との権衡などを考慮し、具体的状況のもとで相当と認められる限度においてのみ、許容される**」としている（**最判昭53.6.20百選4事件、米子銀行強盗事件**）。

エ　正しい。

　判例は、「警察官が、交通取締の一環として**交通違反の多発する地域等の適当な場所において**、交通違反の予防、検挙のための自動車検問を実施し、同所を通過する自動車に対して走行の外観上の不審な点の有無にかかわりなく**短時分の停止**を求めて、運転者などに対し必要な事項についての質問などをすることは、それが**相手方の任意の協力を求める形**で行われ、自動車の利用者の**自由を不当に制約する**ことにならない方法、態様で行われる**限り、適法**」であるとしている（**最決昭55.9.22百選A1事件**）。

オ　誤り。 類 予R3-14-イ

　判例は、自動車の運転者が酒気帯び運転の疑いがあるため窓から手を差し入れ、エンジンキーを回転させスイッチを切り運転を制止した事案において、「警察官職務執行法2条1項の規定に基づく職務質問を行うため**停止させる方法**として**必要かつ相当な行為**であるのみならず、道路交通法67条3項〔現4項〕の規定に基づき、自動車の運転者が酒気帯び運転をするおそれがあるときに、**交通の危険を防止**するためにとった、**必要な応急の措置**にあたるから、刑法95条1項にいう職務の執行として**適法なものである**」としている（最決昭53.9.22）。

文献　試験対策講座124～127、135～142、191頁。判例シリーズ1、3、4事件

MEMO

No. 010	論	任意捜査の限界	□ 月 日
		予R5-15	□ 月 日
			□ 月 日

次のアからオまでの各記述のうち、正しいものは幾つあるか。後記1から6までのうちから選びなさい。ただし、判例がある場合には、それに照らして考えるものとする。

ア．強盗殺人事件の捜査に関し、公道上を歩いている被疑者の容ぼう等を撮影することは、防犯ビデオに写っていた犯人の容ぼう等と被疑者の容ぼう等との同一性の有無という犯人を特定するための重要な判断に必要な証拠資料を入手するためであっても、被疑者の同意がある場合か、裁判官の令状がある場合以外には許容されない。

イ．強制手段とは、有形力の行使を伴う手段を意味するものではなく、個人の意思を制圧し、身体、住居、財産等に制約を加えて強制的に捜査目的を実現する行為など、特別の根拠規定がなければ許容することが相当でない手段を意味するものであって、この程度に至らない有形力の行使は、任意捜査においても許容される場合がある。

ウ．車両に使用者らの承諾なく秘かにGPS端末を取り付け、情報機器でその位置情報を検索し、画面表示を読み取って当該車両の所在と移動状況を把握する捜査手法は、個人のプライバシーの侵害を可能とする機器をその所持品に秘かに装着することによって、合理的に推認される個人の意思に反してその私的領域に侵入するものであり、刑事訴訟法上、特別の根拠規定がなければ許容されない強制処分に当たる。

エ．荷送人や荷受人の承諾を得ることなく、宅配便業者の運送過程下にある荷物について、外部からエックス線を照射して内容物の射影を観察する捜査手法は、その射影によって荷物の内容物の形状や材質をうかがい知ることができるだけでなく、その品目等を相当程度具体的に特定することも可能である場合には、荷送人や荷受人の内容物に対するプライバシー等を大きく侵害するものであるから、検証としての性質を有する強制処分に当たる。

オ．警察官が、覚醒剤の使用ないし所持の容疑がかなり濃厚に認められる者に対する職務質問中に、その者の承諾がないのに、その上衣の内ポケットに手を差し入れて所持品を取り出したうえ検査する行為は、職務質問に附随する所持品検査において許容される限度を超えるとの評価を受けることはない。

1．0個　　2．1個　　3．2個　　4．3個　　5．4個　　6．5個

No.
010 　正解 **4**　　　どれも重要な判例ばかりなので、これを機に任意捜査の限界についての判例を整理しよう。　正答率 75.2%

ア　誤り。

　判例は、**犯人特定目的で被疑者をビデオ撮影した**同様の事案において、被疑者が**犯人であると疑う合理的な理由があり**、かつ、**犯人を特定するための重要な判断に必要な証拠資料を入手するために**、公道等の、**人から容ぼう等を観察されること自体は受忍せざるを得ない場所**において撮影を行ったものであり、これは、**捜査目的を達成するために必要な範囲において、かつ、相当な方法によって行われたもの**といえるから、捜査活動として適法である、としている（最決平20.4.15百選9事件）。したがって、**公道上の被疑者の容ぼう等を撮影する場合、常に被疑者の同意や令状が必要となるわけではない。**

イ　正しい。

　前掲最決昭51年（百選1事件）は、**任意捜査における有形力の行使**について、「捜査において強制手段を用いることは、法律の根拠規定がある場合に限り許容されるものである。」としたうえで、「強制手段とは、有形力の行使を伴う手段を意味するものではなく、**個人の意思を制圧し、身体、住居、財産等に制約を加えて強制的に捜査目的を実現する行為など、特別の根拠規定がなければ許容することが相当でない手段**を意味するものであって、右の程度に至らない有形力の行使は、任意捜査においても許容される場合があるといわなければならない。」としている。

ウ　正しい。　　　　　　　　　　　　　　　　　　　　類 予R2-15-ア

　判例は、**対象車両に密かにGPS端末を取り付け、当該車両の所在と移動状況を検索して逐一把握するという捜査手法**について、「このような捜査手法は、**個人の行動を継続的、網羅的に把握することを必然的に伴うから、個人のプライバシーを侵害し得るもの**であり、また、そのような侵害を可能とする機器を個人の所持品に秘かに装着することによって行う点において、公道上の所在を肉眼で把握したりカメラで撮影したりするような手法とは異なり、**公権力による私的領域への侵入を伴うものというべきである**」としたうえで、「前記のとおり、個人のプライバシーの侵害を可能とする機器をその所持品に秘かに装着することによって、**合理的に推認される個人の意思に反してその私的領域に侵入する捜査手法**であるGPS捜査は、個人の意思を制圧して憲法の保障する重要な法的利益を侵害するものとして、刑訴法上、**特別の根拠規定がなければ許容されない強制の処分に当たる**」としている（最判平29.3.15百選31事件）。

エ　正しい。

　前掲最決平21年（百選30事件）は、**運送過程下にある荷物のエックス線検査**について、「本件エックス線検査は、荷送人の依頼に基づき宅配便業者の運送過程下にある荷物について、捜査機関が、捜査目的を達成するため、荷送人や荷受人の承諾を得ることなく」行ったものであるが、「その**射影によって荷物の内容物の形状や材質をうかがい知**

ることができる上、**内容物によってはその品目等を相当程度具体的に特定することも可能**であって、荷送人や荷受人の内容物に対するプライバシー等を大きく侵害するものであるから、**検証としての性質を有する強制処分に当たる**ものと解される。」としている。

オ　誤り。

　判例は、同様の事案において、職務質問を受けている者の承諾がないのに、その者の**内ポケットに手を差し入れて所持品を取り出したうえで検査**した司法警察職員の行為は、「一般にプライバシイ侵害の程度の高い行為であり、かつ、その態様において**捜索に類するものであるから、……相当な行為とは認めがたいところであって、職務質問に附随する所持品検査の許容限度を逸脱した**ものと解するのが相当である」としている（最判昭53.9.7百選88事件）。したがって、本問のような警察官の行為が、職務質問に付随する所持品検査において許容される限度を超えるとの評価を受けることはない、とする点で誤っている。

文献　試験対策講座125〜127、137〜139、190、191、200、201。判例シリーズ1、93事件

3章
捜査に関する諸問題

MEMO

No.
011

自動車検問

H26-22

☐ 月　日
☐ 月　日
☐ 月　日

次の【記述】は、自動車検問に関する最高裁判所の判例からの引用である。【記述】中の①から③までの（　）内から適切な語句を選んだ場合、その組合せとして正しいものは、後記1から5までのうちどれか。

【記　述】

「警察法2条1項が『交通の取締』を警察の責務として定めていることに照らすと、交通の安全及び交通秩序の維持などに必要な警察の諸活動は、強制力を伴わない任意手段による限り、一般的に許容されるべきものであるが、それが国民の権利、自由の干渉にわたるおそれのある事項にかかわる場合には、任意手段によるからといって無制限に許されるべきものでないことも同条2項及び①（a．刑事訴訟法189条　b．警察官職務執行法1条）などの趣旨にかんがみ明らかである。しかしながら、自動車の運転者は、②（a．公道において自動車を利用することを許されていること　b．警察が犯罪があると思料するときに、捜査するものとされていること）に伴う当然の負担として、合理的に必要な限度で行われる交通の取締に協力すべきものであること、その他現時における交通違反、交通事故の状況などをも考慮すると、警察官が、交通取締の一環として交通違反の多発する地域等の適当な場所において、交通違反の予防、検挙のための自動車検問を実施し、同所を通過する自動車に対して③（a．走行の外観上の不審な点の有無及び程度等の諸般の事情を勘案した上　b．走行の外観上の不審な点の有無にかかわりなく）短時分の停止を求めて、運転者などに対し必要な事項についての質問などをすることは、それが相手方の任意の協力を求める形で行われ、自動車の利用者の自由を不当に制約することにならない方法、態様で行われる限り、適法なものと解すべきである。」

1．①a　②a　③a
2．①a　②b　③a
3．①a　②b　③b
4．①b　②a　③a
5．①b　②a　③b

| No. 011 | 正解 5 | 自動車検問に関する下記の判例をしっかりと読み込んでおこう。 | 正答率 81.1% |

《原　文》

「**警察法2条1項**が『**交通の取締**』を警察の責務として定めていることに照らすと、交通の安全及び交通秩序の維持などに必要な警察の諸活動は、強制力を伴わない任意手段による限り、一般的に許容されるべきものであるが、それが国民の権利、自由の干渉にわたるおそれのある事項にかかわる場合には、任意手段によるからといって無制限に許されるべきものでないことも同条2項及び①（b. 警察官職務執行法1条）などの趣旨にかんがみ明らかである。しかしながら、自動車の運転者は、②（a. 公道において自動車を利用することを許されていること）に伴う当然の負担として、合理的に必要な限度で行われる交通の取締に協力すべきものであること、その他現時における交通違反、交通事故の状況などをも考慮すると、警察官が、交通取締の一環として**交通違反の多発する地域等の適当な場所**において、交通違反の予防、検挙のための**自動車検問**を実施し、同所を**通過する自動車に対して**③（b. 走行の外観上の不審な点の有無にかかわりなく）短時分の停止を求めて、運転者などに対し必要な事項についての質問などをすることは、それが相手方の**任意の協力**を求める形で行われ、**自動車の利用者の自由を不当に制約する**ことにならない**方法**、**態様**で行われる限り、**適法**なものと解すべきである。」

【穴埋めについて】

　前掲最決昭55年（百選A1事件）は、自動車の一斉検問の適法性を肯定すべき理由として、警察法2条1項が「交通の取締」を警察の責務として定めていることに照らし、交通の安全・秩序維持に必要な警察の諸活動は、強制力を伴わない任意手段による限り、一般的に許容されることを挙げたうえで、同条2項及び警察官職務執行法1条などの趣旨に照らし、そのような活動が、国民の権利、自由の干渉にわたるおそれのある事項に関わる場合には、任意手段であるからといって無制限に許されるべきものでないとする。したがって、①にはbが入る。また、運転者は、合理的に必要な限度で行われる交通取締りに協力すべきであり、かつ、現時における交通違反、事故の状況等に照らすと、一定の範囲で自動車の一斉検問を行う必要性があるとする。したがって、②にはaが入る。そして、交通取締りの一環として交通違反の多発する地域等で、交通違反の予防、検挙のため自動車検問を実施し、走行の外観上の不審な点の有無にかかわりなく同所を通過する自動車に短時分の停止を求め、運転者等に対し必要事項を質問するには、相手方の任意の協力を求める形で行われ、利用者の自由を不当に制約することにならない方法、態様で行われる必要があるとしている。したがって、③にはbが入る。

文献 試験対策講座140〜142。判例シリーズ4事件

No. 012	告　訴

予H28-14 改題

□ 月　日
□ 月　日
□ 月　日

次のアからオまでの各記述は、甲が、平成29年11月1日に乙に強姦されたとの事実により乙を告訴する場合について述べたものである。これらの記述のうち、正しいものの組合せは、後記1から5までのうちどれか。

□□□　ア．司法警察員は、甲からの告訴を受けたときは、乙を逮捕しなければならない。

□□□　イ．甲は、告訴を一旦取り消した後でも、再度適法に告訴をすることができる。

□□□　ウ．告訴は、必ず書面によってしなければならない。

□□□　エ．甲は、公訴の提起があるまでは、告訴を取り消すことができる。

□□□　オ．甲の告訴が犯人を知った日から1年を経過した後にされたときでも、検察官は適法に公訴を提起することができる。

1．ア　イ　　2．ア　オ　　3．イ　ウ　　4．ウ　エ　　5．エ　オ

3章

捜査に関する
諸問題

| No. 012 | 正解 5 | 条文を参照して、告訴に関する知識を整理しよう。 | 正答率 80.4% |

ア 誤り。

告訴とは、犯罪の被害者その他の**告訴権を有する者**が、捜査機関に対して**犯罪事実を申告**し、犯人の**処罰を求める**意思表示をいう。告訴を受けた司法警察員は、捜査をする責任を負い、**速やかにこれに関係する書類及び証拠物を検察官に送付しなければならない**が（242条）、被疑者の逮捕が義務付けられるわけではない。

イ 誤り。

告訴の取消しをした者は、**同一の犯罪事実**について**更に告訴をすることができない**（237条2項）。これは、告訴の取消しとその後の再告訴を自由に許すと、国家の権能である**刑罰権の行使に支障**をきたし、**手続の安定を害して**、被疑者を**不安定な立場**に置くことになるからである。

ウ 誤り。

告訴は、**書面のほか、口頭でもすることができる**（241条1項）。これは、書面による明確な告訴を常に要求することによって真に犯罪被害を受けた者の告訴が困難にならないよう配慮する趣旨である。

エ 正しい。

告訴は、**公訴の提起があるまでこれを取り消すことができる**（237条1項）。これは、**被害者意思を尊重**する一方で、**手続及び被疑者の地位安定を図る**趣旨である。

オ 正しい。

不同意性交等（刑177条）は**非親告罪**であるため、15年の**公訴時効**（刑訴250条3項2号）にかからない限り、告訴期間に**制限はない**。

本問において、甲は、不同意性交等罪で乙を告訴するのであるから、犯人を知った日から1年を経過した後であっても適法に告訴をすることができる。

文献 試験対策講座142、143頁

CORE TRAINING

01　捜査の原則

□□□　司法警察職員は、犯罪があると思料するときは、犯人及び証拠を捜査するものとする。 H19-21-① 　→189Ⅱ　　○

CORE PLUS

1 任意捜査と強制捜査

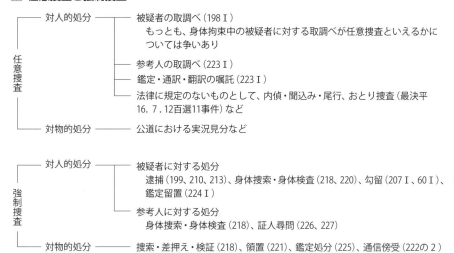

任意捜査
- 対人的処分
  - 被疑者の取調べ（198Ⅰ）
    もっとも、身体拘束中の被疑者に対する取調べが任意捜査といえるかについては争いあり
  - 参考人の取調べ（223Ⅰ）
  - 鑑定・通訳・翻訳の嘱託（223Ⅰ）
  - 法律に規定のないものとして、内偵・聞込み・尾行、おとり捜査（最決平16.7.12百選11事件）など
- 対物的処分
  - 公道における実況見分など

強制捜査
- 対人的処分
  - 被疑者に対する処分
    逮捕（199、210、213）、身体捜索・身体検査（218、220）、勾留（207Ⅰ、60Ⅰ）、鑑定留置（224Ⅰ）
  - 参考人に対する処分
    身体捜索・身体検査（218）、証人尋問（226、227）
- 対物的処分
  - 捜索・差押え・検証（218）、領置（221）、鑑定処分（225）、通信傍受（222の2）

2 職務質問の意義と根拠

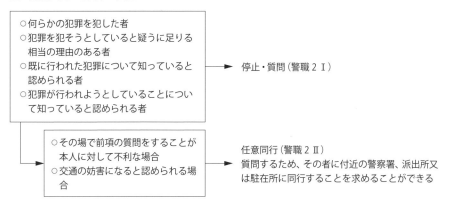

- ○何らかの犯罪を犯した者
- ○犯罪を犯そうとしていると疑うに足りる相当の理由のある者
- ○既に行われた犯罪について知っていると認められる者
- ○犯罪が行われようとしていることについて知っていると認められる者

→ 停止・質問（警職2Ⅰ）

- ○その場で前項の質問をすることが本人に対して不利な場合
- ○交通の妨害になると認められる場合

→ 任意同行（警職2Ⅱ）
質問するため、その者に付近の警察署、派出所又は駐在所に同行することを求めることができる

3章　捜査に関する諸問題

CORE TRAINING

02　職務質問

□□□　警察官が、駐在所で職務質問中に突然逃げ出した相手方の後を、約130メートル追いかけ、背後からその腕に手をかけることは、職務質問を行うため相手方を停止させる行為として許される場合がある。予R3-14-ア
➡ 最決昭29.7.15　○
③❶

□□□　警察官が、相手方の運転車両の窓から手を差し入れ、エンジンキーを引き抜いて取り上げることは、職務質問を行うため相手方を停止させる行為として許される場合がある。予R3-14-ウ
➡ 最決平6.9.16（百選2事件）　○
③❸

□□□　警察官が、相手方の承諾を得ることなく、携行中の所持品であるバッグの施錠されていないチャックを開披し内部を一べつすることは、職務質問に付随する行為として許される場合がある。予R3-14-オ
➡ 最判昭53.6.20（米子銀行強盗事件）④❶　○

□□□　警察官が、ホテル客室（ホテル内の通路に面して外ドアがあり、これを開けると内玄関に入ることができ、そこにある内ドアを開けると客室に入る構造）の無施錠の外ドアを開けて内玄関に立ち入り、内ドア越しに客室内に向かって声をかけたところ、相手方が、内ドアを開けたが、警察官の姿を見て慌ててそれを閉めたのに対して、警察官が、内ドアを押し開け、内玄関と客室の境の敷居上辺りに足を踏み入れ、内ドアが閉められるのを防止することは、職務質問に付随する行為として許される場合がある。予R3-14-エ
➡ 最決平15.5.26（百選3事件）③❹　○

CORE PLUS

③ 職務質問についての判例

	ⅰ 事案の概要	ⅱ 結論	ⅲ 理由
❶ 最決昭 29.7.15 予R3-14-ア	警察官から職務質問を受け、所持品等につき質問中隙をみて逃げ出した被告人を、更に質問を続行すべく追跡して背後から腕に手をかけ停止させた事案	正当な職務執行の範囲を超えるものではなく、適法	任意に停止しない被告人を停止させるため真にやむを得ないものであった（原審の判示）
❷ 最決昭 53.9.22	任意同行を求められた被告人がこれに応ぜず発進しようとしたため、これを制止するため警察官が運転席窓から手を差し入れ、エンジンのスイッチを切った事案	職務質問を行うため停止させる方法として必要かつ相当な行為であり適法	酒気帯び運転の疑いがある被告人が、自動車を急発進させようとしたため
❸ 最決平 6.9.16 （百選2事件） 予R3-14-ウ	覚醒剤使用の嫌疑のある被疑者に対し、自動車のエンジンキーを取り上げるなどして運転を阻止した事案	職務質問を行うため停止させる方法として必要かつ相当な行為であり適法	被告人には覚醒剤使用の嫌疑のほか、覚醒剤中毒をうかがわせる異常な言動が見受けられ、かつ、道路が積雪により滑りやすい状態にあったのに、自動車を発進させるおそれがあったため
❹ 最決平 15.5.26 （百選3事件） 予R3-14-エ	警察官が、ホテル客室の内ドアを押し開け、内玄関と客室の境の敷居上あたりに足を踏み入れ、内ドアが閉められるのを防止した事案	職務質問に付随するものとして、適法	被告人は、制服姿の警察官に気付くと、いったん開けた内ドアを急に閉めて押さえるという、もはや通常の宿泊客とはみられない不審な行動に出たため

④ 所持品検査についての判例

	ⅰ 事案の概要	ⅱ 結論	ⅲ 理由
❶ 米子銀行強盗事件（最判昭53.6.20百選4事件） 予R3-14-オ	被告人の承諾がないままその者の所持品であるバッグの施錠されていないチャックを開披し内部を一べつした事案	所持品検査において許容される限度内の行為であり適法	所持品検査の緊急性、必要性が強かった反面、携行中の所持品であるバッグの施錠されていないチャックを開披し内部を一べつしたにすぎないものであるから、これによる法益の侵害はさほど大きいものではない
❷ 最判昭53.9.7（百選88事件）	被告人が覚醒剤中毒者ではないかとの疑いの下に、被告人の内ポケットに手を入れてその所持品を取り出した事案	所持品検査において許容される限度を超えた行為であり、違法	当該行為は一般にプライバシー侵害の程度の高い行為であり、その態様において捜索に類するものである
❸ 最決平7.5.30	覚醒剤所持の嫌疑がある被疑者の運転していた自動車の内部を丹念に調べた事案	所持品検査において許容される限度を超えた行為であり、違法	その態様、実質等においてまさに捜索に等しい（原審の判示）

CORE TRAINING

03　検視

□□□　検視とは、人の死亡が犯罪に起因するかどうかを判断するため、五官の作用により死体の状況を見分する処分をいい、捜査前の処分であって、捜査そのものではない。また、刑事訴訟法第229条第1項において、「変死者又は変死の疑のある死体があるときは、その所在地を管轄する地方検察庁又は区検察庁の検察官は、検視をしなければならない。」とされているが、検察官は、いわゆる代行検視として検察事務官又は司法警察員に検視させることもできる。H19-21-②　→229 I、II　5❶、❷　○

04　告訴

□□□　器物損壊罪の被害者が犯人をXと指定して告訴したが、捜査の結果、犯人はYであることが判明した場合、その告訴はYに対して有効である。予H27-15-エ　→大判昭6.10.19、大判昭12.6.5　6❶ii　○

□□□　Aが強姦された場合、Aの夫は、「犯罪により害を被った者」として告訴権を有する。予H27-15-ア　→230、大判明44.6.8　6＊1　×

□□□　被害者の法定代理人たる親権者が2人いるときは、その各自が被害者の法定代理人として、告訴をすることができる。予H30-14-イ　→231 I、最決昭34.2.6　6＊2　○

□□□　被害者が死亡したときは、被害者の明示の意思に反しない限り、その兄弟姉妹が告訴をすることができる。H25-22-ア　→231 II　6❷iii　○

□□□　告訴及び告訴の取消しは、代理人によりこれをすることができない。H25-22-ウ改題、H19-21-エ改題　→240　6❷v、❹i　×

□□□　被害者の法定代理人がした告訴を被害者本人が取り消すことはできない。予H27-15-イ　→6❹ii　○

□□□　告訴の方式については、告訴の受理権者である検察事務官又は司法警察員にしなければならず、一定の親告罪で定められている告訴期間との関係で、その告訴がなされた日付を特定する必要があるため、口頭による告訴は認められておらず、書面でしなければならない。H19-21-⑤・ウ　→241 I。告訴が書面に限定されるような場合を定めた規定は存在しない　6❸i　×

□□□　被害者の司法警察員に対する供述調書であっても、犯罪事実を申告し、犯人の処罰を求める旨の意思の表示がされていれば、告訴調書として有効である。H25-22-エ　→241 II、最決昭34.5.14　6❸ii　○

CORE PLUS

5 検視の概要

❶ 検視の内容	○変死者又は変死の疑いのある死体がある場合に、その死亡が犯罪に起因するか否かを判断するため、五官の作用により死体の状況を見分（外表検査）する処分 ○検視の結果、死亡が犯罪によるものであるとの疑いが残る場合には捜査が開始されるが、検視自体は捜査ではない H19-21-②
❷ 代行検視	検視は、検察官の権限であると同時に義務でもある（229Ⅰ）が、検察事務官又は司法警察員に検視させることもできる（229Ⅱ）H19-21-②
❸ 検視の限界	写真撮影、指紋・足型の採取、所持品調査等は令状なくして行うことができるが、医師による血液の採取、死体の解剖、エックス線検査は鑑定処分許可状（225Ⅲ）がなければ行うことができない

6 告訴の概要その1

❶ 告訴の意義	i 告訴権者が捜査機関に対し、犯罪の事実を申告し、犯人の訴追を求める意思表示をいう。単に犯罪事実を申告するだけの被害届とは異なり、訴追を求める意思表示が含まれている必要がある ii 犯罪の種類・被害内容が特定されているならば、その日時・場所・態様や犯人の特定は不要（大判昭6.10.19、大判昭12.6.5）予H27-15-エ
❷ 告訴権者	i 犯罪の被害者（230）及びその法定代理人（231Ⅰ）*1、*2 ii 一定の場合の被害者の親族（232） iii 被害者死亡の場合で、被害者の明示の意思に反しない場合の被害者の配偶者・直系親族・兄弟姉妹（231Ⅱ）H25-22-ア iv 死者の名誉に対する名誉毀損罪及び被害者が告訴しないで死亡した場合の被害者の親族・子孫（233Ⅰ、Ⅱ） v 上記の者が代理人によりすることもできる（240）H19-21-エ改題
❸ 告訴の方法	i 書面又は口頭によって検察官又は司法警察員に対して行う（241Ⅰ）H19-21-⑤・ウ ii 犯罪の被害者又はその法定代理人の検察官又は司法警察員に対する「供述調書」であっても、犯罪事実を申告し犯人の処罰を求める旨の意思表示を録取したものであれば241条2項の告訴調書として有効である（最決昭34.5.14）H25-22-エ
❹ 告訴の取消し	i 告訴と同様に代理人によりすることもできる（240）H25-22-ウ改題 ii 告訴の取消しができるのは当該告訴をした者である。そして、法定代理人は独立して告訴することができるから（231Ⅰ）、法定代理人の告訴は被害者本人の地位に基づきされるものではなく、法定代理人自身の告訴権に基づくものであり、被害者本人がそれを取り消すことは認められない 予H27-15-イ

＊1 「犯罪により害を被つた者」（230）とは、犯罪により直接の被害を被つた者をいい、被害者の配偶者はこれに当たらない（大判明44.6.8）。予H27-15-ア

＊2 被害者の親権者が2人あるときは、その各自が231条1項の被害者の法定代理人として、告訴をすることができる（最決昭34.2.6）。予H30-14-イ

CORE TRAINING

□□□　司法警察員は、告訴を受けた事件に関する書類及び証拠物について、当該事件について犯罪の嫌疑がないものと思料するときは、検察官に送付しないことができる。H25-21-2、予H30-14-ウ ➡ 242　⑦❶ⅰ　×

□□□　検察官は、被害者から告訴のあった窃盗事件について、公訴を提起し、又はこれを提起しない処分をしたときは、速やかにその旨を告訴人に通知しなければならず、また、公訴を提起しない処分をした場合において、告訴人の請求があるときは、速やかに告訴人にその理由を告げなければならない。H26-28-ウ、H21-29-オ ➡ 260前段、261　⑦❶ⅱ　○

□□□　親告罪について告訴の取消しをした者は、更に告訴をすることができない。予R2-14-イ ➡ 237Ⅱ　⑧❸　○

□□□　一通の文書でA及びBの名誉が毀損された場合、Aがした告訴の効力は、Bに対する名誉毀損の事実には及ばない。予H27-15-オ ➡ 告訴の客観的不可分の原則は、科刑上一罪とされる各罪につき被害者が異なる場合には適用されない ⑨❶ⅲ　○

05　告発

□□□　税関長等の告発を訴訟条件とする関税法違反事件について、その告発前に強制捜査をすることはできない。予R2-14-ウ ➡ ⑩※　×

CORE PLUS

7 告訴の概要その2

❶ 告訴の効果	i	告訴により捜査が開始され、司法警察員は告訴に関する書類や証拠物を速やかに検察官に送付する義務を負う（242）　H25-21-2 、予H30-14-ウ
	ii	最終的な起訴・不起訴の決定がなされた場合には、その処分を告訴人に通知する義務を負い（260前段）、告訴人の請求があるときは、不起訴の理由を告知する義務も負う（261）　H26-28-ウ 、H21-29-オ

8 親告罪と告訴

親告罪：公訴の提起に告訴を必要とする犯罪

❶ 告訴期間	○犯人を知った日から6か月以内（235本文）＊ ○告訴権者が複数ある場合には、1人の期間の徒過の効力は、他者に対しては及ばない
❷ 告訴権者がいない場合	検察官が、利害関係人の申立てにより告訴をすることができる者を指定することができる（234）
❸ 再告訴	一度告訴を取り消せば告訴権が消滅するので、再告訴はできない（237 Ⅱ）　予R2-14-イ

＊　「犯人を知った」（235本文）とは、犯人が誰であるかを知ることをいい、告訴権者において、犯人の住所氏名などの詳細を知る必要はないが、少なくとも犯人の何人たるかを特定し得る程度に認識することを要する（最決昭39.11.10）。

9 告訴不可分の原則

❶ 客観的不可分	i	1個の犯罪事実の一部についてなされた告訴又はその取消しの効力は、その他の部分について告訴又はその取消しがなくとも、犯罪事実の全体に及ぶ
	ii	単純一罪や包括一罪の一部についての告訴についても妥当する
	iii	科刑上一罪の一部に対する告訴についても妥当するが、例外的に科刑上一罪の各部分が共に親告罪であるが被害者を異にする場合や、被害者を同じくする親告罪と非親告罪の科刑上一罪について告訴が非親告罪に限ってなされた場合には、可分性が認められる　予H27-15-オ
❷ 主観的不可分	i	親告罪について共犯者の1人又は数人に対してした告訴又はその取消しは、他の共犯者に対してもその効力を生じる（238 Ⅰ）
	ii	犯人と被害者の間に一定の身分関係がある場合に限り親告罪となる相対的親告罪については、非身分者に対する告訴の効力は、身分関係のある共犯者には及ばない

10 告発と請求

❶ 告発の意義	告訴権者及び犯人以外の者が捜査機関に対して犯罪事実を申告し、その犯人の訴追を求める意思表示（239）
❷ 請求の意義	特殊な犯罪について一定の期間により行われる告発と同内容の意思表示で、一定の犯罪については訴訟条件とされる

※　親告罪における告訴は訴訟条件であるところ、訴訟条件とは実体審理・実体判決の要件であり、捜査自体の要件ではないから、告訴なき親告罪について、捜査できるのが原則である。告発を訴訟条件とする犯罪についてもこれと同様に考えることができる。　予R2-14-ウ

MEMO

No. 013　論　検察官・司法警察員の権限

予H27-14

☐　月　　日
☐　月　　日
☐　月　　日

次のアからオまでの各記述のうち、検察官と司法警察員のいずれもが行使できる権限は幾つあるか。後記１から６までのうちから選びなさい。

☐☐☐　ア．逮捕状により被疑者を逮捕すること

☐☐☐　イ．被疑者の勾留を請求すること

☐☐☐　ウ．捜索差押許可状により捜索すること

☐☐☐　エ．私人から、同人が逮捕した現行犯人の引渡しを受けること

☐☐☐　オ．第１回公判期日前に、裁判官に対し、証人の尋問を請求すること

１．０個　　２．１個　　３．２個　　４．３個　　５．４個　　６．５個

No.
013 　正解 4

検察官、司法警察職員、司法警察職員の比較に関
する問題は頻出である。必ず条文を確認しよう。 　正答率
73.9%

ア　いずれもが行使できる権限である。

　逮捕状により、被疑者を逮捕することができるのは、**検察官、検察事務官**又は**司法警察職員**である（199条1項本文）。そして、司法警察職員とは、**司法警察員**及び**司法巡査**をいう（39条3項本文括弧書）。

イ　いずれもが行使できる権限ではない。

　被疑者の勾留を請求することができるのは、**検察官に限られる**（204条1項、205条1項、206条1項）。

ウ　いずれもが行使できる権限である。

　検察官、検察事務官又は**司法警察職員**は、裁判官の発する令状により、捜索をすることができる（218条1項前段）。

エ　いずれもが行使できる権限である。

　現行犯人は、**何人でも**、**逮捕状なくしてこれを逮捕する**ことができる（213条）。そして、検察官、検察事務官及び司法警察職員**以外の者**が**現行犯人を逮捕**した場合、**直ちにこれを検察官又は司法警察職員に引き渡さなければならない**（214条）。したがって、**私人が逮捕**した現行犯人の引渡しを受けることができるのは、**検察官**と**司法警察職員**である。

オ　いずれもが行使できる権限ではない。

　第1回公判期日前の証人尋問（226条、227条1項）を請求することができるのは**検察官に限られる**。

文献　試験対策講座145、146、152、155、167、218頁

| No.
014 | 司法警察員と検察官
予R4-14 | □　月　日
□　月　日
□　月　日 |

　次のアからオまでの各記述のうち、司法警察員と検察官のいずれもがなし得るものとして、誤っているものの組合せは、後記1から5までのうちどれか。

□□□　ア．緊急逮捕後の逮捕状の請求
□□□　イ．被疑者の勾留の請求
□□□　ウ．第1回公判期日前の証人尋問の請求
□□□　エ．鑑定処分許可の請求
□□□　オ．捜索差押許可状の請求

1．ア　イ　　　2．ア　オ　　　3．イ　ウ　　　4．ウ　エ　　　5．エ　オ

| No.
014 | 正解　3 | 手続によって請求権者が異なるため、混同しない
ように条文を1つひとつ確認して知識を整理しよう。 | 正答率
78.6% |

ア　正しい。

　検察官、検察事務官又は**司法警察職員**は、緊急逮捕をすることができ、この場合には、直ちに裁判官の逮捕状を求める手続をしなければならない（210条1項）。司法警察員は、司法警察職員に含まれる（39条3項本文括弧書）。したがって、司法警察員と検察官はいずれも緊急逮捕後の逮捕状を請求することができる。

イ　誤り。

　被疑者の勾留を請求することができるのは、**検察官に限られる**（204条以下）。

ウ　誤り。

　第1回公判期日前の証人尋問（226条、227条1項）を請求することができるのは**検察官に限られる**。

エ　正しい。

　検察官、検察事務官又は**司法警察員**は、鑑定のために必要な処分の許可の請求をすることができる（225条1項、2項、168条1項）。鑑定処分とは鑑定のために必要な処分のことであるから、司法検察員と検察官はいずれも鑑定処分許可の請求ができる。

オ　正しい。

　捜索差押許可状は、**検察官、検察事務官**又は**司法警察員**の請求により、発せられる（218条4項、1項）。したがって、司法警察員と検察官はいずれも捜索差押許可状を請求することができる。

文献　試験対策講座46、48、152、153、155、180頁

現行犯逮捕

予H29-15

　　現行犯逮捕に関する次のアからオまでの各記述のうち、誤っているものの組合せは、後記1から5までのうちどれか。

ア．30万円以下の罰金に当たる罪については、犯人の住居又は氏名が明らかでない場合に限り、現行犯逮捕することができる。

イ．罪を行い終わってから間がないと認められないときでも、罪を犯したことを疑うに足りる充分な理由があり、急速を要する場合には、現行犯逮捕することができる。

ウ．未遂犯の処罰規定のある犯罪の実行に着手した者については、その犯罪が既遂に達していなくとも、現行犯逮捕することができる。

エ．私人でも、現行犯逮捕することができる。

オ．現行犯人の引致を受けた司法警察員は、直ちに犯罪事実の要旨及び弁護人を選任できることを告げなければならない。

1．ア　イ　　　2．ア　オ　　　3．イ　ウ　　　4．ウ　エ　　　5．エ　オ

| No. 015 | 正解 1 | 212条及び213条の規定を中心として、現行犯逮捕に関する基本的な知識をおさえよう。 | 正答率 72.4% |

ア　誤り。

　刑事訴訟法は、30万円以下の罰金、拘留又は科料に当たる罪の現行犯については、犯人の住居若しくは氏名が明らかでない場合又は犯人が逃亡するおそれがある場合に限り、213条から216条までの規定を準用するとしている（217条）。これは、軽微な犯罪についての現行犯逮捕に加重要件を設けることによって、ほかの重い犯罪との区別を図り、現行犯人の人権を尊重する趣旨である。217条によれば、本記述の30万円以下の罰金に当たる罪についての現行犯逮捕は、犯人が逃亡するおそれがある場合にも、することができる。

イ　誤り。

　刑事訴訟法上、現行犯逮捕（213条）をすることができるのは、「**現に罪を行い、又は現に罪を行い終った者**」（212条1項）である場合と、212条2項**各号**に該当する者が、「**罪を行い終ってから間がないと明らかに認められるとき**」（同条2項柱書）だけである。したがって、「罪を犯したことを疑うに足りる充分な理由があり、急速を要する場合」にあるだけでは、現行犯逮捕することができない。

ウ　正しい。

　未遂犯を処罰する罪は、**実行の着手**があれば「**現に罪を行い**」（212条1項）に該当すると考えられている。よって、本記述の場合でも現行犯逮捕をすることができる。

エ　正しい。

　213条は、現行犯人は、**何人でも**、**逮捕状なくしてこれを逮捕することができる**としており、**私人による現行犯逮捕**を認めている。これは、現行犯逮捕の場合は犯罪及び犯人が明白であり、司法による統制がなくとも、**誤認逮捕がなされるおそれが少ない**からである。

オ　正しい。

　203条1項は、被疑者の**防御権を保障**するため、司法警察員は、逮捕状により逮捕された被疑者を受け取ったときは、直ちに**犯罪事実の要旨**及び**弁護人を選任することができる旨**を告げなければならないとしており、**この規定は、216条によって現行犯逮捕の場合にも準用**されている。

文献　試験対策講座149〜151頁

| No.
016 | 論 | 逮捕・勾留 | 予R3-15 | □　月　　日
□　月　　日
□　月　　日 |

逮捕・勾留に関する次のアからオまでの各記述のうち、正しいものの組合せは、後記1から5までのうちどれか。

ア．逮捕状を所持しないため被疑者にこれを示すことができない場合において、急速を要するときは、被疑者に対し被疑事実の要旨及び令状が発せられている旨を告げて被疑者を逮捕することができ、以後も被疑者に逮捕状を示す必要はない。

イ．司法警察員は、逮捕状により被疑者を逮捕した場合には、留置の必要がないと思料するときでも、これを釈放することなく、被疑者が身体を拘束された時から48時間以内に書類及び証拠物とともにこれを検察官に送致しなければならない。

ウ．窃盗の事実で逮捕した後に釈放した被疑者を同一の窃盗の事実で再び逮捕することが許される場合もある。

エ．検察官は、恐喝及び傷害の事実で逮捕した被疑者につき、その逮捕中に、同一の事実が強盗致傷罪に当たると疑うに足りる相当な理由が生じた場合には、強盗致傷罪で勾留を請求することができる。

オ．検察官は、逮捕した被疑者につき、逮捕中に公訴を提起することはできず、勾留を請求するか、又は釈放しなければならない。

1．アイ　　2．アオ　　3．イウ　　4．ウエ　　5．エオ

No. 016 正解 4   逮捕・勾留に関する条文及び基礎知識を確認し ておこう。   正答率 81.0%

ア 誤り。

逮捕状により被疑者を逮捕するには、原則として、逮捕状を被疑者に示さなければならず（201条1項）、**逮捕状を所持しないためこれを示すことができない場合において、急速を要するときは、**例外的に、被疑者に対し**被疑事実の要旨及び令状が発せられている旨を告げて、**その執行をすることができるが（同条2項・73条3項本文）、**令状は、できる限り速やかにこれを示さなければならない**（201条2項・73条3項ただし書）。

イ 誤り。

司法警察員は、逮捕状により被疑者を逮捕した場合等には、「**留置の必要がないと思料するときは直ちにこれを釈放し、**留置の必要があると思料するときは被疑者が身体を拘束された時から48時間以内に書類及び証拠物とともにこれを検察官に送致する手続をしなければならない」（203条1項）。

ウ 正しい。

1個の被疑事実については時を異にして逮捕・勾留を繰り返すことができないのが原則であるが（再逮捕・再勾留の禁止の原則）、**逮捕については、この原則の例外が法律上予定されている。**すなわち、199条3項、刑訴規142条1項8号は、再度の逮捕状の請求自体を認めている。

エ 正しい。

被疑者の勾留は先行する逮捕を前提としてのみ許され（逮捕前置主義）、**逮捕・勾留の効力は、事件を基準としてその理由となった被疑事実にのみ及ぶが**（事件単位説）、被疑者の勾留は逮捕の理由となった被疑事実と同一性のある被疑事実を理由としてなされたと認められれば、逮捕前置主義に反しない。ここにいう被疑事実の同一性とは「**公訴事実の同一性**」（刑訴312条1項）**の範囲内**であればよく、設問の恐喝及び傷害の事実と強盗致傷罪とは「公訴事実の同一性」の範囲内であるから、強盗致傷罪で勾留を請求できる。

オ 誤り。

検察官は、逮捕状により被疑者を逮捕したとき等は、留置の必要がないと思料するときは直ちにこれを釈放し、留置の必要があると思料するときは被疑者が身体を拘束された時から48時間以内に裁判官に被疑者の勾留を請求しなければならないが（204条1項本文）、**その時間の制限内に公訴を提起**したときは、勾留の請求をすることを要しない（同項ただし書）。

文献 試験対策講座149、150、157〜160頁

No.
017

被疑者の勾留理由開示

予H30-16

　　被疑者の勾留理由開示に関する次のアからオまでの各記述のうち、正しいものの組合せは、後記１から５までのうちどれか。

□□□　ア．勾留の理由の開示は、被疑者及びその弁護人に限り請求することができる。

□□□　イ．勾留の理由の開示は、公開の法廷でしなければならない。

□□□　ウ．検察官が出頭しないときは、勾留理由開示の法廷を開くことはできない。

□□□　エ．勾留の理由を開示するには、勾留の基礎となっている犯罪事実と、勾留されている者が罪を犯したことを疑うに足りる相当な理由を告げれば足りる。

□□□　オ．勾留理由開示の法廷に出頭した被疑者及び弁護人は、意見を述べることができる。

　１．ア　イ　　　２．ア　エ　　　３．イ　オ　　　４．ウ　エ　　　５．ウ　オ

3章
捜査に関する
諸問題

53

正解 3 　　勾留理由開示制度については条文知識が問われ　正答率
るので条文をよく読んで確認しておこう。　65.0%

ア　誤り。

　勾留されている被疑者の弁護人、法定代理人、保佐人、配偶者、直系の親族、兄弟姉妹その他利害関係人も、勾留理由開示の請求をすることができる（207条1項本文、82条2項）。これは、「要求があれば、その理由は、直ちに本人及びその弁護人の出席する公開の法廷で示されなければならない」と規定する憲法34条後段を受けて、被告人その他の者の勾留理由開示請求権を認めた規定である。したがって、勾留の理由の開示は被疑者とその弁護人のみが請求できるものではない。

イ　正しい。

　勾留の理由の開示は、公開の法廷でこれをしなければならない（207条1項本文、83条1項）。これは、憲法34条後段が、拘禁の理由は「公開の法廷で示されなければならない」と規定していることから、この要請に応えるものである。

ウ　誤り。

　刑事訴訟法83条3項本文は、「被告人及びその弁護人が出頭しないときは、開廷することはできない」と規定しているにすぎず、検察官が出頭しない場合について定めていない。したがって、検察官が出頭しなくとも、勾留理由開示の法廷を開くことはできる。

エ　誤り。

　「**勾留の理由**」（83条1項）**とは、勾留の基礎となっている犯罪事実と60条1項各号に該当する事由**をいう。したがって、「勾留の理由の開示」（83条1項）というには、勾留の基礎となっている犯罪事実と、勾留されている者が罪を犯したことを疑うに足りる相当な理由（60条1項柱書）を告げるのみでは足りず、60条1項各号に該当する事由を告げる必要がある。

オ　正しい。

　検察官又は被告人、被疑者及び弁護人並びにこれらの者以外の請求者は、勾留理由開示の法廷において意見を述べることができる（207条1項本文、84条2項本文）。

文献　試験対策講座42〜44、156頁

CORE TRAINING

01　逮捕

□□□　司法警察員は、逮捕状により被疑者を逮捕する場合に、逮捕状を所持しないためこれを示すことができない場合において、急速を要するときは、被疑者に対し、被疑事実の要旨と逮捕状が発せられている旨を告げて、被疑者を逮捕することができる。H21-23-2

➡ 緊急執行（201Ⅱ・73Ⅲ本文）①＊1　〇

□□□　司法警察員は、被疑者を逮捕したときは、直ちに、弁護人にその旨を通知しなければならず、被疑者に弁護人がないときは、被疑者の法定代理人、保佐人、配偶者、直系の親族及び兄弟姉妹のうち被疑者の指定する者一人にその旨を通知しなければならない。H21-23-3

➡ 203Ⅰ。被疑者以外への通知を規定した条文はない　✕

□□□　司法巡査は、逮捕状により被疑者を逮捕したときだけでなく、現行犯逮捕したとき、又は緊急逮捕したときも、直ちにこれを司法警察員に引致しなければならない。予H23-15-ア

➡ 211・202、216・202　①＊3　〇

□□□　司法警察員は、被疑者を緊急逮捕したときは、直ちに犯罪事実の要旨及び弁護人を選任できる旨を告げた上で弁解の機会を与えなければならないが、逮捕状により被疑者を逮捕したときは、逮捕状を被疑者に示しているから犯罪事実の要旨を告げる必要はなく、直ちに弁護人を選任することができる旨を告げた上で弁解の機会を与えれば足りる。予H23-15-エ

➡ 203Ⅰ　①❷　✕

3章　捜査に関する諸問題

CORE PLUS

① 逮捕に関する手続その1

❶ 逮捕状の呈示（201Ⅰ）	逮捕状により逮捕する場合、逮捕状を呈示して、被疑者に防御の機会を与える＊1、＊2
❷ 呈示後の手続（203Ⅰ）	ⅰ 犯罪事実の要旨及び弁護人が選任できることを告知する、ⅱ 弁解の機会を与える、ⅲ 留置の必要がない場合には直ちに釈放する　予H23-15-エ
❸ 検察官・司法警察員への引致（202）	検察事務官又は司法巡査が逮捕状により被疑者を逮捕したときは、直ちに検察事務官は検察官に、司法巡査は司法警察員に被疑者を引致しなければならない＊3

＊1　逮捕状を所持しないためこれを示すことができない場合において、急速を要するときは、被疑者に対し、被疑事実の要旨と逮捕状が発せられている旨を告げて、被疑者を逮捕することができる（緊急執行、201Ⅱ・73Ⅲ本文）。H21-23-2

＊2　令和5年法律第28号により、逮捕状に記載された個人特定事項を秘匿する新制度が設けられ（201条の2）、2024（令和6）年2月15日に施行される。

＊3　202条の規定は、現行犯逮捕及び緊急逮捕の場合にも準用されている（211・202、216・202）。予H23-15-ア

CORE TRAINING

□□□　現行犯人である「現に罪を行い終つた者」というために　→ 212 I　②❶　×
は、犯罪が既遂に達していることが必要である。予R1-16-イ

□□□　現行犯逮捕が許されるためには、逮捕者が、少なくとも　→ ②＊　×
犯行の一部を現認していることが必要である。予R1-16-ウ

□□□　現行犯人を逮捕することができる要件については、犯罪　→ 217　②❹　×
の法定刑の軽重による差異はない。予R1-16-ア

□□□　平成25年３月３日午後２時10分、司法警察員Ｘが甲を窃　→ 205 I、Ⅱ　×
盗罪の現行犯人として逮捕し、同月５日午後２時に窃盗罪で甲　③❶
をＭ地方検察庁に送致する手続をとり、同日午後２時35分、Ｍ
地方検察庁検察官Ｙが甲を受け取った。この場合、Ｙは、甲に
弁解の機会を与え、留置の必要があると判断すれば、同月６日
午後２時35分までに裁判官に勾留を請求すれば足りる。予H27-
16-ア

□□□　検察官は、逮捕状により被疑者を逮捕した場合において、　→ 204 I、Ⅳ　×
留置の必要があると思料するときは、被疑者が身体を拘束され　③❷
た時から24時間以内に裁判官に被疑者の勾留を請求し、又は被
疑者について公訴を提起しなければならず、その時間内に勾留
の請求又は公訴の提起をしないときは、直ちに被疑者を釈放し
なければならない。予H28-18-ア、予H23-15-オ

C O R E   P L U S

② 現行犯逮捕の要件

現に罪を行い、又は現に罪を行い終わった者は、何人でも現行犯人として逮捕状なく逮捕することができる（212Ⅰ、213）。

❶ 犯罪が行われたこと	犯罪の実行行為を終了した直後の者をいい、結果発生の有無は問われない（212 Ⅰ） 予R1-16-イ
❷ 犯罪と犯人の明白性	逮捕者の認識として犯罪が行われたことが明白かつ被逮捕者が犯人であることが明白であるかどうかを、犯行と逮捕の間の時間的接着性及び場所的接着性等から判断する*
❸ 逮捕の必要性	明文上要求する規定はないものの、現行犯逮捕を他の逮捕と区別する理由はないこと、身体拘束という重大な強制処分の要件は厳格に解すべきであることから必要性を要求する（刑訴規143の3）
❹ 軽微事件の例外	刑事訴訟法217条規定の軽微犯罪の場合には、「住居若しくは氏名が明らかでない場合又は犯人が逃亡するおそれがある場合に限り」現行犯逮捕が可能となる 予R1-16-ア

* 明白性については、逮捕行為時における具体的な状況を客観的に観察して、現行犯人と認められるに十分な理由があったか否かによるべきものであって（最決昭41.4.14）、逮捕者が現認していない場合でも現場の客観的・外部的状況に照らして犯行及び犯人が明白であるならば現認に準ずることができると解される（京都地決昭44.11.5 百選12事件）。 予R1-16-ウ

③ 逮捕に関する手続その2

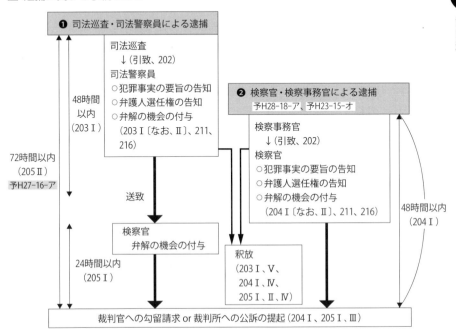

CORE TRAINING

□□□ 検察官は、死刑又は無期若しくは長期3年以上の懲役若しくは禁錮に当たる罪を犯したことを疑うに足りる充分な理由がある場合で、急速を要し、裁判官の逮捕状を求めることができないときは、その理由を告げて被疑者を逮捕することができる。 予H28-18-ウ

➡ 210 I 前段 ④❶ ○

* 令和4年法律第67号により、「懲役若しくは禁錮にあたる罪」は「拘禁刑に当たる罪」に、「充分な」は「十分な」に改正された。なお、2025（令和7）年6月1日に施行される。

□□□ 司法警察員が、殺人を犯したことを疑うに足りる充分な理由がある者を緊急逮捕する場合、その手続に関して裁判官の裁判が必要となる。 H25-23-イ

➡ 210 I 中段 ④❷vi ○

□□□ 司法巡査により緊急逮捕された被疑者が、司法警察員に引致された後、逮捕状請求前に逃走してしまった場合であっても、司法警察員は、直ちに裁判官の逮捕状を求める手続をしなければならない。 予H23-15-イ

➡ 210 I 中段、捜査規範120Ⅲ ④ *2 ○

□□□ 被疑者又は弁護人は、逮捕状を発付した裁判に対して準抗告をすることができる。 H24-38-1

➡ 最決昭57.8.27 ✕

02 勾留

□□□ 被告人の勾留については、勾留の理由の開示を請求することはできない。 H20-26-1、予H24-16-イ

➡ 82 ⑤❷b ✕

□□□ 勾留の執行停止により釈放されている被疑者であっても、勾留の理由の開示を請求することができる。 H20-26-5

➡ ⑤*1 ✕

□□□ 勾留の必要がなくなったとき、検察官は、裁判所に対し、被告人の勾留の取消しを請求することができる。 予H29-20-エ、予H24-16-ア

➡ 87 I ⑤❸b ○

□□□ 検察官は、適当と認めるときは、検察官自らの裁量により、被疑者勾留の執行を停止することができる。 H24-22-オ

➡ 裁判所の権限（207 I 本文・95 I 前段）⑤*2 ✕

□□□ 被告人から勾留執行停止の申立てがあった場合、裁判所は、勾留の執行を停止するか否かの裁判をしなければならない。 予H29-20-オ

➡ 95 I 前段、最判昭24.2.17 ⑤*2 ✕

□□□ 検察官は、地方裁判所の裁判官がした勾留請求を却下する裁判に対して高等裁判所に準抗告をすることができる。 H24-38-2、予H27-16-ウ

➡ 429 I② ⑤*3 ✕

□□□ 検察官は、勾留請求を受けたM地方裁判所の裁判官が、犯罪の嫌疑が認められないものとして勾留請求を却下した場合、これに不服があるときでも、同裁判所に対し、その裁判を取り消して被疑者を勾留するよう請求することは許されない。
予H27-16-エ

→ 207Vただし書、429 I ② **5** * 4   ✕

CORE PLUS

4 緊急逮捕の要件と手続

❶ 要 件 予H28- 18-ウ	ⅰ 嫌疑の充分性	「罪を犯したことを疑うに足りる充分な理由」を要求し、通常逮捕における嫌疑の相当性よりも高度の嫌疑を要求*1
	ⅱ 逮捕の緊急性	「急速を要し、裁判官の逮捕状を求めることができない」状況であること
	ⅲ 犯罪の重大性	死刑又は無期若しくは長期3年以上の懲役若しくは禁錮に当たる罪*1
	ⅳ 逮捕の必要性	通常逮捕と同様に要求される（刑訴規143の3）
❷ 手 続	ⅴ 理由の告知	犯罪の充分な嫌疑と緊急性の双方を被疑者に告げてから逮捕する
	ⅵ 裁判官の審査*2	逮捕行為の後「直ちに」裁判官の逮捕状を請求しなければならない（210 I 中段） H25-23-イ

* 1 令和4年法律第67号により、「懲役若しくは禁錮にあたる罪」は「拘禁刑に当たる罪」に、「充分な」は「十分な」に改正された。なお、2025（令和7）年6月1日に施行される。
* 2 逮捕行為自体の適法性を事後的に審査するものであるから、一度逮捕行為を行った以上、その後の被疑者の身体拘束の有無に関わらず、逮捕状を請求することが要求される（210 I 中段、捜査規範120Ⅲ）。 予H23-15-イ

5 勾留と防御権

		a 被疑者勾留	b 被告人勾留
❶	接見交通権	39 I	39 I、80
❷	勾留理由開示	207 I 本文・82*1	82 H20-26-1 、予H24-16-イ
❸	勾留取消し	207 I 本文・87 I	87 I 予H29-20-エ 、予H24-16-ア
❹	執行停止*2	207 I 本文・95	95 I 前段
❺	(準)抗告	429 I ②*3、4	429 I ②、420 Ⅱ

* 1 勾留理由開示における勾留されている被疑者とは、勾留の裁判によって現実に身体拘束されている者をいう。 H20-26-5
* 2 裁判官又は裁判所が権限で行う。 H24-22-オ
　　そのため、被告人が執行停止の申立てをしても職権発動を促す効果しか有さない（最判昭24.2.17）。 予H29-20-オ
* 3 裁判官のした勾留に不服がある者は、簡易裁判所裁判官がした裁判に対しては管轄地方裁判所に、その他の裁判官がした裁判に対してはその裁判官所属の裁判所に準抗告できる。 H24-38-2 、予H27-16-ウ
* 4 準抗告の対象となる勾留に関する裁判には、「勾留の理由がない」として請求を却下する裁判も含まれるところ（207Vただし書）、犯罪の嫌疑が認められないことも、「勾留の理由がない」場合に当たる（60 I 柱書参照）。 予H27-16-エ

CORE TRAINING

□□□　裁判官は、検察官から勾留の請求を受けた被疑者について勾留の裁判をするに当たり、被疑者が逃亡した場合を除き、被疑者に対し被疑事件を告げこれに関する陳述を聴く手続を行わなければならない。予R4-15-ア	➡207Ⅰ本文・61 6❼a	○
□□□　裁判官は、検察官から勾留期間の延長の請求を受けた被疑者について勾留期間の延長の裁判をするに当たり、被疑者が逃亡した場合を除き、被疑者に対し被疑事件を告げこれに関する陳述を聴く手続を行わなければならない。H24-22-ア、予R4-15-イ	➡勾留質問（207Ⅰ本文・61）6＊4	×
□□□　公訴の提起があった後、第1回公判期日までの保釈に関する裁判は、公訴の提起を受けた裁判所の事件の審判に関与すべき裁判官のみが行う。H26-38-オ	➡280Ⅰ、刑訴規187Ⅰただし書 6＊1	×
□□□　窃盗の事実で逮捕中に起訴された者につき、同じ事実で勾留する場合、裁判官の裁判が必要となる。H25-23-オ	➡280Ⅱ 6❷bi	○
□□□　裁判官は、勾留されている被疑者がその被疑事実と同一の事実で公訴を提起された場合において、その勾留を継続する必要があると認めるときは、被告人が逃亡した場合を除き、被告人に対し被告事件を告げこれに関する陳述を聴く手続を行わなければならない。H25-23-エ、予R4-15-ウ	➡6❷bⅱ	×
□□□　裁判官が、検察官から勾留の請求があった翌日に、被疑者を勾留する旨の裁判をした場合でも、検察官は、勾留の請求をした日から10日以内に公訴を提起しないときは、勾留期間の延長が認められた場合を除き、直ちに被疑者を釈放しなければならない。H24-22-イ	➡208Ⅰ 6❸ai	○
□□□　裁判官は、検察官から勾留期間を10日間延長する請求があった場合でも、その延長期間をそれより短い期間とする裁判をすることができ、通じて10日以内であれば延長回数に制限はない。H24-22-ウ、予H28-18-イ	➡208Ⅱ 6＊3	○
□□□　被告人の勾留の期間は、公訴の提起があった日から1箇月とする。予H28-18-エ	➡60Ⅱ前段 6❸b	×
□□□　裁判所は、勾留されていない被告人について勾留の裁判をするに当たり、既に被告事件の審理の際に被告人から被告事件に関する陳述を聴いている場合には、改めて被告人に対し被告事件を告げこれに関する陳述を聴く手続を行う必要はない。予R4-15-エ	➡最決昭41.10.19	○
□□□　裁判所は、勾留期間の更新の裁判をするに当たり、被告人が逃亡した場合を除き、被告人に対し被告事件を告げこれに関する陳述を聴く手続を行わなければならない。予R4-15-オ	➡60Ⅱ、61参照 6＊4	×

CORE PLUS

6 被疑者勾留と被告人勾留の比較

	a　被疑者勾留	b　被告人勾留
❶ 主　体	検察官の請求に対し裁判官が判断 （207Ⅰ本文・60Ⅰ）	i　第1回公判期日前 　→受訴裁判所を構成しない裁判官の職権（280Ⅰ、刑訴規187Ⅰ）＊1 ii　第1回公判期日後 　→裁判所の職権（刑訴60Ⅰ）
❷ 令状発布	必要（207Ⅴ）＊2	i　逮捕中に起訴 　→必要（280Ⅱ）　H25-23-オ ii　被疑者勾留中に起訴 　→当然に被告人勾留に切り替わるので不要　H25-23-エ、予R4-15-ウ
❸ 期　間	i　原則10日（208Ⅰ）　H24-22-イ ii　例外20日（やむを得ない事由があるとき、208Ⅱ）＊3 iii　例外の例外25日（特定の犯罪に関して、208の2）	原則2か月（60Ⅱ）で1か月ごとに更新が可能　予H28-18-エ
❹ 接見指定	可（39Ⅲ）	不可（39Ⅲ）
❺ 保　釈	不可（207Ⅰただし書）	可（88から98まで）
❻ 逮捕前置主義	適用（207Ⅰ本文）	不適用
❼ 勾留質問	裁判官が被疑者に被疑事実を告げ、これに関する陳述を聴く（207Ⅰ本文・61本文）予R4-15-ア＊4	左に同じ（61本文）

＊1　身体拘束からの解放手段である保釈についても主体は同じである。　H26-38-オ

＊2　令和5年法律第28号により、勾留状に記載された個人特定事項を秘匿する新制度が設けられ（207条の2、207条の3）、2024（令和6）年2月15日に施行される。

＊3　被疑者勾留の期間は検察官請求の日数にかかわらず、裁判官はそれより短い期間に限定して認めることができ、通算10日以内の延長であれば1回に制限されない。　H24-22-ウ、予H28-18-イ

＊4　勾留質問は勾留延長の裁判においては要求されていない。　H24-22-ア、予R4-15-イ・オ

CORE TRAINING

03　逮捕・勾留の問題点

□□□　司法警察員が甲に対し詐欺罪の内偵捜査を行っていた
ところ、甲が別の窃盗事件の現行犯人として逮捕され、検察庁
に送致された。上記事件において、検察官が詐欺罪について甲
を逮捕しないまま、窃盗罪の事実に詐欺罪の事実を併せて勾留
請求した場合、勾留請求を受けた裁判官は、窃盗及び詐欺のい
ずれについても勾留の理由及び必要が認められるものと判断
すれば、両罪について適法に勾留状を発することができる。
予H27-16-イ

➡ 逮捕前置主義　　○
（207 I 本文）
7 ❹

□□□　上記事件において、窃盗罪で勾留状が発せられ、これが
執行された後に、窃盗罪について勾留の理由又は必要がなくな
った場合、検察官は、詐欺罪について捜査の必要があることを
理由として甲の勾留を継続することは許されない。予H27-16-オ

➡ 事件単位の原則　○
8 ❷

CORE PLUS

7　逮捕前置主義の概要

❶ 内　容	被疑者勾留は先行する逮捕を前提としてのみ許されるとする原則
❷ 目　的	身体拘束当初は、事情変更が生じやすく、犯罪の嫌疑や拘束の必要性が流動的なため、まず短期間の身体拘束を先行させることで被疑者の人身の自由を確保
❸ 逮捕の罪名と異なる罪名での勾留請求	逮捕・勾留の効力はその理由となった被疑事実にのみ及ぶとする事件単位の原則から、被疑事実の同一性が認められない場合、逮捕前置主義に反することとなる
❹ A罪で逮捕して、A罪及びB罪で勾留請求	A罪の逮捕前置主義が守られている限り、B罪についてはむしろ逮捕期間分の身体拘束期間が短縮されるから被疑者に不利に働かず、逮捕前置主義に反しないこととなる　予H27-16-イ

8　事件単位の原則

❶ 内　容	逮捕・勾留の効力は、令状に記載されている犯罪事実についてのみ及ぶとする原則
❷ B事件で身体拘束されていない場合に、A事件の勾留期間をB事件を理由に延長すること	不可（B事件については在宅被疑者として扱うことができるにとどまる）　予H27-16-オ

No.	身体検査等	□ 月 日
018	予R5-18	□ 月 日 □ 月 日

　身体検査等に関する次のアからオまでの各記述のうち、正しいものには1を、誤っているものには2を選びなさい。ただし、判例がある場合には、それに照らして考えるものとする。

□□□　ア．裁判所が女子の身体を検査する場合でも、捜査機関が身体検査令状により女子の身体を検査する場合と同じく、医師又は成年の女子をこれに立ち会わせる必要がある。

□□□　イ．身体の拘束を受けている被疑者を写真撮影する場合、必ず身体検査令状によらなければならない。

□□□　ウ．捜査機関が人の着用しているズボンのポケットの中を捜索して物を差し押さえるためには、捜索差押許可状のほかに、身体検査令状の発付を受ける必要がある。

□□□　エ．捜査機関から鑑定の嘱託を受けた者は、鑑定処分許可状に基づき行う身体検査を拒否する者に対して、直接強制として身体検査を行うことができる。

□□□　オ．強制採尿のための捜索差押許可状には、強制採尿は医師をして医学的に相当と認められる方法により行わせなければならない旨の条件の記載が不可欠である。

3章 捜査に関する諸問題

No.
018

正解
ア1、イ2、ウ2、エ2、オ1

身体検査の種類と、それぞれの法律上の手続について、条文を参照しながら確認しよう。

正答率
73.6%

ア　正しい。

　裁判所が検証として女子に対する身体検査を行う場合には、**医師又は成年の女子**を立ち会わせなければならない（131条2項）。この規定は、身体検査令状に基づき捜査機関が行う**検証としての身体検査**についても、準用されている（222条1項本文後段）。したがって、裁判所が女子の身体を検査する場合も、捜査機関が身体検査令状により女子の身体を検査する場合も、いずれも**医師又は成年の女子を立ち会わせなければならない。**

イ　誤り。

　捜査機関は、裁判所の発する令状に基づいて検証を行うことができるが、検証としての身体の検査は、被疑者のプライバシーに特に配慮する必要性が高いことから、**身体検査令状**によらなければならない（218条1項）。もっとも、身体の拘束を受けている被疑者の写真を撮影する場合は、**被疑者を裸にしない限り、令状は不要**である（同条3項）。したがって、身体を拘束されている被疑者の写真撮影に、常に身体検査令状が必要であるとする点で、誤りである。

ウ　誤り。　　　　　　　　　　　　　　　　　　　　　　　　類 予H29-17-エ

　捜査機関が人の着用しているズボンのポケットの中を捜索して物を差し押さえる行為は、差し押さえるべき物の捜索行為であって、**捜索としての身体検査**である。これは、体腔を含む身体の外表部分の形状を認識する捜査である、検証としての身体検査とは異なる。したがって、捜査機関は**捜索差押許可状**（218条1項前段）によれば足り、**身体検査令状**（同項後段）の発付を受ける必要はない。

エ　誤り。　　　　　　　　　　　　　　　　　　類 予R2-18-B 、予H29-17-ア

　裁判所から命じられた鑑定人が、鑑定処分許可状に基づいて身体検査（168条1項）を行う場合、身体検査を拒否する者に対して、直接強制をすることができる（172条、139条）。一方で、捜査機関から嘱託を受けた鑑定受託者については、**鑑定受託者の鑑定処分について定めた225条4項は検証としての身体検査における直接強制を定めた139条を準用する172条を準用しておらず、また、225条4項が準用する168条6項は、139条を準用していない。**したがって、鑑定受託者は、鑑定としての身体検査を行うにあたって、**直接強制をすることはできない。**

オ　正しい。

　判例は、強制採尿を行う法律上の手続について、「体内に存在する尿を犯罪の証拠物として強制的に採取する行為は捜索・差押の性質を有するものとみるべきであるから、捜査機関がこれを実施するには捜索差押令状を必要とすると解すべきである」としたうえで、強制採尿は「身体に対する侵入行為であるとともに**屈辱感等の精神的打撃を与え**

る行為」であり、「右行為は人権の侵害にわたるおそれがある点では、一般の捜索・差押と異なり、検証の方法としての身体検査と共通の性質を有しているので、**身体検査令状に関する刑訴法218条 5 項［現218条 6 項］が右捜索差押令状に準用されるべきであって、令状の記載要件として、強制採尿は医師をして医学的に相当と認められる方法により行わせなければならない旨の条件の記載が不可欠**であると解さなければならない」としている（最決昭55.10.23百選28事件）。

文献　試験対策講座179、192〜194頁。判例シリーズ24事件

MEMO

No.	論	捜　査		☐ 月 日
019			予R1-15	☐ 月 日
				☐ 月 日

次のアからオまでの各記述のうち、正しいものの組合せは、後記1から5までのうちどれか。ただし、判例がある場合には、それに照らして考えるものとする。

☐☐☐　ア．捜査機関は、逮捕状により被疑者を逮捕する場合において、被疑者を捜索するため人の住居に入る必要があるときは、住居を対象とする捜索許可状がなくても、その住居に入ることができる。

☐☐☐　イ．捜査機関が捜索差押許可状により人の住居を捜索する場合において、差し押さえるべき物が短時間のうちに破棄隠匿されるおそれがあり、捜索差押えの実効性を確保するためにやむを得ないと認められるときは、令状を呈示することなくその住居に入った後、直ちに令状を呈示して捜索をすることができる。

☐☐☐　ウ．捜査機関が捜索差押許可状により人の住居を捜索する場合において、急速を要するときは、令状に夜間でも捜索することができる旨の記載がなくても、日没後にその住居に入り捜索をすることができる。

☐☐☐　エ．捜査機関の嘱託により鑑定を行う者が、鑑定のため人の住居に入る必要があるときは、自ら裁判官に令状を請求し、その発付を受けて、その住居に入ることができる。

☐☐☐　オ．捜査機関が人の住居に入りその内部の状態を五官の作用により認識する処分は、住居主の承諾がある場合であっても、これを令状なく行うことは許されず、検証許可状の発付を受けて行わなければならない。

1．ア　イ　　2．ア　オ　　3．イ　ウ　　4．ウ　エ　　5．エ　オ

No. 019	正解 **1**	捜索や鑑定、検証に関する知識を確認しよう。また、イは論文式試験でも頻出であるため、しっかりおさえよう。	正答率 77.1%

ア　正しい。

220条1項柱書及び同条3項は、「**逮捕する場合**」において、**令状なくして**「**人の住居又は人の看守する邸宅、建造物若しくは船舶内に入り被疑者の捜索をすること**」（同条1項1号）が**できる**とする。これは被疑者が、**被疑者宅ではなく、他人の住居に所在している場合**に、その家に立ち入るための捜索令状がなければその中にいる被疑者を逮捕できないのは不合理であるという趣旨である。

イ　正しい。

判例は、捜索差押許可状執行の動きを察知されれば、覚醒剤事犯の**前科もある**被疑者が直ちに覚醒剤を洗面所に流すなど短時間のうちに差押対象物件を**破棄隠匿するおそれ**があったという事案において、「222条1項、110条による捜索差押許可状の呈示は、**手続の公正を担保する**とともに、処分を受ける者の**人権に配慮する趣旨**に出たものであるから、令状の**執行に着手する前の呈示を原則**とすべきであるが、前記事情の下においては、警察官らが令状の執行に着手して入室した上その**直後に呈示を行うことは**……捜索差押えの**実効性を確保する**ために**やむを得ない**ところであって、**適法というべきである**」（最決平14.10.4百選A5事件）としている。

ウ　誤り。

捜査機関は、日出前、日没後には、令状に夜間でも執行することができる旨の記載がなければ、捜索状の執行のため、人の住居に入ることはできない（222条3項・116条1項）。

エ　誤り。

捜査機関により鑑定の嘱託を受けた鑑定受託者が、鑑定のため人の住居に入る必要があるときは、裁判官に鑑定処分許可状を請求し、その発付を受けたうえで、その住居に入ることができる（225条1項、168条1項）。もっとも、この鑑定処分許可状の請求権者に鑑定受託者は含まれない（225条2項参照）。

オ　誤り。

事物の形状を五官の作用によって認識する処分には、**強制処分としての検証**と、**任意処分としての実況見分**との2種類がある。捜査機関が人の住居に入りその内部の状態を五官の作用により認識する処分で住居主の**承諾がある場合**、これは任意処分としての**実況見分**に当たる。そして、任意処分である以上、これを**令状なしで行うことは許される**。

文献 試験対策講座173、174、179、180～182頁。判例シリーズ14事件

No. 020 　●論●　**逮捕に伴う令状によらない捜索・差押え**

予H30-17

□　月　日
□　月　日
□　月　日

　　逮捕に伴う令状によらない捜索差押えに関する次のアからオまでの各記述の
うち、誤っているものの組合せは、後記1から5までのうちどれか。ただし、
判例がある場合には、それに照らして考えるものとする。

　ア．被疑者を逮捕状により逮捕する場合には、逮捕に伴う令状によらない捜
　　索差押えをすることはできない。

　イ．証拠物について、逮捕に伴う令状によらない捜索差押えを行い得るのは、
　　逮捕の着手後に限られる。

　ウ．警察官は、現行犯人を逮捕する場合において必要があるときは、人の住
　　居に入り被疑者の捜索をすることができる。

　エ．逮捕現場付近で逮捕に伴う令状によらない捜索差押えをすると被疑者の
　　抵抗による混乱等が生じるとの事情があるときは、被疑者を捜索の実施に
　　適する最寄りの場所に連行した上、逮捕に伴う令状によらない捜索差押え
　　をすることができる。

　オ．被疑者を緊急逮捕し、逮捕に伴う令状によらない捜索差押えをしたが、
　　逮捕状が発付されなかった場合には、差押物は直ちにこれを還付しなけれ
　　ばならない。

1．ア　イ　　　2．ア　エ　　　3．イ　オ　　　4．ウ　オ　　　5．ウ　エ

3章 捜査に関する諸問題

| No. 020 | 正解 1 | 逮捕に伴う令状によらない捜索・差押えは論文式試験でも問われやすい。本問の内容はすべて論文でも書けるようにしよう。 | 正答率 81.1% |

ア 誤り。

220条1項は、**199条（通常逮捕）**の規定により被疑者を逮捕する場合や**210条（緊急逮捕）**の規定により被疑者を逮捕する場合について**令状なく捜索・差押えをすることができる**とする。これは、逮捕に伴う捜索及び押収の場合を**令状主義の例外**とした**憲法35条1項**を受けた規定である。したがって、被疑者を逮捕状により逮捕する場合も、逮捕に伴う令状によらない捜索・差押えをすることはできる。

イ 誤り。

判例は、「逮捕する場合において」（220条1項柱書）とは、**単なる時点よりも幅のある逮捕する際**をいうのであり、**逮捕との時間的接着を必要**とするけれども、**逮捕着手時の前後関係は問わない**としている（**最大判昭36.6.7百選A6事件**）。これは、証拠存在の蓋然性は逮捕着手の前後で変わらないと考えられるからである。したがって、逮捕に伴う令状によらない捜索・差押えが認められるのは**逮捕の着手後**に限られない。

ウ 正しい。

220条1項1号は、逮捕に伴う令状によらない捜索・差押えとして、「**人の住居又は人の看守する邸宅、建造物若しくは船舶内に入り被疑者の捜索をすること**」ができるとしている。

エ 正しい。

判例は、逮捕に伴う令状によらない捜索・差押えをする場合において、逮捕現場付近の状況に照らし、**被疑者の名誉等を害し、被疑者の抵抗による混乱を生じ、又は現場付近の交通を妨げるおそれがある**といった事情のため、**その場で直ちに捜索・差押えを実施することが適当でないときには、速やかに被疑者を捜索・差押えの実施に適する最寄りの場所まで連行**したうえ、これらの処分を実施することも、220条1項2号にいう「**逮捕の現場**」における捜索・差押えと**同視することができ、適法な処分**と解するとしている（**最決平8.1.29百選27事件、和光大事件**）。

オ 正しい。

220条2項前段は、緊急逮捕の場合の逮捕に伴う令状によらない捜索・差押えにおいて、「**逮捕状が得られなかつたときは、差押物は、直ちにこれを還付しなければならない**」と定めている。これは、緊急逮捕が適法であることを前提として、逮捕に伴う令状によらない差押えが憲法35条に違反しないものと解されるところ、逮捕状が発せられずその緊急逮捕が不適法なものとされた以上、この緊急逮捕に伴う差押えは、憲法35条に違反するものとなるため、直ちに差押物を還付し原状に回復する必要があるからである。

文献 試験対策講座182～185頁。判例シリーズ18、20事件

No. 021　論　逮捕に伴う捜索・差押え

予R3-16

　次のⅠ及びⅡの【見解】は、刑事訴訟法第220条第1項第2号及び同条第3項において、逮捕の現場における令状によらない捜索差押えが認められている根拠に関する考え方を述べたものである。これらの【見解】に関する学生AないしEの【発言】のうち、誤った発言をしている学生の組合せは、後記1から5までのうちどれか。

【見　解】

　Ⅰ．逮捕の現場には証拠の存在する蓋然性が一般的に高いので、合理的な証拠収集手段として認められる。

　Ⅱ．逮捕者の身体の安全を図る必要があり、また、被逮捕者による証拠の隠滅を防ぐ必要があるために認められる。

【発　言】

　学生A：見解Ⅰに立つと、被逮捕者が逮捕の現場から逃走した場合であっても、引き続きその現場の捜索が可能であると考えることができるね。

　学生B：見解Ⅰに立っても、見解Ⅱに立っても、差押えの対象は、逮捕の理由とされた被疑事実に関する証拠物に限られないことになるので、別途捜査中の他の事件に関する証拠物を偶然発見した場合、これを差し押さえることができるね。

　学生C：見解Ⅱに立つと、差押えの対象は、被逮捕者の身体及びその直接の支配下にある範囲の証拠物に限られると考えることができるね。

　学生D：見解Ⅱに立つと、見解Ⅰと異なり、逮捕の現場には証拠の存在する蓋然性が一般的に高いという前提は否定せざるを得ないね。

　学生E：見解Ⅱに立つと、同条第1項柱書の「逮捕する場合」の解釈については、現実に被疑者を逮捕することができる状況の存在が必要であると考えることができるし、見解Ⅰに立って同様に考えることもできるね。

1．A　C　　2．A　E　　3．B　C　　4．B　D　　5．D　E

3章

捜査に関する諸問題

| No.
021 | 正解 4 | 逮捕に伴う無令状での捜索・差押えが許容され
る趣旨について、各見解の帰結を確認しよう。 | 正答率
83.8% |

学生A　正しい。　　　　　　　　　　　　　　　　　　　　　　　類 H22-24

　見解Ⅰ（相当説）からは、**証拠存在の蓋然性**が認められれば**足りる**ので、被逮捕者が
その現場にいるか否かにかかわらず、その現場はなおも「**逮捕の現場**」（220条1項2
号）に当たる。

学生B　誤り。　　　　　　　　　　　　　　　　　　　　　　　類 予R5-17-ア

　見解Ⅰ（相当説）、見解Ⅱ（緊急処分説）を問わず、令状主義の趣旨を厳守するため、
任意提出された物を除いて、差押えの対象は、原則として逮捕の基礎となった被疑事実
に関するものに限定されると解されており、逮捕者の安全を確保し、逮捕を完遂するた
めに、例外的に凶器の押収等が許されるにすぎない。

学生C　正しい。　　　　　　　　　　　　　　　　　　　　　　類 予R5-17-エ

　見解Ⅱ（緊急処分説）からは、被逮捕者による証拠隠滅を防ぐ必要から、被逮捕者の
手の届くところにある証拠を取り上げることのみが許されるので、「**逮捕の現場**」（220
条1項2号）は、逮捕された被疑者の周辺、すなわちその**身体又は直接の支配下**にある
場所に限定される。

学生D　誤り。

　見解Ⅱ（緊急処分説）は、逮捕に伴う捜索・差押えについて、逮捕現場に逮捕被疑事
実に関連する証拠が存在する蓋然性が一般的に高く、捜索差押許可状が発付される要件
を実質的に備えていることを前提にして、**更に逮捕者の安全確保の必要性や証拠隠滅の
防止の必要性がある場合に限って例外的に許容されるにすぎない**と解するものである。
したがって、見解Ⅱ（緊急処分説）も、証拠存在の蓋然性が一般的に高いことは前提と
している。

学生E　正しい。

　見解Ⅱ（緊急処分説）からは、逮捕と捜索・差押えが同時併行的であることが厳格に
要求されるので、「**逮捕する場合**」（220条1項柱書前段）といえるためには、現実に被
疑者を逮捕することができる状況の存在が必要であると考えることができる。また、見
解Ⅰ（相当説）に立っても、証拠存在の蓋然性が求められるのであるから、同様に、現
実に被疑者を逮捕することができる状況の存在が必要であると考えることができる。

文献 試験対策講座182～186頁

No.	論	捜査機関が行う写真等の撮影	☐ 月 日
022		H24-23	☐ 月 日
			☐ 月 日

　　捜査機関が行う写真等の撮影に関する次のアからオまでの各記述のうち、正しいものの組合せは、後記１から５までのうちどれか。ただし、判例がある場合には、それに照らして考えるものとする。

☐☐☐　　ア．何人もみだりにその容貌・姿態を撮影されない自由を有しているから、公道を歩行中の人に対する警察官による容貌等の写真撮影は、撮影される本人の同意がなく、また裁判官の令状がない場合には、現に犯罪が行われ若しくは行われた後間がないと認められる場合であって、証拠保全の必要性及び緊急性があり、その撮影が一般的に許容される限度を超えない相当な方法をもって行われるとき以外は許されない。

☐☐☐　　イ．身体の拘束を受けている被疑者は、既に身体の拘束という強制処分を受けている以上、ある程度の処分は別個の令状なくして許されるから、身体検査令状の発付を受けることなく、被疑者を全裸にしてその身体を写真撮影することができる。

☐☐☐　　ウ．捜査機関が、捜査の必要のため、宅配便業者の了解を得て、その運送過程下にある宅配便荷物を借り受けた上、荷送人や荷受人の承諾を得ることなく、これに外部からエックス線を照射して内容物の射影を撮影する行為は、宅配便荷物の外部から照射したエックス線の射影により内容物の形状や材質をうかがい知ることができるにとどまるから、プライバシー等の侵害の程度が大きいとはいえない上、占有者である宅配便業者の承諾を得て行っているものであるから、検査対象を不審な宅配便荷物に限定して行う場合には、任意捜査として許容される。

☐☐☐　　エ．捜査官が被疑者に犯行状況を再現させた結果を記録した実況見分調書で、立証趣旨を「犯行状況」とする書面の写真部分については、弁護人が証拠とすることについて同意しなかった場合であっても、刑事訴訟法第321条第3項所定の要件のほか、同法第322条第1項所定の要件を満たせば証拠能力が認められる。

☐☐☐　　オ．捜査機関は、捜索差押許可状による捜索差押えの際に、捜索差押えに付随する処分として、捜索差押許可状を立会人に示している状況や、捜索の現場で差し押さえるべき物が発見された状況を写真撮影することができる。

　1．ア　イ　　　2．ア　ウ　　　3．イ　エ　　　4．ウ　オ　　　5．エ　オ

3章　捜査に関する諸問題

| No.
022 | 正解　5 | 写真等の撮影行為に関する判例を横断的におさ
えておこう。 | 正答率
92.3% |

ア　誤り。

　判例は、公道を歩行中の人に対する警察官による容貌等の写真撮影について、①現に犯罪が行われ若しくは行われた後間がないと認められる場合であって、しかも②証拠保全の必要性及び緊急性があり、かつ、③その撮影が一般的に許容される限度を超えない相当な方法をもって行われるときは、撮影される本人の同意がなく、また裁判官の令状がなくても許容されるとしている（最大判昭44.12.24、京都府学連デモ事件）。もっとも、同判決の示した①の要件について、その後の判例は、「警察官による人の容ぼう等の撮影が、**現に犯罪が行われ又は行われた後間がないと認められる場合のほかは許されないという趣旨まで判示したものではない**」としている（**最決平20.4.15百選9事件**）。

イ　誤り。

　身体の拘束を受けている被疑者の写真を撮影するには、被疑者を裸にしない限り、身体検査令状（218条1項後段）**によることを要しない**（同条3項）。

ウ　誤り。

　判例は、本記述と同様の行為について、エックス線の「射影によって**荷物の内容物の形状や材質をうかがい知ることができる**上、内容物によってはその品目等を相当程度**具体的に特定することも可能**であって、荷送人や荷受人の内容物に対する**プライバシー等を大きく侵害するものであるから、検証としての性質を有する強制処分に当たる**」としている（**最決平21.9.28百選30事件**）。

エ　正しい。

　判例は、「立証趣旨が『**被害再現状況**』、『**犯行再現状況**』とされていても、**実質においては、再現されたとおりの犯罪事実の存在が要証事実になる**」としたうえで、「再現者の……写真については、**再現者が……被告人である場合には同法322条1項所定の要件を満たす必要がある**」としている（**最決平17.9.27百選82事件**）。もっとも、同判例は、**写真部分**については、「撮影、現像等の記録の過程が機械的操作によってなされることから前記各要件のうち**再現者の署名押印は不要**」としている。

オ　正しい。

　捜査機関が捜索差押許可状の執行時に行う**執行状況の写真撮影**や差押物の証拠価値の**保全を目的とする発見時の状況の写真撮影**は、捜索・差押えに**付随する処分として許さ**れる。そして、捜索差押許可状を立会人に**示している状況の写真撮影**は、捜索差押手続の適法性担保を目的とする同許可状の**執行状況の写真撮影**に当たり、捜索現場で差し押さえるべき物が**発見された状況の写真撮影**は、差押物の証拠価値の保全を目的とする発

見時の状況の**写真撮影**に当たるから、それぞれ捜索・差押えに**付随する処分**として**許される**。

文献 試験対策講座186～191、432～434頁。判例シリーズ22、90事件

覚醒剤取締法違反被疑事件の捜査

No.
023

予H25-17

　覚せい剤取締法違反被疑事件の捜査に関する次の【事例】について述べた後記アからオまでの【記述】のうち、誤っているものの組合せは後記1から5までのうちどれか。ただし、判例がある場合には、それに照らして考えるものとする。

【事　例】

　路上で騒いでいる男がいるとの通報を受けた司法警察員Xらが、パトカーで現場に駆けつけたところ、甲が上半身裸で大声を出していた。Xらは、甲の言語や態度から、覚せい剤の使用を疑い、職務質問をすべく、パトカーから降りて甲に近づいた。甲は、Xらに気付くと、その場から立ち去ろうとしたため、①Xは、甲を追い掛け、「待ちなさい。」などと声を掛けながら、甲の肩に右手を掛けて引き留めた。甲は、ふて腐れた様子で文句を言ったが、それ以上、その場から離れようとはしなかったため、Xは甲の肩から手を離した。Xは、多くの野次馬が集まってきたため、甲に対し、最寄りのH警察署への同行を求めた。②甲は、当初、これを拒否していたが、最終的には渋々パトカーに乗車し、XらとともにH警察署に赴いた。同署に到着後、Xは、甲の左腕に注射痕らしきものがあるのを認め、甲に対し、覚せい剤使用の事実について尋ねたが、甲はこれを否定した。Xは、甲に対し、尿の提出を再三にわたって求めたが、甲はこれを拒絶し続けた。そこでXは、強制採尿もやむなしと考え、③裁判官より強制採尿令状の発付を受けた。Xは、甲に対し、同令状を示して再度尿の任意提出を求めたが、甲は、なおもこれを拒むとともに、最寄りのJ病院へ赴くことをも拒んだ。そこで④Xは、数名がかりで甲をJ病院まで連行した。甲は、同病院の病室に連行された後も、身体を動かして激しく抵抗し、説得にも応じなかったため、⑤Xら数名が甲の身体を同病室のベッド上に押さえ付けた上で、医師において、カテーテルを甲の尿道に挿入して尿を採取した。同尿を鑑定したところ、覚せい剤の成分の含有が認められたことから、甲は、覚せい剤取締法違反（自己使用）の疑いで緊急逮捕された。

【記　述】

□□□　ア．下線部①については、職務質問において有形力の行使は一切許されない
　　　　　から違法となる。

□□□　イ．下線部②については、甲が最終的にパトカーに乗車することには応じた
　　　　　としても、その前後の状況によっては、甲をH警察署に連れて行った行為
　　　　　が違法と判断される場合がある。

□□□　ウ．下線部③の令状については、医師をして医学的に相当と認められる方法
　　　　　により行わせなければならない旨の条件の記載が不可欠である。

□□□　エ．下線部④については、甲を採尿場所へ任意に同行することが事実上不可
　　　　　能であると認められる場合であっても、有形力を行使することは許されな
　　　　　い。

□□□　オ．下線部⑤については、採尿を安全に実施するにつき必要最小限度にとど
　　　　　まるものと認められる有形力の行使は許される。

　1．ア　ウ　　　2．ア　エ　　　3．イ　エ　　　4．イ　オ　　　5．ウ　オ

No.
023　正解 2　解説中のどの判例も捜査に関する重要なものである。　正答率
　　　　　　　事案の内容と規範、結論を判例集などで確認しよう。　90.5%

ア　誤り。

　判例は、警察官が、覚醒剤使用の疑いのある者が運転する自動車からエンジンキーを引き抜いて運転を阻止したという事案について、警察官の行為は、「**職務質問を行うため停止させる方法として必要かつ相当な行為**である」から、**適法**であるとしている（**最決平6.9.16百選2事件**）。したがって、職務質問における有形力の行使が一切許されないとはいえない。

イ　正しい。

　形式的には任意同行の態様をとっていた場合であっても、実質的に逮捕と同視し得る程度の強制力が加えられていたときには、**違法な**身体拘束となる。そして、逮捕と同視し得る程度の強制力が加えられていたか否かの判断要素としては、任意同行を**求めた場所**、任意同行の**方法及び態様、同行後の状況**等が挙げられる（**東京高判昭54.8.14百選15事件**参照）。したがって、甲が最終的にパトカーに乗車することに応じたとしても、**その前後の状況によっては、甲をH警察署に連れて行った行為は、実質的逮捕**に当たり、**違法**と判断される**場合がある**。

ウ　正しい。

　前掲最決昭55年（**百選28事件**）は、いわゆる**強制採尿令状**について、強制採尿は、「**捜索・差押の性質を有するものとみるべきであるから、捜査機関がこれを実施するには捜索差押令状を必要とする**」としたうえで、「**令状の記載要件として、強制採尿は医師をして医学的に相当と認められる方法により行わせなければならない旨の条件の記載が不可欠である**」としている。

エ　誤り。

　判例は、「**身柄を拘束**されていない被疑者を採尿場所へ**任意に同行することが事実上不可能**であると認められる場合には、強制採尿令状の**効力**として、採尿に**適する最寄りの場所**まで被疑者を**連行する**ことができ、その際、**必要最小限度の有形力を行使する**ことが**できる**」としている（**最決平6.9.16百選29事件**）。

オ　正しい。

　前掲最決昭55年（**百選28事件**）は、採尿に対して**激しく抵抗**した被告人を、**数人の**警察官で押さえ付けた行為について、「右有形力の行使は採尿を安全に実施するにつき**必要最小限度のものであった**」として、**適法**であるとしている。したがって、採尿を安全に実施するにつき必要最小限度にとどまるものと認められる有形力の行使は許される。

文献　試験対策講座135〜137、192〜195、203、204頁。判例シリーズ2、8、24、25事件

No.
024　論　　　　　　　　体液等の採取
予R4-16
□　月　日
□　月　日
□　月　日

　体液等の採取に関する次のアからオまでの各記述のうち、誤っているものの組合せは、後記1から5までのうちどれか。ただし、判例がある場合には、それに照らして考えるものとする。

ア．強制採尿のための捜索差押許可状には、強制採尿は医師をして医学的に相当と認められる方法により行わせなければならない旨の条件を記載することが望ましいが、かかる記載は不可欠ではない。

イ．身体を拘束されていない被疑者を採尿場所へ任意に同行することが事実上不可能であると認められる場合には、強制採尿のための捜索差押許可状の効力として、採尿に適する最寄りの場所まで被疑者を連行することができる。

ウ．尿を任意に提出しない被疑者の体内からカテーテルを用いて強制的に尿を採取することは、被疑事件の重大性、嫌疑の存在、当該証拠の重要性とその取得の必要性、適当な代替手段の不存在等の事情に照らし、捜査上真にやむを得ないと認められる場合には、最終的手段として、適切な法律上の手続を経て行うことが許される。

エ．警察官が強盗殺人事件の捜査において、捜索差押許可状の発付を受けることなく、被疑者が不要物として公道上のゴミ集積所に排出したゴミ袋を領置することは、違法ではない。

オ．被疑者の唾液を採取する場合は、被疑者がこれを任意に提出することを承諾したとしても、唾液に含まれる口腔内細胞は遺伝情報を含むから、身体検査令状の発付を受けることなく、これを採取することはできない。

1．ア　イ　　　2．ア　オ　　　3．イ　ウ　　　4．ウ　エ　　　5．エ　オ

No.
024　　正解 2　　　いずれも重要な判例知識を用いて解く問題であ　正答率
　　　　　　　　　　　るから、しっかり復習しよう。　　　　　　86.7%

ア　誤り。

　前掲最決昭55年（百選28事件）は、強制採尿行為は「人権の侵害にわたるおそれがある点では、一般の捜索・差押と異なり、検証の方法としての身体検査と共通の性質を有しているので、身体検査令状に関する刑訴法218条5項〔現同条6項〕が右捜索差押令状に準用されるべきであって、令状の記載要件として、強制採尿は**医師をして医学的に相当と認められる方法により行わせなければならない旨の条件の記載が不可欠である**」としている。

イ　正しい。

　前掲最決平6年（百選29事件）は、「**身柄を拘束されていない**被疑者を採尿場所へ任意に同行することが**事実上不可能**であると認められる場合には、**強制採尿令状の効力として、採尿に適する最寄りの場所まで被疑者を連行**することができ、その際、**必要最小限度の有形力**を行使することができる」としている。

ウ　正しい。

　前掲最決昭55年（百選28事件）は、強制採尿について、「被疑事件の重大性、嫌疑の存在、当該証拠の重要性とその取得の必要性、適当な代替手段の不存在等の事情に照らし、犯罪の捜査上真にやむをえないと認められる場合には、最終的手段として、適切な法律上の手続を経てこれを行うことも許されてしかるべきであり」としている。

エ　正しい。

　前掲最決平20年（百選9事件）は、「被告人……は、……ごみ袋を不要物として**公道上のごみ集積所に排出**し、その**占有を放棄**していたものであって、排出されたごみについては、通常、そのまま収集されて他人にその内容が見られることはないという期待があるとしても、捜査の必要がある場合には、刑訴法221条により、これを**遺留物として領置することができる**というべきである」としている。

オ　誤り。

　裁判例には、唾液を取得することを秘してコップにそそいだお茶を飲むよう被告人に勧め、コップを回収して唾液を取得することは被告人の黙示の意思を制圧し、重要な利益を侵害するから、強制処分にあたり、令状によらず行うことは違法であるとしたものもある（東京高判平28.8.23）。しかし、被疑者が任意に提出した場合、被疑者の意思を制圧するとはいえないから、身体検査令状なく任意処分として行うこともできると考えられる。

文献　試験対策講座47、48、192〜195頁。判例シリーズ24、25事件

No. 025	鑑　定	□　月　　日 □　月　　日 □　月　　日

予R4-17

　　鑑定に関する次のアからオまでの各記述のうち、正しいものの組合せは、後記1から5までのうちどれか。

ア．鑑定人には、鑑定をする前に、宣誓をさせなければならない。

イ．鑑定人は、鑑定について必要がある場合には、裁判所の許可を受けずに死体を解剖することができる。

ウ．裁判所は、被告人の心神に関する鑑定をさせるについて必要があるときは、期間を定め、被告人を病院に留置することができるが、その期間を延長することはできない。

エ．裁判所は、鑑定人に鑑定を命ずるに当たって行う尋問において、鑑定人が正当な理由がなく召喚に応じないときは、その鑑定人を勾引することができる。

オ．裁判所は、鑑定人に対し、鑑定の経過及び結果を口頭で報告させることができる。

1．ア　イ　　　2．ア　オ　　　3．イ　ウ　　　4．ウ　エ　　　5．エ　オ

3章

捜査に関する
諸問題

No.
025 　正解 **2**　　鑑定に関する条文知識が問われている。やや細かいものもあるが、よく条文を読もう。　正答率 69.8%

ア　正しい。　　類 H24-34-3

「**鑑定人には、宣誓をさせなければならない**」（166条）。また、「鑑定人の宣誓は、鑑定をする前に、これをさせなければならない」（刑訴規128条1項）。

イ　誤り。

「鑑定人は、鑑定について必要がある場合には、裁判所の許可を受けて、人の住居若しくは人の看守する邸宅、建造物若しくは船舶内に入り、身体を検査し、死体を解剖し、墳墓を発掘し、又は物を破壊することができる」（168条1項）。したがって、鑑定人は、鑑定について必要がある場合だとしても、裁判所の許可を受けずに死体を解剖することはできない。

ウ　誤り。

「鑑定をさせるについて必要があるときは、裁判所は、期間を定め、病院その他の相当な場所に被告人を留置することができる」（167条1項）。「裁判所は、必要があるときは、留置の期間を延長し又は短縮することができる」（167条4項）。

エ　誤り。

裁判所は、証人が正当な理由なく、召喚に応じないとき、又は応じないおそれがあるときは、その証人を勾引することができる（152条）。もっとも、171条は勾引を準用していないから、鑑定人を勾引することはできない。

オ　正しい。

「鑑定の経過及び結果は、鑑定人に鑑定書により又は口頭でこれを報告させなければならない」（刑訴規129条1項）。

文献　試験対策講座180、181、382頁

No.
026

血液採取

予R2-18

☐　月　日
☐　月　日
☐　月　日

　次の学生ＡないしＤの【会話】は、医師が捜査機関の依頼に基づき、人の身体から注射器を用いて直接強制により血液を採取するために必要と考えられる令状に関する議論である。学生ＡないしＤが必要と考えている令状として正しい組合せは、後記１から５までのうちどれか。

【会話】

　学生Ａ：私は、一般に身体内にある体液を採取するために必要な令状については、強制採尿に関する判例が採用した考え方と同じでよいと思う。

　学生Ｂ：しかし、同じ体液といっても、尿と血液とでは性質が全然違うからなあ。

　学生Ｃ：そういうＢさんの見解も、対象者が採血を拒否した場合には直接強制するための明文がないのが問題だ。

　学生Ｂ：その点は、刑事訴訟法第172条の類推適用で対応できると思う。

　学生Ｄ：Ｃさんの見解だって、もともとその令状が想定している範囲は、身体の外表か、せいぜい肛門等の体腔を外部から確認する程度であって、身体の損傷を伴う血液の採取をその令状で行い得るとするのは行き過ぎだ。

　学生Ｃ：そういうＤさんの見解も、それぞれの令状が単独ではできないことを、令状を併用すればできるとするのは、便宜に過ぎるのではないかと批判されているよね。

　学生Ｄ：でも、Ｂさんの見解のように、直接の明文規定を欠いているにもかかわらず、条文の類推適用によって直接強制し得るとするよりは良いと思う。

1．Ａ：捜索差押許可状及び鑑定処分許可状、Ｂ：鑑定処分許可状、Ｃ：身体検査令状、Ｄ：捜索差押許可状及び身体検査令状
2．Ａ：捜索差押許可状、Ｂ：身体検査令状、Ｃ：鑑定処分許可状、Ｄ：鑑定処分許可状及び身体検査令状
3．Ａ：捜索差押許可状、Ｂ：身体検査令状、Ｃ：鑑定処分許可状、Ｄ：捜索差押許可状及び身体検査令状
4．Ａ：捜索差押許可状、Ｂ：鑑定処分許可状、Ｃ：身体検査令状、Ｄ：鑑定処分許可状及び身体検査令状
5．Ａ：捜索差押許可状及び鑑定処分許可状、Ｂ：身体検査令状、Ｃ：鑑定処分許可状、Ｄ：鑑定処分許可状及び身体検査令状

3章　捜査に関する諸問題

No.
026　正解 4　　　様々な見解が対立する論点ではあるが、判例の　　正答率
　　　　　　　　　　　　　　見解を中心に、しっかりと確認しよう。　　65.7%

学生Aの見解　捜索差押許可状。

　前掲最決昭55年（百選28事件）は、強制採尿について、捜索差押許可状によるべきであるが、身体検査令状に関する218条6項を捜索差押許可状に準用し、強制採尿は医師をして医学的に相当と認められる方法により行われなければならない旨の条件の記載が不可欠であるとした。学生Aの見解は判例と同じであるため、強制採血に捜索差押許可状を必要とする見解であることがわかる。

学生Bの見解　鑑定処分許可状。

　強制採血に鑑定処分許可状を必要とする見解に対しては、鑑定処分に関する225条4項が172条及び139条を準用していないことから、対象者が採血を拒否した場合に直接強制ができないという批判がある。学生Bの見解は、学生Cによって、同様の批判がなされている。したがって、学生Bの見解は、強制採血に鑑定処分許可状を必要とする見解であることがわかる。

学生Cの見解　身体検査令状。

　学生Dの発言1つ目で、学生Cが必要とする令状が本来想定している範囲は、身体の外表か、せいぜい肛門等の体腔を外部から確認する程度であるとされている。そして、身体検査は人体の外表部分の検査に限られるため、学生Cの見解は、強制採血に身体検査令状を必要とする見解であることがわかる。

学生Dの見解　鑑定処分許可状及び身体検査令状。

　身体検査で体内に侵入する場合、鑑定処分許可状が必要となるところ、捜査機関が行う鑑定処分では、直接強制をすることができない（225条4項、172条、139条）ため、直接強制を可能とするために身体検査令状も必要であるとして、鑑定処分許可状及び身体検査令状を併用する考え方がある。学生Cの2つ目の発言で、学生Dの見解は、それぞれの令状が単独ではできないことを、令状を併用すればできるとするのは、便宜にすぎるのではないかと批判されている。このことから、学生Dの見解は、強制採血に鑑定処分許可状及び身体検査令状を必要とする見解であるとわかる。

文献　試験対策講座192～195頁。判例シリーズ24、25事件

MEMO

CORE TRAINING

01　令状による証拠収集

□□□　検察官は、司法警察員から送致を受けた事件であっても、捜査の必要があると思料するときは、自ら、捜索差押許可状の発付を受けて、捜索差押えを行うことができる。H25-21-3

➡ 218 I 前段　○

□□□　検察官は、公訴を提起した後も、必要と認めるときは、自らその犯罪を捜査することができる。予R2-20-D

➡ 「被疑者若しくは被告人」(219 I)となっていることから、起訴後も検察官は犯罪を捜査することができる　○

□□□　裁判官は、被疑者が特定できていない段階でも、犯罪の捜査をするについて必要があるときは、捜索差押許可状を発付することができる。予R2-16-イ

➡ 被疑者不詳という記載でも足りる　○

□□□　被疑者甲がスーパーマーケットに農薬入りの食品を置いて同スーパーマーケットの経営者から金員を恐喝した事件で甲方を捜索中、司法警察員が、甲方の敷地内に甲所有の自動車があったので、その車内を捜索することは、甲がそれを拒否している場合であっても、差し押さえるべき物を農薬とする甲方に対する捜索差押許可状によって許される。H21-26-イ改題

➡ 「場所」(219 I)とは、同一管理権の及ぶ範囲を基準に判断されるから、甲方の敷地内にある甲所有の自動車は、甲の管理権が及び、その車内を捜索することができる　1 ※　○

□□□　司法警察員は、捜索すべき場所を会社事務所とする捜索差押許可状により同事務所を捜索するときは、同事務所にある金庫内を捜索することはできない。予H23-16-オ

➡ 場所に対する捜索差押許可状により、捜索することができる　1 ※　×

□□□　司法警察員は、捜索差押許可状により被疑者以外の者の住居を捜索するときは、あらかじめ、その者に執行の日時を通知しなければならない。予H23-16-イ

➡ 222 I 本文前段・110参照　×

□□□　被疑者甲が強制性交等の模様を撮影した写真があると脅迫して強制性交等の被害者から金員を恐喝した事件で甲方を捜索したところ、司法警察員が、甲方から未現像の写真フィルムを差し押さえたので、それを警察署において現像することは、甲がそれを拒否している場合であっても、差し押さえるべき物を写真フィルムとする甲方に対する捜索差押許可状によって許される。H21-26-ア改題

➡ 222 I 本文前段・111 II、I、東京高判昭45.10.21　2 ❷　○

C O R E P L U S

1 場所に対する捜索令状の捜索の範囲

類　型	可　否	理　由
その場に居合わせた者の身体について	原則として許されない ただし、捜索の目的物を所持していると疑うに足りる十分な状況があり、直ちに目的物を確保する必要性があると認められる場合には、「必要な処分」(222 I 本文前段・111 I 前段) として許される	○ 219条1項、107条1項が捜索対象として、場所と人の身体とを明確に区別している ○ 場所という一定の空間と、人格を有する人の身体とでは制約される権利に当然差があり、身体について保護されるべき利益は、場所について保護されるべき利益に包摂されているとはいえない ○ 身体の捜索によって侵害される利益は、場所による捜索によって侵害される利益よりも大きい
その場に居合わせた者の携帯物について	捜索場所に居住する者、又はこれに実質的に準ずる地位にある者の携帯物については、居室の備品あるいは附属物として令状の効力が及ぶ	○ この者が携帯する物については、携帯されているか、その場所に置かれているかは偶然の事情にすぎないし、この者は被疑者や被疑事実との関係があり捜索目的物を所持しているとの疑いを生じさせるから捜索の必要性が大きい ○ 人の携帯物の捜索は人の身体の捜索に比べて権利侵害は少ないと考えられる
偶然捜索場所に居合わせた者の携帯物について	原則として許されない ただし、第三者がその携帯物中に捜索場所にある物を隠匿したと認められる場合には、例外的に当該令状に基づく原状回復措置の一環として、携帯物に対する捜索が許される	○ このような者の携帯物は、居室の備品とはいえず、この者の携帯物について、令状裁判官による審査を受けたとはいえない ○ 通常このような携帯物に証拠物が存在する蓋然性は低く、捜索の必要性も認められない

※　捜索場所の特定の目的は住居権の保護にあるから、場所の範囲は、居住場所の管理権を基準として画定することとなる。 H21-26-イ改題
　　また、場所に対する捜索差押許可状で、その場所に存在する物を捜索することができる。その物について保護されるべき利益は、場所について保護されるべき利益に包摂されているといえるからである。 予H23-16-オ

2 「必要な処分」(222 I 本文前段・111 I 前段)

❶ 意　義	執行の目的を達するために必要であり、かつ社会的に見ても相当と認められる処分
❷ 具体例	○ 差し押さえたフィルムの現像 (東京高判昭45.10.21) H21-26-ア改題 ○ 警察官らが、宅配便の配達と偽り被疑者にドアを開けさせた行為 (大阪高判平6.4.20) ○ 警察官らが、被疑者が宿泊しているホテル客室のドアをマスターキーで開けて入室した措置 (最決平14.10.4 百選A5事件)

3章 捜査に関する諸問題

CORE TRAINING

□□□　司法警察員は、捜索差押許可状により被疑者の住居を捜索するときは、被疑者の同居人である妻やアパートの管理人が立ち会う場合であっても、被疑者をこれに立ち会わせなければならない。　予H23-16-ア・エ改題

➡ 222 I 本文前段・114 II 前段（「これらの者に代わるべき者」）③❸b　✕

□□□　司法警察職員は、日出前、日没後には、令状に夜間でも執行することができる旨の記載がなければ、捜索差押許可状の執行のため、人の住居に入ることはできないが、日没前に捜索差押許可状の執行に着手したときは、日没後でもその処分を継続することができる。　予R2-16-ウ、予H23-16-ウ

➡ 222 III・116 I、II　◯

□□□　司法警察員Ｋは、現住建造物に対する放火事件の捜査として、焼損した建造物につき、その所有者Ｖを立会人とする見分を行い、実況見分調書を作成した。Ｋが火災原因の調査、判定に関して学識経験を有しない場合には、Ｋが作成した実況見分調書が真正に作成されたものであるとは認められない。　予H27-20-ウ

➡ 実況見分は、鑑定とは異なり、特別の知識経験を有する者による具体的な事実判断を要しない　✕

□□□　検察官は、医師に被疑者の精神状態の鑑定を嘱託した場合、裁判官に被疑者の鑑定留置を請求しなければならない。　H25-26-1

➡ 223 I、224 I、167 I。鑑定留置の必要性がなければ請求できない　✕

□□□　検察官から被疑者の精神状態の鑑定を嘱託された医師は、鑑定留置状により留置された被疑者については、医療器具が整備された病院においてであれば、裁判官の許可がなくても、血液を採取した上で血液検査を実施するなどの必要な身体検査を強制的に実施することができる。　H25-26-2

➡ 224 II、225 IV、168 VI、172、139参照。鑑定処分許可状によっても、鑑定留置状によっても直接強制することはできない　⑤❸b　✕

C O R E　P L U S

3　捜索・押収・検証についての相違点

		a　裁判所	b　捜査機関
❶ 令状主義との関係	ⅰ 捜索・押収について	原則：令状必要 (106) 例外：勾引状等の執行と被告人の捜索 (126)	原則：令状必要 (218) 例外：令状によらない捜索・差押え・検証 (220)
	ⅱ 検証について	不要 (128参照)	同上
	ⅲ 令状の性質	命令状	許可状
❷ 当事者の立会権		○ (113、142)	×
❸ 責任者の立会権		○ (114、142)	○ (222Ⅰ本文前段・114) 予H23-16-ア・エ改題
❹ 実行の時期		公訴提起後	公訴提起前 (提起後も可)
❺ 検証調書の証拠能力		○ (321Ⅱ)	○ (321Ⅲ)
❻ 違法手続に対する救済手段		抗告 (420Ⅱ)	準抗告 (430)

4　身体検査の類型

	a　根拠条文と直接強制の可否		b　必要な令状
	ⅰ 裁判所	ⅱ 捜査機関	
❶ 身体の捜索・差押え	102	218Ⅰ前段	捜索差押許可状
❷ 検証としての身体検査	129	218Ⅰ後段	身体検査令状
	直接強制可 (139)	直接強制可 (222Ⅰ本文後段・139)	
❸ 鑑定処分としての身体検査	168	225Ⅰ、168Ⅰ	鑑定処分許可状
	裁判官による身体検査 (直接強制) を請求できる (172・139)	直接強制不可	

5　鑑定人と鑑定受託者の相違点

■法令名なき条文は刑訴を指す

	a　鑑定人	b　鑑定受託者
❶ 宣誓と刑事制裁	166、刑訴規128Ⅰ、刑171	なし
❷ 弁護人の立会権	170前段	なし
❸ 身体検査の直接強制	172・139	なし　H25-26-2
❹ 必要な処分	168Ⅰ	225Ⅰ・168Ⅰ
❺ 作成した鑑定書の証拠能力	321Ⅳ	321Ⅳ準用 (最判昭28. 10. 15百選 A39事件)
❻ 自らの意思による辞任の可否	× (選任は命令)	○ (223Ⅱ参照)

3章 捜査に関する諸問題

89

CORE TRAINING

02　令状によらない証拠収集

□□□　現行犯人を逮捕した私人は、逮捕の現場で令状によらずに、証拠物の捜索差押えをすることができる。予R1-16-オ

➡ 220 I 柱書参照　×
6 ❶

□□□　警察官が、職務質問の際、承諾を得て所持品検査をし、覚醒剤を発見したが、任意提出を拒まれた場合、差押許可状を取得しない限り、同覚醒剤を差し押さえることはできない。予R2-14-オ

➡ 逮捕に伴う無令　×
状捜索差押えとして許容される（220 I ②）　6 ※

03　科学的捜査と新たな捜査方法

□□□　被疑者又は弁護人は、捜査機関が、捜索差押許可状に記載された「差し押さえるべき物」に該当しない印鑑を写真撮影した場合、これにより得られたネガ及び写真の廃棄又は引渡しを求める準抗告をすることができない。H24-38-4

➡ 最決平 2.6.27　○
（百選33事件）
7 ＊

□□□　通信傍受法では、傍受令状で通信の傍受をすることができる対象犯罪は限定されており、組織的な賭博場開張等図利の罪は、この対象犯罪に含まれている。H23-26-ア

➡ 通信傍受3 I 柱　×
書、別表第一 9、組織犯罪3 I ⑦参照

□□□　司法警察員が、被疑者から電話において恐喝されていた被害者の同意を得て、その被害者と被疑者との間の電話による通話内容を録音する場合には、裁判官の発する傍受令状を得る必要はない。H23-26-イ

➡ 222の 2、通信傍　○
受2 Ⅱ参照。同意があるため「傍受」に当たらない

□□□　司法警察員は、通信傍受の実施をしている間に行われた通信が、傍受令状に記載された傍受すべき通信に該当するかどうか明らかでない場合には、直ちに当該通信の傍受を停止しなければならない。H23-26-ウ

➡ 通信傍受14 I　×

CORE PLUS

6 逮捕に伴う捜索・差押え（220 I ②）

❶ 主 体	検察官、検察事務官、司法警察職員（220 I 柱書）　予R1-16-オ
❷ 趣 旨	i 緊急処分説 →220条はあくまでも逃亡の防止と、証拠破壊の防止の必要性から設けられたもの ii 相当説 →220条は逮捕の現場における証拠存在の蓋然性から設けられたもの

※　覚醒剤を発見すれば、被疑者を現行犯逮捕することができ（213）、220条1項2号により無令状で覚醒剤を差し押さえることができる。予R2-14-オ

7 検証としての写真撮影

	適法性	理　由
❶ 令状記載の物件の写真撮影の場合	適法	○物の証拠価値は、その発見場所・存在状況によって影響を受けるので、差押えに際して証拠価値を保全するためにその証拠物を写真撮影しておく必要性は大きい ○写真撮影によって被る程度のプライバシー権の侵害は、捜索・差押えの実施に不可避的に伴うから、その範囲内である限り受任限度内にあるといえる
❷ 令状記載の物件以外の物件の写真撮影の場合	違法*	令状に記載のない物件については、捜索・差押えが許されないのであるから、そこで写真撮影というかたちで、新たなプライバシー権を侵害することは許されない

*　処分を受けた者による準抗告について、判例は、写真撮影は検証であるから、430条2項の準抗告の対象となる「押収……に関する処分」に当たらないとして消極に解している（最決平2.6.27百選33事件）。H24-38-4

8 強制採尿のための令状の種類

	結　論	理　由
❶ 併用説	検証としての身体検査令状と鑑定処分許可状を併用すべきである	体内に侵入するとなると鑑定処分許可状が必要となるが、他方、鑑定処分は直接強制ができないので、直接強制を可能とする身体検査令状も必要である
❷ 条件付捜索差押令状説（最決昭55.10.23百選28事件）	捜索差押令状によるべきであるが、身体検査令状に関する218条6項を捜索差押令状に準用し、強制採尿は医師をして医学的に相当と認められる方法により行なわなければならない旨の条件の記載が不可欠である	体内に存する尿を犯罪の証拠物として強制的に採取する行為は捜索・差押えの性質を有するものとみるべき。ただし、この行為は人権侵害にわたるおそれがある点では、一般の捜索差押えと異なり検証の方法としての身体検査と共通の性質を有している

3章 捜査に関する諸問題

CORE TRAINING

□□□　司法警察員は、覚せい剤取締法違反の事実を被疑事実とする傍受令状に基づいて、通信傍受の実施をしている間に、その被疑事実とは無関係の殺人を実行する計画について話し合っていると明らかに認められる通信が行われたときは、当該通信の傍受をすることができる。H23-26-エ

⮕ 通信傍受15、別表第二2ロ　〇

□□□　司法警察員は、通信傍受の実施を終了した場合には、通信の当事者に対し、傍受の実施につき通知しなければならないが、この通知により捜査が妨げられるおそれがあると認めるときはこの通知をしないことができる。H23-26-オ

⮕ 通信傍受30Ⅰ、Ⅱ。通知義務の免除は定められていない　✕

□□□　GPS捜査は、その実施に当たり、処分を受ける者の反対意思が現実に表明されているわけではないため、個人の意思を制圧することはなく、任意処分として行うことができる。予R2-15-イ

⮕ 最大判平29.3.15（百選31事件）⑨❶ⅱ　✕

□□□　GPS捜査によって生じる個人のプライバシーの侵害とは、GPS端末を秘かに装着した車両の位置情報を、継続的、網羅的に取得し、これを蓄積、分析することにより、その車両を使用する者の交友関係をはじめとする私生活上の情報全般を把握することをいい、一定期間にわたり車両の位置情報が取得された後初めてそのGPS捜査は強制処分と評価される。予R2-15-ウ

⮕ 最大判平29.3.15（百選31事件）⑨❶ⅲ　✕

□□□　GPS捜査は、その実施に当たり、被疑事実と関係のない使用者の行動の過剰な把握を抑制する必要があるが、刑事訴訟法上、検証は10日を超えて実施できないとの規定があるため、検証許可状を取得すればこれを行うことができる。予R2-15-エ

⮕ 最大判平29.3.15（百選31事件）⑨❷　✕

□□□　GPS捜査は、被疑者らに知られずに秘かに行うのでなければ意味がなく、処分を受ける者に対して事前の令状呈示を行うことは想定できないが、刑事訴訟法は、令状により行われる各強制処分について、令状を示すことができない場合に備え、処分の終了後遅滞なく、処分を受けた者に処分実施の事実を通知する手続を規定しているため、適正手続の保障という観点から問題が生じることはない。予R2-15-オ

⮕ 最大判平29.3.15（百選31事件）⑨❸　✕

C O R E　P L U S

⑨ GPS 捜査に関する判例（最大判平29.3.15百選31事件）

❶ 強制処分性	ⅰ GPS 捜査は、「個人のプライバシーの侵害を可能とする機器をその所持品に秘かに装着することによって、合理的に推認される個人の意思に反してその私的領域に侵入する捜査手法」として強制処分に当たる ⅱ 反対意思の現実の表明がなくとも「合理的に推認される個人の意思に反して」いることが「個人の意思を制圧」するものと認めている　予R2-15-イ ⅲ GPS 捜査は、「個人の行動を継続的、網羅的に把握することを必然的に伴うから、個人のプライバシーを侵害し得る」ような捜査を可能とする「機器を個人の所持品に秘かに装着することによって行う点において、……公権力による私的領域への侵入を伴う」としている　予R2-15-ウ
❷ 検証該当性	「情報機器の画面表示を読み取って対象車両の所在と移動状況を把握する点では刑訴法上の『検証』と同様の性質を有するものの、対象車両にGPS端末を取り付けることにより対象車両及びその使用者の所在の検索を行う点において、『検証』では捉えきれない性質を有する」　予R2-15-エ
❸ 手続保障と立法問題	「GPS 捜査は、被疑者らに知られず秘かに行うのでなければ意味がなく、事前の令状呈示を行うことは想定できない。」「刑訴法上……、手続の公正の担保の趣旨から原則として事前の令状呈示が求められており（同法222条1項、110条）、他の手段で同趣旨が図られ得るのであれば事前の令状呈示が絶対的な要請であるとは解されないとしても、……適正手続の保障という観点から問題が残る」 　問題解消の手段として、事後の通知等が考えられるところ、どのような手段を選択するかは、197条1項ただし書の趣旨に照らし、第一次的には立法府に委ねられており、仮にＧＰＳ捜査を刑訴法上の強制処分として許容するのであれば、令状に様々な条件を付す必要が生じるが、事案ごとに、令状審査を担う「裁判官の判断により、多様な選択肢の中から的確な条件の選択が行われない限り是認できないような強制の処分を認めることは、……同項ただし書の趣旨に沿うものとはいえない」　予R2-15-オ

3章　捜査に関する諸問題

10 科学的捜査に関する判例のまとめ

事実の概要	結論	理　由
公道上をデモ行進する者の容貌等を写真撮影した事案（最大判昭44.12.24、京都府学連デモ事件）	適法	犯罪の現在性、証拠保全の必要性・緊急性、写真撮影の相当性が認められる場合には、撮影の対象に、犯人の容貌のほか、第三者の容貌等も含まれる場合であっても、任意処分として適法である
被告人が犯人であることを確かめるために、公道及びパチンコ店内で被告人の容貌等をビデオ撮影した事案（最決平20.4.15百選9事件）	適法	いずれの撮影も「通常、人が他人から容貌等を観察されること自体は受忍せざるを得ない場所におけるものである」ため、任意捜査として適法である
警察官が、捜索・差押えの際に、携帯する小型録音機を被告人に気付かれないように用いて、捜索・差押えの立会人である被告人と交わした会話を録音した事案（千葉地判平3.3.29百選10事件）	適法	秘密録音は原則として違法であり、「録音の経緯、内容、目的、必要性、侵害される個人の法益と保護されるべき公共の利益との権衡などを考慮し、具体的状況のもとで相当と認められる限度においてのみ、許容される」とし、被告人の嫌疑が濃厚で音声を録音する必要があったこと、捜索・差押えの被疑事実の概要を了知したうえで会話に応じていること、会話内容が捜索・差押えの立会いに関するもののみで、プライバシー若しくは人格権にかかわるような内容でないこと等の事実を認定し、任意処分として適法とした
捜索機関が荷送人や荷受人の承諾がないのに、運送過程にある荷物に外部からエックス線を照射して内容物の射影を観察した事案（最決平21.9.28百選30事件）	違法	判例は、「射影によって荷物の内容物の形状や材質をうかがい知ることができる上、内容物によってはその品目等を相当程度具体的に特定することも可能であって、荷送人や荷受人の内容物に対するプライバシー等を大きく侵害するものであるから、検証としての性質を有する強制処分に当たるものと解される」として検証令状なく行った本件捜査は令状主義に反し違法とした

【第2編第3章第5節（供述証拠の収集）には、登載基準を満たすフル問題がありません。】

CORE TRAINING

□□□ 司法警察職員から出頭を求められた被疑者は、逮捕又は勾留されている場合を除いては、その出頭を拒むことはできないが、出頭後、何時でも退去することができる。H21-25-3

➡ 198Ⅰただし書
1 ❶　×

□□□ 司法警察職員は、被疑者の供述を録取した調書を被疑者に閲覧させ、又は読み聞かせて、誤りがないかどうかを問うことができるが、被疑者は、その調書に誤りのないことを申し立てたときは、これに署名押印しなければならない。H21-25-1

➡ 198Ⅳ、Ⅴ。
被疑者の署名押印
は任意である　×

□□□ 司法警察職員は、犯罪の捜査をするについて必要があるときは、被疑者以外の者の出頭を求め、これを取り調べることができるが、その取調べに際しては、その者に対し、あらかじめ、自己又は自己の配偶者等が刑事訴追を受けるおそれのある供述を拒むことができる旨を告げなければならない。H21-25-2

➡ 223Ⅰ、Ⅱ参照。
被疑者以外の者に
対しては、供述拒
否権の告知（198
Ⅱ）は不要である
1 ※　×

CORE PLUS

1 被疑者の取調受忍義務

	結　論	理　由
❶ 取調受忍義務肯定説（実務）H21-25-3	逮捕・勾留させた被疑者の留置担当官等は、取調官の要求によって被疑者等を出頭させる義務を負い、この場合には、被疑者は出頭を拒み、又は退去することはできない	○198条1項ただし書の反対解釈 ○取調受忍義務を肯定しても、被疑者には黙秘権が保障されており、供述拒否権を告知（198Ⅱ）したうえで行われる取調べならば被疑者の黙秘権を侵害しない
❷ 取調受忍義務否定説	身体拘束中の被疑者に対しても、居房から取調室への出頭を強制することはできないし、また、取調室から居房へ帰ることを求められれば、これを許さなければならない	○逮捕・勾留の目的に取調べは含まれていない ○肯定説を採るならば、供述義務はないといっても、実質的には供述を強いるのと異ならないから、黙秘権を侵すことになる

※　被疑者取調べの場合には、供述拒否権の告知が必要となるが（198Ⅱ）、被疑者以外の者の取調べについては、223条2項が198条2項を準用していないので、供述拒否権の告知は必要ない（最判昭25.6.13参照）。H21-25-2

CORE TRAINING

□□□　検察官は、司法警察員の取調べに際して任意の供述をした犯行の目撃者が、公判期日においては前にした供述と異なる供述をするおそれがあり、かつ、その者の供述が犯罪の証明に欠くことができないと認められる場合には、第1回公判期日前に限り、裁判官にその者の証人尋問を請求することができる。
H25-21-1

→ 227 I

○

□□□　裁判官は、検察官の請求により第1回公判期日前に証人尋問を実施する場合は、被告人、被疑者又は弁護人をその尋問に立ち会わせなければならない。　予H30-24-エ

→ 228条2項は「尋問に立ち合わせることができる」と規定しているため、立ち合わせるか否かは裁判官の裁量に委ねられている（最決昭28.4.25参照）

×

CORE PLUS

② 余罪取調べ

取調受忍義務	事件単位の原則	余罪取調べの可否
肯定	及ぶ（受忍義務は本罪のみ）	○本罪に密接関連する余罪のみ本罪と同様に取調受忍義務を課した取調べができる ○本罪と密接に関連しない余罪は任意処分として取り調べることができる
	及ばない	無制限に取調受忍義務を課した取調べができる
否定	及ぶ	任意処分とはいえ、身体拘束中の取調べは事実上強制的要素が強いため、取調べに事件単位の原則を適用し、逮捕勾留の起訴となった本罪に密接関連する余罪のみ取り調べることができる 批判→受忍義務を否定しながら、事件単位の原則を適用する理論的根拠が明らかでない
	及ばない	○強制にわたらない限り無制限に認められる*1 ○任意になされる限り無制限に認められる ○令状主義を潜脱する取調べは認められない*2

＊1　任意性を保障する一定の条件を必要とする説もある。
＊2　令状主義を潜脱する取調べは、取調受忍義務を肯定する立場からも、認められない。

No.	黙秘権	□　月　　日
027	予H30-19	□　月　　日
		□　月　　日

　　次のアからオまでの各記述のうち、正しいものには1を、誤っているものには2を選びなさい。ただし、判例がある場合には、それに照らして考えるものとする。

□□□　ア．刑事訴訟法上、捜査機関による取調べにおいて、被疑者が供述を拒むことができる事項に限定はない。

□□□　イ．刑事訴訟法上、捜査機関は、被害者、目撃者など被疑者以外の者に対して取調べを行うに際しても、自己の意思に反して供述をする必要がない旨を告げなければならない。

□□□　ウ．呼気検査は、酒気を帯びて車両等を運転することの防止を目的として運転者らから呼気を採取してアルコール保有の程度を調査するものであり、その供述を得ようとするものではないから、検査を拒んだ者を処罰する道路交通法の規定は、憲法第38条第1項に違反しない。

□□□　エ．身体の拘束を受けている被疑者に取調べのために出頭し、滞留する義務があると解することは、直ちに被疑者からその意思に反して供述することを拒否する自由を奪うことを意味するものではないから、憲法第38条第1項に違反しない。

□□□　オ．公判前整理手続において被告人又は弁護人に主張明示義務を課す刑事訴訟法第316条の17の規定は、被告人に対し、自己が刑事責任を問われるおそれのある事項について認めるように義務付けるものではなく、また、主張すること自体を強要するものでもないから、憲法第38条第1項に違反しない。

3章　捜査に関する諸問題

No. 027	正解 ア1、イ2、ウ1、エ1、オ1	いずれも黙秘権に関する基本的な問題なのでこの機会に確認しておこう。	正答率 73.9%

ア　正しい。

　198条2項は、「被疑者に対し、あらかじめ、**自己の意思に反して供述をする必要がない旨を告げなければならない**」と規定しているのみで、供述を拒むことができる事項に限定を付していない。なお、判例は、氏名については不利益な事項の範囲に該当しないため黙秘権の保障を否定しているが（最大判昭32.2.20）、刑事訴訟法上は被疑者が供述を拒むことができる事項に限定はない。

イ　誤り。

　被疑者以外の者の取調べなどについて規定した223条2項は、「第198条第1項但書及び第3項乃至第5項の規定は、前項の場合にこれを**準用する**」と規定しており、被疑者に対する黙秘権の告知について定めた**198条2項を準用していない**。したがって、捜査機関は、被害者・目撃者など**被疑者以外の者**に対して取調べを行う際に、**黙秘権を告知する必要はない**。

ウ　正しい。

　判例は、憲法38条1項は、刑事上責任を問われるおそれのある事項について供述を強要されないことを保障したものと解すべきところ、呼気検査は、酒気を帯びて車両等を運転することの防止を目的として運転者らから呼気を採取してアルコール保有の程度を調査するものであって、その供述を得ようとするものではないから、上記検査を拒んだ者を処罰する道路交通法の規定は、憲法38条1項に違反するものではないとしている（最判平9.1.30百選A8事件）。

エ　正しい。

　判例は、**身体の拘束**を受けている被疑者に取調べのために**出頭**し、**滞留する義務**があると解することが、**直ちに被疑者からその意思に反して供述することを拒否する自由を奪うことを意味するものでないとしている**（**最大判平11.3.24百選34事件**）。そのため、身体の拘束を受けている被疑者に取調べのために出頭し、滞留する義務があると解しても憲法38条1項に違反しない。

オ　正しい。

　判例は、316条の17は、被告人又は弁護人が、公判期日にする予定の主張がある場合に限り、公判期日に先立って、その主張を公判前整理手続で明らかにすると共に、証拠の取調べを請求するよう義務付けるものであって、被告人に対し自己が刑事上の責任を問われるおそれのある事項について認めるように義務付けるものではなく、また、公判期日において主張をするか否かも被告人の判断に委ねられているのであって、主張をすること自体を強要するものでもないとして、憲法38条1項に違反しないとしている（最決平25.3.18百選A23事件）。

文献　試験対策講座50、51、207、221、222、340頁。判例シリーズ28、55事件

No. 028	黙秘権	□ 月　日
		□ 月　日
	予R4-18	□ 月　日

　次のアからオまでの各記述のうち、正しいものの組合せは、後記1から5までのうちどれか。ただし、判例がある場合には、それに照らして考えるものとする。

□□□　ア．身体の拘束を受けている被疑者に、取調べのために出頭し滞留する義務があると解することは、直ちに被疑者からその意思に反して供述することを拒否する自由を奪うことを意味するものではない。

□□□　イ．被告人が自らの氏名を一貫して明らかにせず、刑事施設の居室番号の自署、拇印等により自己を表示し、弁護人が署名押印した弁護人選任届を提出した場合にも、被告人には自らの氏名を開示する義務はないので、その選任届が不適法として却下されることはない。

□□□　ウ．捜査機関は、犯罪の被害者を参考人として取り調べるに当たり、あらかじめ自己の意思に反して供述をする必要がない旨を告げなければならない。

□□□　エ．被告事件を審理する裁判所の裁判長は、冒頭手続において起訴状の朗読が終わった後、被告人に対し、終始沈黙し又個々の質問に対し陳述を拒むことができる旨のほか、陳述することもできる旨及び陳述をすれば自己に不利益な証拠ともなり又利益な証拠ともなるべき旨を告げなければならない。

□□□　オ．証人は、自己が刑事訴追を受けるおそれのある証言を拒むに当たり、その事由を示す必要はない。

1．ア　ウ　　　2．ア　エ　　　3．イ　エ　　　4．イ　オ　　　5．ウ　オ

3章　捜査に関する諸問題

| No. 028 | 正解 **2** | 憲法における黙秘権の趣旨を踏まえたうえで、条文や判例を復習しよう。 | 正答率 70.8% |

ア　正しい。

前掲最大判平11年（百選34事件）は、**身体の拘束を受けている被疑者**に取調べのため**に出頭し、滞留する義務**があると解することが、**直ちに**被疑者からその**意思に反して**供述することを**拒否する自由を奪うことを意味する**ものでは**ない**としている。そのため、身体の拘束を受けている被疑者に取調べのために出頭し、滞留する義務があると解しても憲法38条1項に違反しない。

イ　誤り。

前掲最大判昭32年は、いわゆる黙秘権を規定した憲法38条1項の「何人も、自己に不利益な供述を強要されない」の解釈について、氏名は、原則として不利益な供述に該当するものではないとしている。そして、自己の氏名を一貫して明らかにせず弁護人選任届を提出した場合、その選任届を不適法として却下しても違法ではないとしている。

ウ　誤り。

捜査機関は、被疑者を取り調べる際には、「被疑者に対し、あらかじめ、自己の意思に反して供述をする必要がない旨を告げなければならない」（198条2項）。もっとも、犯罪の被害者を**参考人**として**取り調べる場合**、223条2項は198条2項を準用していないから、あらかじめ、自己の意思に反して供述をする必要がない旨を**告げる必要はない**。

エ　正しい。

「裁判長は、起訴状の朗読が終った後、被告人に対し、**終始沈黙し、又は個々の質問に対し陳述を拒むことができる旨**その他裁判所の規則で定める被告人の権利を保護するため必要な事項を告げた上、被告人及び弁護人に対し、被告事件について陳述する機会を与えなければならない」（291条4項）。そして、**刑事訴訟規則197条1項**は、291条4項の事項に加えて、「**陳述をすることもできる旨及び陳述をすれば自己に不利益な証拠ともなり又利益な証拠ともなるべき旨**を告げなければならない」と定めている。

＊　令和5年法律第28号により、黙秘権の告知の規定は291条4項から5項に改正された。なお、2024（令和6）年2月15日に施行される。

オ　誤り。

「何人も、自己が刑事訴追を受け、又は有罪判決を受ける慮のある証言を拒むことができる」（146条）。もっとも、証言を拒む者は、これを拒む事由を示さなければならない（刑訴規122条1項）。

文献 試験対策講座50、207、220〜222、348、379頁。判例シリーズ55事件

No. 029	接見交通権	☐ 月 日 ☐ 月 日 ☐ 月 日

予R3-18

接見に関する次のアからオまでの各記述のうち、誤っているものの組合せは、後記1から5までのうちどれか。ただし、判例がある場合には、それに照らして考えるものとする。

ア．鑑定留置されている被疑者は、弁護人又は弁護人となろうとする者と立会人なくして接見することができる。

イ．弁護人又は弁護人となろうとする者と被疑者との逮捕直後の初回の接見については、被疑者の防御の準備のため特に重要であるから、捜査機関による接見の日時、場所及び時間の指定が許されることはない。

ウ．勾留されている被告人が同時に余罪の被疑者として勾留されている場合、検察官は、その余罪である被疑事件の捜査のため必要があるときは、被告事件について防御権の不当な制限にわたらない限り、被告事件の弁護人と被告人との接見に関し、その日時、場所及び時間を指定することができる。

エ．弁護人は、検察官のした接見指定について、裁判所にその処分の取消し又は変更を請求することはできない。

オ．裁判所は、勾留されている被告人と弁護人又は弁護人となろうとする者以外の者との接見を禁じ、又は糧食を除く書類その他の物の授受を禁じ、若しくはこれを差し押えることができる。

1．ア ウ　　2．ア エ　　3．イ エ　　4．イ オ　　5．ウ オ

3章 捜査に関する諸問題

| No. 029 | 正解 3 | 接見交通権の条文及び重要判例をしっかりと確認しておこう。 | 正答率 74.1% |

ア 正しい。

39条1項は、身体の拘束を受けている被告人又は被疑者と、弁護人又は弁護人となろうとする者との接見交通権を認めているが、ここにいう「身体の拘束」とは、逮捕、勾引、勾留、鑑定留置、他事件についての自由刑の執行中である場合等事由のいかんを問わないと解されている。

イ 誤り。

判例は、弁護人を選任することができる者の依頼により弁護人となろうとする者から被疑者の逮捕直後に**初回の接見**の申出を受けた捜査機関は、即時又は近接した時点での接見を認めても接見の時間を指定すれば捜査に顕著な支障が生じるのを避けることが可能なときは、留置施設の管理運営上支障があるなど**特段の事情のない限り**、被疑者の引致後直ちに行うべきものとされている手続及びそれに引き続く指紋採取、写真撮影等所要の手続を終えた後、たとい**比較的短時間**であっても、時間を指定したうえで**即時又は近接した時点での接見を認める措置を採るべき**であるとしている（最判平12.6.13百選35事件）。

ウ 正しい。

判例は、同一人につき**被告事件の勾留**とその**余罪である被疑事件**の逮捕、勾留とが競合している場合、検察官等は、**被告事件**について**防御権の不当な制限にわたらない限り**、39条3項の接見等の**指定権を行使する**ことが**できる**としている（最決昭55.4.28百選36事件）。

エ 誤り。

検察官又は検察事務官のした接見指定（39条3項）の処分に不服がある者は、その検察官又は検察事務官が所属する検察庁の対応する裁判所にその処分の取消し又は変更を請求することができる（準抗告、430条1項）。

オ 正しい。

81条は、「裁判所は、逃亡し又は罪証を隠滅すると疑うに足りる相当な理由があるときは、検察官の請求により又は職権で、勾留されている被告人と第39条第1項に規定する者以外の者との接見を禁じ、又はこれと授受すべき書類その他の物を検閲し、その授受を禁じ、若しくはこれを差し押えることができる。但し、糧食の授受を禁じ、又はこれを差し押えることはできない」と規定している。

文献 試験対策講座223、224、226〜228頁。判例シリーズ34事件

弁護人の権限

予R4-19

　　次の弁護人の権限に関する次のアからオまでの各記述のうち、正しいものの組合せは、後記1から5までのうちどれか。

ア．弁護人は、身体の拘束を受けている被疑者と立会人なくして接見することができるが、接見禁止決定がされている場合は、被疑者と接見できない。

イ．弁護人は、勾留されている被疑者の勾留の期間を延長する裁判に対して、準抗告をすることができる。

ウ．公判前整理手続に付された事件において、弁護人は、検察官が取調べを請求した証拠の開示を受けた後、検察官に対し、検察官が保管する証拠の一覧表の交付を請求する権利を有する。

エ．検察官が取調べを請求した証拠について、これを証拠とすることに同意するのは、弁護人のみが有する権利である。

オ．第一審で有罪の判決を受けた被告人の弁護人は、改めて弁護人に選任されなければ控訴をすることができない。

1．ア　ウ　　　2．ア　オ　　　3．イ　ウ　　　4．イ　エ　　　5．エ　オ

3章
捜査に関する
諸問題

No.
030　正解 3　弁護人の権限に関する条文知識を横断的に確認　正答率
しておこう。　83.0%

ア　誤り。

　身体の拘束を受けている被疑者は、弁護人と**立会人なくして**接見することができる（39条1項）。裁判官は、逃亡し又は罪証を隠滅すると疑うに足りる相当な理由があるときは、検察官の請求により又は職権で、被疑者と**39条1項に規定する者以外**との接見を禁じることができる（207条1項本文、81条本文）。弁護人は39条1項に規定する者であるから、弁護人との接見を禁じることはできない。

イ　正しい。

　裁判官は、やむを得ない事由があると認めるときは、検察官の請求により、起訴前の勾留期間を延長することができる（208条2項前段）。裁判官が勾留期間の延長の裁判をした場合において、「不服がある者」は、その裁判の取消し又は変更を請求することができる（429条1項2号）。したがって、弁護人も、被疑者の勾留の期間を延長する裁判に不服がある場合、「不服がある者」として、準抗告をすることができる。

ウ　正しい。

　検察官は、316条の14第1項による証拠の開示をした後、**被告人又は弁護人から請求**があったときは、速やかに、被告人又は弁護人に対し、検察官が保管する**証拠の一覧表の交付をしなければならない**（316条の14第2項）。

エ　誤り。

　検察官及び被告人が証拠とすることに同意した書面又は供述は、その書面が作成され又は供述がされたときの情況を考慮し相当と認められるときに限り、321条から325条までの規定にかかわらず、これを証拠とすることができる（326条1項）。したがって、検察官が取調べを請求した証拠について、これを証拠とすることに同意する権利は、被告人も有している。

オ　誤り。

　原審における代理人又は弁護人は、被告人のために上訴をすることができる（355条）。したがって、第一審で有罪の判決を受けた被告人の弁護人は、改めて弁護人に選任されなくても、控訴をすることができる。

文献　試験対策講座155、157、223、339、430、439、440、489頁

No. 031	弁護人の活動		□ 月 日
	予R5-19		□ 月 日 □ 月 日

　弁護人の活動に関する次のアからオまでの各記述のうち、正しいものの組合せは、後記1から5までのうちどれか。ただし、判例がある場合には、それに照らして考えるものとする。

□□□　ア．弁護人は、検察官のした接見の日時を指定する処分に不服がある場合、裁判所にその処分の取消し又は変更を請求することができる。

□□□　イ．弁護人は、司法警察職員が捜索差押許可状に基づき被疑者方を捜索する場合、当該捜索差押許可状の執行に立ち会う権利がある。

□□□　ウ．弁護人は、あらかじめ証拠を保全しておかなければその証拠を使用することが困難な事情があるときは、起訴前であっても、裁判官に証人の尋問を請求することができる。

□□□　エ．勾留されている被疑者の弁護人は、裁判官に保釈の請求をすることができる。

□□□　オ．国選弁護人は、自己を国選弁護人に選任した裁判所又は裁判官に辞任を申し出ることにより、自らその地位を離れることができる。

1．ア　イ　　2．ア　ウ　　3．イ　オ　　4．ウ　エ　　5．エ　オ

3章　捜査に関する諸問題

| No. 031 | 正解 2 | 被疑者・被告人の正当な利益を擁護する存在である弁護人について、その権限をみていこう。 | 正答率 65.3% |

ア　正しい。　　　　　　　　　　　　　　　　　　　　　　　類 予R1-26-オ

弁護人は、検察官又は検察事務官のした接見指定の処分（39条3項）に不服がある場合、その検察官又は検察事務官が所属する検察庁の対応する裁判所に、その処分の取消し又は変更を請求することができる（430条1項）。

イ　誤り。　　　　　　　　　　　　　　　　　　　　　　　類 予R1-18-ア

218条の規定に基づき司法警察職員が行う捜索差押えについて、**222条1項本文前段は、裁判所が行う捜索における弁護人の立会権を規定した113条を準用しておらず、必要があるときは、捜査機関は、被疑者を立ち会わせることができると規定されているにすぎない**（222条6項）。したがって、司法警察職員が捜索差押許可状に基づき被疑者方を捜索する場合、弁護人がその執行に立ち会う権利はない。

ウ　正しい。　　　　　　　　　　　　　　　　　　　　　　　類 H24-40-ア

弁護人は、あらかじめ証拠を保全しておかなければその証拠を使用することが困難な事情があるときは、第1回公判期日前に限り、裁判官に証人の尋問を請求することができる（179条1項）。

エ　誤り。　　　　　　　　　　　　　　　　　　　　　類 予H27-25-ア 、予H24-16-ウ

保釈（89条から91条まで）は被告人にのみ認められた制度であり（207条1項ただし書参照）、保釈請求ができるのは、勾留されている被告人の弁護人である（88条1項）。したがって、勾留はされているがいまだ起訴されていない被疑者の弁護人は、保釈を請求することはできない。

オ　誤り。

国選弁護人は、「正当な理由」があれば、裁判所に辞任の申出をすることができる（弁護士法24条）。もっとも、判例は、国選弁護人は、裁判所が解任しない限りその地位を失うものではなく、裁判所が辞任の申出について正当な理由があると認めて解任しない限り、弁護人の地位を失うものではないとした（最判昭54.7.24）。したがって、国選弁護人が裁判所又は裁判官に辞任の申出をすることにより、自らその地位を離れることができるとする点で、誤っている。

文献　試験対策講座109、176、232、334、507頁

CORE TRAINING

□□□　被告人は、供述を拒む場合に、その理由を明らかにする　　　➡憲38Ⅰ、刑訴311　⭕
必要はない。　予R2-21-エ　　　　　　　　　　　　　　　　　　　　Ⅰ。終始沈黙する
　　　　　　　　　　　　　　　　　　　　　　　　　　　　　　　　ことができる

□□□　勾留中の被告人甲が接見禁止の裁判を受け、その後、被　　➡81本文、39Ⅰ参　❌
告人甲の弁護人に選任されたAは、被告人甲と接見した。この　　　照　①❷a
接見は、接見禁止の裁判を受けた被告人に対する接見であるの
で、立会人が付いた接見である。　H26-31-ア

CORE PLUS

① 接見交通権

	a　弁護人又は弁護人になろうとする者	b　それ以外の者
❶ 被疑者（身体の拘束を受けている被疑者に限る）	○接見又は書類若しくは物の授受をすることができる（39Ⅰ） →もっとも、接見指定可能（39Ⅲ本文） ○逮捕されている者も含む	○接見又は書類若しくは物の授受をすることができる（207Ⅰ本文・80） ○検察官の請求又は職権により、接見を禁じ、又はこれと授受すべき書類その他の物を検閲し、その授受を禁じ、若しくはこれを差し押さえることができる（207Ⅰ本文・81） ○逮捕されている者も含むべき
❷ 被告人	○接見又は書類若しくは物の授受をすることができる（39Ⅰ） ○接見指定は「公訴の提起前に限り」（39Ⅲ本文）することができるとしていることから、被告人の接見交通権を制限することはできない ○接見禁止の裁判（81）は、弁護人又は弁護人になろうとする者との接見（39Ⅰ）を制限するものではない　H26-31-ア	○接見又は書類若しくは物の授受をすることができる（80） ○検察官の請求又は職権により、接見を禁じ、又はこれと授受すべき書類その他の物を検閲し、その授受を禁じ、若しくはこれを差し押さえることができる（81）

3章 捜査に関する諸問題

107

［第 2 編第 3 章第 7 節（捜査の終結）には、登載基準を満たすフル問題がありません。］

CORE TRAINING

□□□ 司法警察員は、犯罪の捜査をしたときは、例外なく、速やかに書類及び証拠物とともに事件を検察官に送致しなければならない。 予R3-19-ア

➡ 「特別の定のある場合」(246本文)はこの限りでない　✕

CORE PLUS

1 捜査の終結

【軽微な事件】

微罪処分（246ただし書）──司法警察員が検察官の一般的指示（193 I ）により、一定の微罪については検察官に送致することなく、これらの事件を毎月 1 回一括して警察官に報告すれば足りるものとされた制度

【その他の事件】

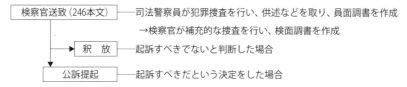

検察官送致（246本文）──司法警察員が犯罪捜査を行い、供述などを取り、員面調書を作成
　　　　　　　　　　　→検察官が補充的な捜査を行い、検面調書を作成

釈　放──起訴すべきでないと判断した場合

公訴提起──起訴すべきだという決定をした場合

2 起訴後の捜査

捜査側		i 第 1 回公判期日前	ii 第 1 回公判期日後
	❶ 任意捜査	許される	
	❷ 被告人の身体確保	被告人を公訴事実について逮捕することはできない →身体確保は裁判所の召喚・勾引・勾留（57から98まで）による	
	❸ 証人尋問	検察官は裁判官に証人尋問請求ができる（226、227）	証人尋問を捜査に関連して行うことはできない ∵公判中心主義
	❹ 捜索・差押え、検証、鑑定	裁判官より令状を得て捜索・差押え、検証、鑑定（218、219） ∵被告人の証拠保全請求権（179 I ）との対比	受訴裁判所に証拠調べ請求（298 I 、刑訴規188ただし書） ∵公判中心主義の観点から裁判所が行うべき （＋令状を得て自ら捜索・差押え）
	❺ 被告人の取調べ	許される（最決昭36.11.21百選A14事件） ∵取調べは任意処分であるところ、197条は任意捜査について何らの制限をしていない →被告人に対する余罪の取調べについては学説の対立あり	
弁護側		裁判官に証拠保全請求（179 I ）	受訴裁判所に証拠調べ請求 （298 I 、刑訴規188ただし書）

第3編

公　訴

No.	公　訴	□ 月　日
032	H24-26	□ 月　日 □ 月　日

　　検察官の公訴に関する次のアからオまでの各記述のうち、誤っているものの組合せは、後記1から5までのうちどれか。ただし、判例がある場合には、それに照らして考えるものとする。

□□□　ア．犯人の性格、年齢及び境遇、犯罪の軽重及び情状並びに犯罪後の情況により訴追を必要としないときは、公訴を提起しないことができる。

□□□　イ．検察官は、立証の難易等諸般の事情を考慮し、一罪を構成する行為の一部を起訴することができる。

□□□　ウ．公訴の取消しは、公判期日における冒頭手続終了後にあっては、被告人の同意を得なければその効力を生じない。

□□□　エ．公訴の取消しによる公訴棄却の決定が確定したときは、犯罪事実につき新たに重要な証拠を発見した場合であっても、同一事件について更に公訴を提起することはできない。

□□□　オ．検察官が公訴の提起と同時にする即決裁判手続の申立ては、即決裁判手続によることについての被疑者の同意がなければ、これをすることができない。

1．ア　ウ　　　2．ア　オ　　　3．イ　エ　　　4．イ　オ　　　5．ウ　エ

No.
032　　正解 5　　公訴における検察官の権限を定めた条文を整理　正答率
　　　　　　　　　　しておこう。　　　　　　　　　　　　　95.8%

ア　正しい。

　犯人の**性格、年齢及び境遇、犯罪の軽重及び情状**並びに**犯罪後の情況**により訴追を必要としないときは、公訴を**提起しない**ことが**できる**（起訴便宜主義、248条）。起訴便宜主義が採用された趣旨は、被疑者に前科者の刻印を押さずに、早期の社会復帰を可能にして、更生の機会を付与することと、検察官及び裁判所が重大事件に注力することにある。

イ　正しい。

　刑事訴訟法は、**訴訟追行**（審判対象の設定・立証）の**主導権を当事者に委ねる建前**である**当事者主義**を採用している。そして、**当事者主義**の下では、一方当事者たる**検察官は、訴追の範囲を決定する権限**を有するため、その**合理的裁量**に基づき、犯罪事実の一部を訴因として起訴することが**できる**。したがって、検察官は、立証の難易度など諸般の事情を考慮し、一罪を構成する行為の一部を起訴することができる。

ウ　誤り。

　公訴は、第一審の判決があるまでこれを取り消すことができる（257条）。これは、起訴便宜主義の趣旨を公訴提起後にも及ぼす趣旨である。そして、この公訴の取消しに被告人の同意は要求されていない。

エ　誤り。

　公訴の取消しによる公訴棄却の決定が確定した場合は、公訴の取消し後に犯罪事実につき新たに重要な証拠が発見されたときに限り、検察官は、同一事件について更に公訴を提起することができる（340条）。これは、公訴棄却の裁判が確定した場合における被告人の権利を保護する観点から、再起訴ができる場合を制限する趣旨である。

オ　正しい。

　検察官は、公訴を提起しようとする事件について、**事案が明白**であり、かつ、**軽微であること、証拠調べが速やかに終わると見込まれる**ことその他の事情を考慮し、**相当と認めるときは、公訴の提起と同時に**、書面により**即決裁判手続の申立て**をすることが**できる**（350条の16第1項本文）。そして、この申立ては、即決裁判手続によることについての**被疑者の同意がなければ、することができない**（同条2項）。これは、即決裁判手続では証拠調べが簡略な手続で行われ（350条の24、350条の27）、事実誤認を理由とする控訴（384条、382条）が制限される（403条の2）などのデメリットが生じ得ることから、被疑者の意思を確認する趣旨である。

文献　試験対策講座245、246、254、255、352、353頁

一罪の一部起訴

予H29-18

　　検察官が一罪の一部だけを起訴することができるかに関する次のアからオまでの各記述のうち、肯定説の立場からの論拠となり得るものには1を、肯定説の立場からの論拠となり得ないものには2を選びなさい。

　　ア．実体的真実の発見という刑事訴訟法の趣旨に反する。

　　イ．検察官には、起訴、不起訴の裁量権が認められている。

　　ウ．裁判所の訴因変更命令には形成力はないとされている。

　　エ．刑事訴訟法は当事者主義に立ち、訴因制度を採用している。

　　オ．被告人に利益になる場合も多い。

4
章

公訴に関する
諸問題

No. 033	正解 ア2、イ1、ウ1、エ1、オ1	一部起訴を通じて、刑事訴訟全体の理解が問われ ている。当事者主義などの基本概念を確認しよう。	正答率 73.2%

ア　論拠となり得ない。

　一罪の一部起訴に対しては、訴因制度（256条3項、312条1項）の下では裁判所の審判対象の範囲も検察官の設定した訴因に限定されてしまうため、実体的真実の発見の観点から違法であるとの批判がなされる。したがって、本記述は否定説からの記述であり、肯定説からの論拠とはなり得ない。

イ　論拠となり得る。

　肯定説は、当事者主義（256条6項、298条1項、312条1項等）の下、審判対象は検察官の主張する具体的犯罪事実たる訴因であり、訴因の設定・変更は検察官の専権とされている以上（247条、256条3項、312条1項）、いかなる事実を訴因として構成するかは、検察官の訴追裁量に委ねられていることを根拠として、一罪の一部起訴も適法であると主張する。したがって、本記述は肯定説からの論拠となり得る。

ウ　論拠となり得る。

　訴因変更命令については、これに形成力を認めると、審判対象の設定に関わる訴因変更に裁判所が直接関与することとなり、当事者主義的訴訟構造に反するから、形成力は認められないと考えられている（最大判昭40.4.28百選A20事件参照）。これは、当事者主義における検察官の訴追権限を尊重し、裁判所も検察官が設定・変更した訴因の範囲内で実体的真実を追求すれば足りる、との考えに基づく。肯定説はこれを理由に、一罪の一部起訴が実体的真実発見の要請に反しないと主張する。したがって、本記述は肯定説からの論拠となり得る。

エ　論拠となり得る。

　ア・イの解説で述べたように、刑事訴訟法は当事者主義に立ち、訴因制度を採用している。そして、このような建前の下では、裁判所は検察官が設定した訴因の範囲内で実体的真実を追求すれば足りると考えられる。肯定説はこれを理由に、一罪の一部起訴が実体的真実発見の要請に反しないと主張する。したがって、本記述は肯定説からの論拠となり得る。

オ　論拠となり得る。

　肯定説は、一罪の一部起訴は、法定刑の大小などの点において、被告人に有利になる場合が多いことを理由に、適法であると主張する。例えば、強盗行為により生じた軽微な傷害の事実を除外して、強盗致傷罪（刑240条）の事実ではなく強盗罪（刑236条）の事実で公訴提起する場合である。したがって、本記述は肯定説からの論拠となり得る。

文献　試験対策講座254、255、296、297頁。判例シリーズ50事件

No. 034　被告人の特定

　次の【見解】は、公訴を提起された被告人は誰かを特定する基準に関するものである。後記アからエまでの【事例】のうち、この【見解】によれば甲を被告人として扱うことが可能なものは幾つあるか。後記1から5までのうちから選びなさい。

【見　解】

　公訴を提起された被告人は誰かを特定する基準については、起訴状あるいは判決書の表示のみによってではなく、公訴を提起した検察官の意思や、現実に審理の過程において被告人として行動し、取り扱われた者が誰であるかも併せ考えて判定するのが相当である。

【事　例】

ア．窃盗事件の真犯人甲が、現行犯人として逮捕された際に、乙と名のった結果、被疑者欄に「乙」と記載された勾留状により勾留され、勾留中のまま、被告人欄に「乙」と記載された起訴状により地方裁判所に公訴を提起されたが、第1回公判期日の前に、甲が乙と名のっていたことが発覚した。

イ．窃盗事件の真犯人乙が、逮捕・勾留されていない状態で取調べを受け、被告人欄に「乙」と記載された起訴状により地方裁判所に公訴を提起された後、甲は、乙から依頼を受けてその身代わりとして第1回公判期日に出頭したが、人定質問の段階で、身代わりであることが発覚した。

ウ．窃盗事件の真犯人甲が、逮捕・勾留されていない状態で取調べを受けた際に、乙と名のった結果、被告人欄に「乙」と記載された起訴状により地方裁判所に公訴を提起された。同起訴状の謄本を受け取った甲が、第1回公判期日に出頭したが、冒頭手続が終了した後、甲が乙と名のっていたことが発覚した。

エ．窃盗事件の真犯人甲は、逮捕・勾留されていない状態であったことから、乙に身代わりとなることを依頼した。乙が、同事件の被疑者として取調べを受けた結果、被告人欄に「乙」と記載された起訴状により地方裁判所に公訴を提起された。同起訴状の謄本を受け取った乙が、第1回公判期日に出頭したが、同期日の審理が終了した段階で、身代わりであることが発覚した。

1．0個　　2．1個　　3．2個　　4．3個　　5．4個

| No. 034 | 正解 3 | 設問の見解を注意深く読んで、各事例に当てはめよう。 | 正答率 80.6% |

　被告人とは、起訴状に記載された公訴の対象者である。しかし、被疑者が他人の氏名等を冒用したため、起訴状に記載された者と検察官が起訴しようとした者とが一致しない場合や、起訴状の送達を受けた被告人の代わりに、別人が公判廷に出頭し、被告人のように行動した場合には、起訴状記載の「被告人」と、検察官が訴追しようとした者あるいは実際に被告人として行動する者とが食い違うという事態が生じる。このような場合に、誰を公訴の対象者と考えるべきか、すなわち被告人の特定が問題となる。そして、この問題については、現在は、**形式的表示説を前提として**、起訴状記載の氏名等を、**検察官の意思**及び**被告人の挙動**等を**考慮**して実質的・合理的に判断すべきであるとする実質的表示説が通説となっており、本問の見解はこれに当たる。

ア　可能。

　起訴状に被告人として記載されているのは「乙」であるが、現行犯人として身体を拘束され、検察官が訴追しようとしたのは、乙と名乗る「甲」であり、第1回公判期日の前に、甲が乙と名乗っていたことが発覚していることをも併せて考慮すると、甲を公訴の対象者とするのが合理的である。

イ　不可能。

　起訴状に被告人として記載されているのは「乙」であり、実際に取調べを受け、検察官が訴追しようとしたのも「乙」である。また、乙の身代わりとして「甲」が第1回公判期日に出頭しているが、人定質問段階で身代わりであることが発覚している。これらを併せて考慮すると、乙を公訴の対象者とするのが合理的である。

ウ　可能。

　起訴状に被告人として記載されているのは「乙」であるが、実際に取調べを受け、検察官が訴追しようとしたのは、乙と名乗る「甲」である。さらに、起訴状の謄本の送達を受けて第1回公判期日に出頭したのが甲であり、冒頭手続が終了した後に甲が乙と名乗っていたことが発覚したことをも併せて考慮すると、甲を公訴の対象者とするのが合理的である。

エ　不可能。

　起訴状に被告人として記載されているのは「乙」であり、実際に取調べを受け、検察官が訴追しようとしたのも「乙」である。さらに、起訴状の謄本の送達を受けて第1回公判期日に出頭し、当該期日において被告人として行動し、取り扱われたのも「乙」である。以上の点を併せて考慮すると、第1回公判期日の審理が終了した段階で、身代わりであることが発覚したとしても、乙を公訴の対象者とするのが合理的である。

文献　試験対策講座257〜261頁

CORE TRAINING

01　公訴提起の基本原則

□□□　刑事訴訟法では起訴独占主義が採られているため、起訴・不起訴について検察官の判断を一切経ることなく、事件が公訴提起されることはない。予R3-19-イ

➡ 起訴独占主義
(247)　①＊1　　〇

□□□　司法警察員から強盗の罪名で送致された被疑事件について、検察官において、捜査の結果、強盗致傷罪に該当するものと判断した場合に、強盗致傷の罪名で起訴することは違法である。H22-28-1

➡ 247、248参照
①＊2　　✕

CORE PLUS

① 検察官の終局処分

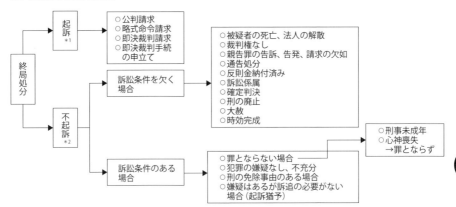

＊1　公訴は、検察官がこれを行う（247）。これは、国家機関である検察官が公訴権を行使する点で国家訴追主義を、国家機関のなかの検察官のみが公訴を行う点で起訴独占主義を定めたものである。予R3-19-イ

＊2　検察官は、送致書に記載された罪名に拘束されることなく、公訴権を行使することができる（247、248参照）。H22-28-1

4章　公訴に関する諸問題

CORE TRAINING

□□□ 刑法第177条（不同意性交等）の罪及びその未遂罪について告訴又は告発をした者は、当該事件につき検察官のした公訴を提起しない処分に不服があるときは、刑事訴訟法に基づき、その検察官を指揮監督する検事正に当該処分の見直しを請求することができる。予R3-19-ウ改題

➡ 刑事訴訟法にこのような規定はない ②❶ii、❷ii ✕

□□□ 検察審査会が、検察官の公訴を提起しない処分の当否に関し、起訴を相当とする議決をしたときは、検察官は、当該議決に従って公訴を提起しなければならない。予R3-19-エ

➡ 検察官は検察審査会の議決に拘束されるわけではない（検審39の5 I ②、41II）②❸i ✕

□□□ 告訴又は告発をした者は、当該事件につき検察官のした公訴を提起しない処分に不服があるときは、付審判請求をすることができるが、その対象事件には限定がない。予R3-19-オ

➡ 262 I ②❹ ✕

CORE PLUS

② 不当な不起訴処分に対するコントロール

■法令名なき条文は刑訴を指す

統内制的	❶ 上級検察官の指揮監督権の発動	i 上席検事の決裁（検察 7 から10まで） ii 上級検察官の指揮監督権の発動（検察 7 から10まで、検察 14) の申立て　予R3-19-ウ
外部的統制	❷ 告訴人等への通知（情報公開）	i 被疑者の請求がある場合、検察官は不起訴処分の結果を被疑者に告知（259） ii 検察官は起訴・不起訴等の処分結果を告訴人、告発人又は請求人に速やかに通知しなければならない（260）。不起訴処分の通知については、告訴人等の請求があるときにはその処分の理由も告知しなければならない（261）　予R3-19-ウ
	❸ 検察審査会制度 →衆議院議員の選挙権を有する者のなかからくじで選定した11人の審査員からなり、不起訴処分が適切であったかどうかを判断する	i 検察審査会が不起訴を不当とする議決をした場合でも、検察官はこれに拘束されず、議決を参考にして公訴を提起すべきと考えるときは起訴の手続をする（検審41）　予R3-19-エ ii 検察審査会は、起訴相当との議決（検審39の5 I①）をしたにもかかわらず検察官が不起訴処分とした場合は、その処分の当否の審査をしなければならず（検審41の2 I本文）、その結果起訴を相当と認めるときは、起訴をすべき旨の議決（起訴議決）をすることができる（検審41の6 I前段） iii 起訴議決がなされた場合、裁判所は公訴の提起・維持にあたるべき者を弁護士のなかから指定しなければならず（検審41の9 I）、指定された弁護士は速やかに公訴を提起しなければならない（検審41の10 I柱書本文）
	❹ 準起訴手続（付審判請求手続）（262） →公務員の職権濫用罪（刑193）等の人権蹂躙事件について、検察官が不起訴処分をしたときは、犯罪の告訴人等は裁判所に直接事件を審判に付することを請求することができる 予R3-19-オ	i 告訴・告発をした者（262 I）は、検察官の不起訴処分に不服があるときには、不起訴処分の通知（260）を受けた日から 7日以内に事件を裁判所の審判に付することを請求することができる（262 II） ii 裁判所はこの請求について審理をし（265）、請求棄却の決定か、若しくは事件を裁判所の審判に付する決定を行う（266）。この付審判決定があった場合、公訴提起があったものとみなされる（267） iii 付審判決定があった場合、検察官の職務を行う者を弁護士のなかから指定する（268 I、II）

CORE TRAINING

02　公訴提起の手続

□□□　簡易裁判所は、検察官の請求により、その管轄に属する事件について、略式命令で、1年以下の懲役若しくは禁錮、罰金又は科料を科することができる。H18-40-ア

➡ 461前段　③ ❸
i　×

＊　令和4年法律第67号により、「懲役若しくは禁錮」に当たる罪は「拘禁刑」に当たる罪に改正された。なお、2025（令和7）年6月1日に施行される。

□□□　簡易裁判所は、略式命令の請求を受けた事件について罰金又は科料を科する場合、その刑の執行を猶予することはできない。H18-40-エ

➡ 461後段　③ ❸
ii　×

□□□　公訴事実に「平成○年3月15日ころから同月18日ころまでの間」、「H市内又はその周辺」、「何らかの方法でVの頸部を圧迫し」という記載がある場合は、日時、場所、方法等の表示が概括的なものにとどまるが、検察官において、起訴当時の証拠に基づき、できる限り日時、場所、方法等をもって罪となるべき事実を特定して訴因を明示したものと認められる場合には、訴因の特定に欠けるところはない。H21-32-ア

➡ 最決昭56.4.25（百選44事件）、最決平14.7.18 ④ ❶、❷　○

□□□　検察官は、殺人罪の共同正犯の訴因につき、その実行行為者がだれであるかを明示しなければならないので、実行行為者の記載がない公訴事実は、訴因の特定に欠ける。H21-32-イ

➡ 最決平13.4.11（百選46事件）④ ❸　×

□□□　共謀共同正犯における共謀の日時、場所、内容等は訴因の明示に不可欠であるので、それらの記載がない公訴事実は、訴因の特定に欠けるため、裁判所は、検察官に釈明を求めるまでもなく、公訴棄却の判決をすることができる。H21-32-ウ

➡ 最決平13.4.11（百選46事件）④ ＊　×

CORE PLUS

③ 略式手続

❶ 略式手続とは	簡易裁判所が、原則として検察官の提出した資料のみに基づいて公判を開かずに審理し、略式命令 (461) により罰金又は科料を科す手続
❷ 類　型	ⅰ　在宅略式 　→被疑者を拘束しないで在宅のまま略式命令を請求する方式 ⅱ　待命略式 　→被疑者を拘束せず、検察庁に在庁させて裁判所に略式命令を請求し (この時点から被告人)、即日、略式命令が発せられた段階で被告人を裁判所に連れていき、裁判所は直ちに略式命令の謄本を被告人本人に交付して手続を完了するもの
❸ 罰　則	ⅰ　100万円以下の罰金又は科料 (461前段)　H18-40-ア ⅱ　刑の執行猶予、没収、その他付随の処分 (461後段)　H18-40-エ

④ 訴因の特定

事　案	判　旨
❶ 「被告人は、法定の除外事由がないのに、昭和54年9月26日ころから同年10月3日までの間、広島県X郡Y町内及びその周辺において、覚せい剤……若干量を自己の身体に注射又は服用して施用し、もって覚せい剤を使用したものである」との訴因の事案 (最決昭56.4.25百選44事件)　H21-32-ア	本件訴因の記載は、「日時、場所の表示にある程度の幅があり、かつ、使用量、使用方法の表示にも明確を欠くところがあるとしても、検察官において起訴当時の証拠に基づきできる限り特定したものである以上、覚せい剤使用罪の訴因の特定に欠けるところはないというべきである」
❷ 「被告人は、……被害者に対し、その頭部等に手段不明の暴行を加え、頭蓋冠、頭蓋底骨折等の傷害を負わせ、よって、そのころ、同所において、頭蓋冠、頭蓋底骨折に基づく外傷性脳障害又は何らかの傷害により死亡させた」との訴因の事案 (最決平14.7.18)　H21-32-ア	「当時の証拠関係に照らすと、被害者に致死的な暴行が加えられたことは明らかであるものの、暴行態様や傷害の内容、死因等については十分な供述等が得られず、不明瞭な領域が残っていたというのである。そうすると、……訴因は、暴行態様、傷害の内容、死因等の表示が概括的なものであるにとどまるが、検察官において、当時の証拠に基づき、できる限り日時、場所、方法等をもって傷害致死の罪となるべき事実を特定して訴因を明示したものと認められるから、訴因の特定に欠けるところはないというべきである」
❸ 「被告人は、Aと共謀の上、……自動車内において、A又は被告人あるいはその両名において、扼殺、絞殺又はこれに類する方法でVを殺害した」との事実を裁判所が認定した事案 (最決平13.4.11百選46事件)　H21-32-イ *	「殺人罪の共同正犯の訴因としては、その実行行為者がだれであるかが明示されていないからといって、それだけで直ちに訴因の記載として罪となるべき事実の特定に欠けるものとはいえない」

*　前掲最決平13年は、公訴事実を単に「共謀の上」とだけ記載されている公訴事実につき、訴因の特定に欠けるとの判断をしておらず、その理由を明らかにしていない。もっとも、学説では、共謀共同正犯の場合、共謀に基づく実行行為が明示されていれば、他の犯罪事実との識別機能が果たせるため、共謀の日時等の明示は不要であると説明されている。　H21-32-ウ

4章　公訴に関する諸問題

CORE TRAINING

□□□　略式命令を受けた者又は検察官は、その内容に不服のある場合は、その告知を受けた日から14日以内に、略式命令をした簡易裁判所の上級審である地方裁判所に対して正式裁判の請求をすることができる。 H18-40-オ

➡ 正式裁判の請求は、略式命令の告知を受けた日から14日以内に、略式命令をした裁判所に対してする（465Ⅰ、Ⅱ前段）　✕

□□□　起訴状には、裁判官に事件につき予断を生ぜしめるおそれのある内容を引用してはならないから、常習累犯窃盗罪のように前科が構成要件の一部を構成している場合でなければ、起訴状に被告人の前科を記載することは許されない。 H22-38-エ

➡ 最大判昭27.3.5 5 ※1　✕

CORE PLUS

5 起訴状に関する諸問題

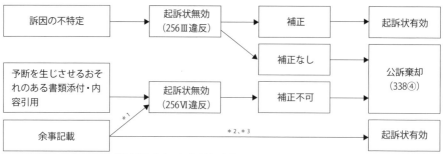

＊1　裁判官に被告人が当該事件を犯したという「予断」を生じさせるおそれがあり、取り返しのつかない余事記載である場合。
＊2　裁判官に「予断」を生じさせるおそれのない単なる余事記載にすぎない場合。
＊3　単なる余事記載であっても、争点を混乱させるなどの不都合があるので、これが削除されない限り、起訴状は無効であるとする見解もある。

※1　判例は、被告人の前科であっても、公訴犯罪事実の構成要件となっている場合（常習累犯窃盗等）又は公訴犯罪事実の内容となっている場合（前科の事実を手段方法とした恐喝等）などは、公訴犯罪事実を示すのに必要であり、一般の前科と同様に解せないから、これを記載することは適法であるとしている（最大判昭27.3.5）。 H22-38-エ

※2　令和5年法律第28号により、起訴状に記載された個人特定事項を秘匿する新制度が設けられ（271条の2）、2024（令和6）年2月15日に施行される。

No. 035 【論】 **訴因変更の要否**

予H28-21

□ 月 日
□ 月 日
□ 月 日

次の【記述】は、訴因変更の要否に関する最高裁判所の決定からの引用である。【記述】中の①から④までの（　）内から適切な語句を選んだ場合、その組合せとして正しいものは、後記1から5までのうちどれか。

【記　述】

　殺人罪の共同正犯の訴因としては、その実行行為者がだれであるかが明示されていないからといって、それだけで直ちに訴因の記載として罪となるべき事実の特定に欠けるものとはいえないと考えられるから、訴因において実行行為者が明示された場合にそれと異なる認定をするとしても、①（a．審判対象の画定　b．被告人の防御）という見地からは、訴因変更が必要となるとはいえないものと解される。とはいえ、実行行為者がだれであるかは、一般的に、②（a．審判対象の画定　b．被告人の防御）にとって重要な事項であるから、当該訴因の成否について争いがある場合等においては、③（a．他の犯罪事実との識別　b．争点の明確化）などのため、検察官において実行行為者を明示するのが望ましいということができ、検察官が訴因においてその実行行為者の明示をした以上、判決においてそれと実質的に異なる認定をするには、原則として、訴因変更手続を要するものと解するのが相当である。しかしながら、実行行為者の明示は、前記のとおり訴因の記載として不可欠な事項ではないから、少なくとも、被告人の防御の具体的な状況等の審理の経過に照らし、④（a．被告人に不意打ちを与えるものではない　b．他の犯罪事実との識別を損なうものではない）と認められ、かつ、判決で認定される事実が訴因に記載された事実と比べて被告人にとってより不利益であるとはいえない場合には、例外的に、訴因変更手続を経ることなく訴因と異なる実行行為者を認定することも違法ではないものと解すべきである。

1．①a　②b　③a　④a
2．①a　②b　③b　④a
3．①a　②b　③b　④b
4．①b　②a　③a　④a
5．①b　②a　③a　④b

| No. 035 | 正解 **2** | 題材となっている判例は訴因変更における最重要判例である。判旨の深い理解を心掛けよう。 | 正答率 60.9% |

《原　文》

　殺人罪の共同正犯の訴因としては、その実行行為者がだれであるかが明示されていないからといって、それだけで直ちに訴因の記載として罪となるべき事実の特定に欠けるものとはいえないと考えられるから、訴因において実行行為者が明示された場合にそれと異なる認定をするとしても、①（a．審判対象の画定）という見地からは、訴因変更が必要となるとはいえないものと解される。とはいえ、実行行為者がだれであるかは、一般的に、②（b．被告人の防御）にとって重要な事項であるから、当該訴因の成否について争いがある場合等においては、③（b．争点の明確化）などのため、検察官において実行行為者を明示するのが望ましいということができ、検察官が訴因においてその実行行為者の明示をした以上、判決においてそれと実質的に異なる認定をするには、原則として、訴因変更手続を要するものと解するのが相当である。しかしながら、実行行為者の明示は、前記のとおり訴因の記載として不可欠な事項ではないから、少なくとも、被告人の防御の具体的な状況等の審理の経過に照らし、④（a．被告人に不意打ちを与えるものではない）と認められ、かつ、判決で認定される事実が訴因に記載された事実と比べて被告人にとってより不利益であるとはいえない場合には、例外的に、訴因変更手続を経ることなく訴因と異なる実行行為者を認定することも違法ではないものと解すべきである。

【穴埋めについて】

　本問は、殺人罪の共同正犯の訴因において実行行為者が明示された場合に、訴因変更手続を経ることなく、訴因と異なる実行行為者を認定することの可否について判示した**最決平13.4.11（百選46事件）**に題材を求めたものである。

　刑事訴訟における**審判対象**は訴因であり（**訴因対象説**）、訴因とは**検察官**がその存在を主張して審判を請求する**具体的な犯罪事実**である（**事実記載説**）。訴因変更の要否とは、訴因が特定されていることを前提として、裁判官の心証が訴因と食い違う場合に、どの程度の食い違いがあれば訴因変更手続を経る必要があるのかという問題である。

　本決定は、訴因変更の要否の検討において、（1）**審判対象の画定**と、（2）**被告人の防御権の保障**の2段階の判断基準を示したものとされる。

　まず、（1）第1段階の判断基準は、**審判対象を画定**するのに**不可欠な部分**（訴因を特定するために記載が必要な事項）に食い違いがある場合には、訴因変更を**必要**とするというものである。これは、当該部分が変わるということは、すなわち審判の対象が変わることを意味し、このような場合に訴因変更をすることなく訴因と異なる事実を裁判所が認定することは、訴因の特定・変更を検察官の専権としている現行の当事者主義的訴訟構造に反するという観点に基づくものである。本決定は、訴因の機能は、審判対象を画定する点にあるとする見解（**識別説**）を前提に、「殺人罪の共同正犯の訴因としては、その**実行行為者がだれであるか**が**明示されていない**からといって、それだけで**直ちに訴**

因の記載として罪となるべき事実の**特定に欠ける**ものとは**いえない**」として、訴因において明示された実行行為者と異なる実行行為者の認定をするとしても、「**審判対象の画定という見地**からは、訴因変更が**必要**となるとは**いえない**」としている。したがって、①には a が入る。

　次に、（2）第2段階の判断基準は、**一般的に被告人の防御にとって重要な事項が訴因として明示**された場合に、その明示された事実と異なる事実を認定するには、**原則**として訴因変更を**必要**とするというものである。本決定は、「実行行為者がだれであるかは、一般的に、**被告人の防御**にとって**重要な事項**であるから、当該訴因の成否について争いがある場合等においては、**争点の明確化**などのため、検察官において**実行行為者を明示するのが望ましい**」としたうえで、「検察官が訴因においてその**実行行為者の明示**をした以上、判決においてそれと実質的に異なる認定をするには、**原則として、訴因変更手続を要する**」としている。したがって、②には b が、③には b が入る。もっとも、この第2段階の判断基準による訴因変更は、被告人の防御権の保障のために重要かどうかという観点に基づくものであるが、仮に変動を生じた事項について被告人が**十分に争い**、加えて、認定された事実が訴因に記載された事実と比べて**より不利益**とは**いえない**場合であれば、被告人の**防御権が損なわれた**とは**いえない**ことになる。そこで、本決定は、「被告人の防御の具体的な状況等の審理の経過に照らし、被告人に**不意打ち**を与えるものでは**ない**と認められ、**かつ**、判決で認定される事実が訴因に記載された事実と比べて被告人にとって**より不利益**であるとは**いえない**場合には、例外的に、訴因変更手続を**経ることなく訴因と異なる実行行為者を認定することも違法ではない**」としている。したがって、④には a が入る。

文献　試験対策講座277〜281頁。判例シリーズ43事件

MEMO

No. 036	論	訴因総合問題	□ 月 日 □ 月 日 □ 月 日
		予H30-21	

次のアからオまでの各記述のうち、正しいものの組合せは、後記1から5までのうちどれか。ただし、判例がある場合には、それに照らして考えるものとする。

ア．共謀共同正犯において、「共謀」は、罪となるべき事実にほかならないから、訴因においてその存在を明示することを要し、これを認定するためには厳格な証明によらなければならない。

イ．殺人罪の共同正犯において、実行行為者が誰であるかは、罪となるべき事実の特定に不可欠とはいえないものの、一般的に、被告人の防御にとって重要な事項であるから、検察官は、訴因に実行行為者を明示しなければならない。

ウ．検察官において、共謀共同正犯の存在に言及することなく、被告人が1人で原動機付自転車を窃取したという窃盗の訴因で公訴を提起した場合に、裁判所が、証拠上、他に実行行為を行っていない共謀共同正犯者が存在するとの心証を得たときは、被告人1人の行為により犯罪構成要件の全てが満たされたと認めるときであっても、検察官に対し、訴因の変更を積極的に促し、又はこれを命じなければならない。

エ．被告人が共謀共同正犯として起訴された事件において、検察官が主張せず、被告人側も防御活動を行っていない日時における謀議について、裁判所が、争点としてこれを顕在化させる措置を採ることなく、その日時における謀議への被告人の関与を認定したとしても、取り調べた証拠から認定したものである限り、被告人に不意打ちを与え、その防御権を不当に侵害するものとして違法となることはない。

オ．被告人及びAを共同正犯とする殺人被告事件において、実行行為者が誰であるかが争点となり、審理を尽くしても実行行為者を特定するに至らなかった場合には、裁判所は、実行行為者につき、「被告人若しくはA又はその両名」と認定し、その旨を罪となるべき事実として判示することが、許されることがある。

1．アイ　　2．イウ　　3．ウエ　　4．エオ　　5．アオ

No.
036　　正解　5　　　訴因についての判例は論述知識としても重要なの　　正答率
　　　　　　　　　　　で、結論と共に理由までしっかり記憶しておこう。　70.7%

ア　正しい。

　判例は、「共謀」又は「謀議」は、共謀共同正犯（刑60条）における「**罪となるべき事実**」（刑訴256条3項後段）にほかならないから、これを認めるためには**厳格な証明**によらなければ**ならない**としている（**最大判昭33．5．28百選A44事件**）。

イ　誤り。

　前掲最決平13年（**百選46事件**）は、共謀共同正犯における実行行為者の明示が欠けていたとしても、「それだけで**直ちに**訴因の記載として罪となるべき事実の**特定に欠けるもの**とはいえない」としたうえで、「**実行行為者**がだれであるかは、一般的に、**被告人の防御にとって重要な事項**であるから、……**争点の明確化**などのため、検察官において実行行為者を**明示するのが望ましい**」と述べているにすぎない。したがって、被告人の防御にとって重要な事項であるからといって、検察官は、訴因に実行行為者を**明示しな**ければ**ならないわけではない**。

ウ　誤り。

　判例は、「検察官において共謀共同正犯者の存在に言及することなく、被告人が当該犯罪を行ったとの訴因で公訴を提起した場合において、被告人1人の行為により犯罪構成要件のすべてが満たされたと認められるときは、他に共謀共同正犯者が存在するとしてもその犯罪の成否は左右されないから、裁判所は訴因どおりに犯罪事実を認定することが許される」としている（**最決平21．7．21**）。

エ　誤り。

　判例は、ハイジャックに関する謀議への関与を理由に共謀共同正犯として起訴された被告人に対し、検察官が最終的に主張立証しなかったことで被告人側が**何らの防御活動を行っていない**日時における謀議の存在につき、控訴審が**争点**としてこれを**顕在化**させる措置を採ること**なく**認定しこれに対する被告人の関与を肯定した本件訴訟手続は、被告人に**不意打ち**を与え、**違法**であるとしている（**最判昭58.12.13**）。

オ　正しい。

　前掲最決平13年（**百選46事件**）は、罪となるべき事実の判示が実行行為者について「**A又は被告人あるいはその両名**」という択一的なものにとどまっている場合であっても、その事件が被告人とAの2名の共謀による犯行である以上、殺人罪の構成要件に該当すべき具体的事実を、それが構成要件に該当するかどうかを判定するに足りる程度に具体的に明らかにしているものというべきであり、罪となるべき事実の判示として**許される**としている。

文献　試験対策講座277〜281、306〜308、363、466、467頁。判例シリーズ43事件

CORE TRAINING

01　審判対象と訴因変更

□□□　訴因における罪となるべき事実の記載については、構成要件に該当するかどうかを判定するに足りる程度に具体的に明らかにされていればよい。 オリジナル①

➡ 他の犯罪事実との区別が可能であることも必要（最決平26.3.17百選45事件） 1 ※　✕

□□□　現行法における訴因制度の下においては、裁判所の審判の範囲は起訴状記載の訴因に限定される。 オリジナル②

➡ 訴因制度が当事者主義に由来しているためである　○

CORE PLUS

1 訴因変更と判決

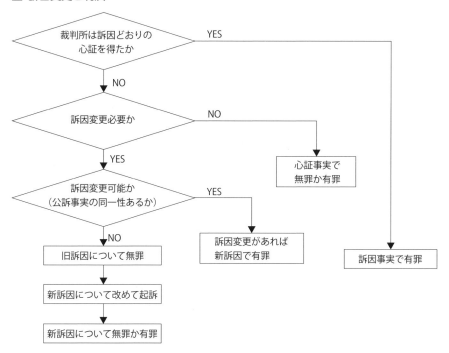

※　判例は「罪となるべき事実は、その共犯者、被害者、期間、場所、暴行の態様及び傷害結果の記載により、他の犯罪事実との区別が可能であり、また、それが傷害罪の構成要件に該当するかどうかを判定するに足りる程度に具体的に明らかにされている」場合には訴因の特定に欠けることはないと判示している（最決平26.3.17百選45事件）。 オリジナル①

CORE TRAINING

02　訴因変更の要否

□□□　「乙が公務員Aに賄賂を供与した際、これを幇助した。」という贈賄幇助の訴因で起訴された甲について、「乙と共謀の上、公務員Aに賄賂を供与した。」という贈賄の共同正犯の事実を認定するには、訴因変更の手続を要しない。　予H29-21-ア

➡ 新たに共謀の事実を認定しなければならないうえに、法定刑も重くなるから、被告人の防御権に影響が明らかに生じる（最大判昭40.4.28百選A20事件参照）②　✕

□□□　訴因の機能は、裁判所に対し審判の対象を限定すると共に、被告人に対し防御の範囲を示すことにあるところ、審理の経過に鑑み、犯罪の実行行為がなされた日時場所について、訴因と異なる認定をすることにより、被告人に不意打ちを与える場合には、その防御に実質的な不利益を与えることになる。その場合には、訴因変更の手続を経ずに、異なる日時場所を認定することはできない。　予R2-23-A改題

➡ 最決平13.4.11（百選46事件）②　〇

□□□　検察官が甲について、収賄罪の共同正犯の訴因で起訴したところ、裁判所は、審理の結果、甲が、令和2年3月1日、H市内の甲方において、乙から現金30万円を受け取り、同日、同所において、公務員である丙に対して、同現金30万円を交付した事実は間違いないが、収賄罪の共同正犯ではなく、「甲は、乙と共謀の上、丙に対し、賄賂金30万円を供与した。」という贈賄罪の共同正犯が成立するとの心証を形成したとする。その場合、一連の同一の行為についての法的評価を異にするにすぎないので、訴因変更の手続を経ることなく、贈賄罪の共同正犯を認定して、有罪判決を言い渡すことができる。　予R2-23-D改題

➡ 収賄罪と贈賄罪とでは犯罪構成要件が異なり、審判対象の画定に必要な事項に食い違いが生じているため、訴因変更が必要である（最判昭36.6.13）③❹　✕

CORE PLUS

② 判例（最決平13.4.11百選46事件）にみる訴因変更の要否 予R2-23-A改題 、予H29-21-ア

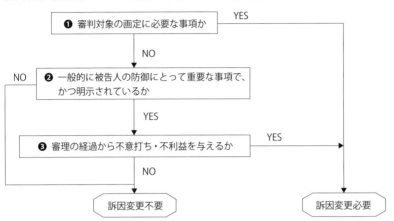

③ 訴因変更が必要な具体的場面

❶ 犯罪行為の態様が変化する場合	e.g. 不同意わいせつ罪の訴因に対して公然わいせつ罪を認定する場合（最判昭29.8.20）
❷ 過失の態様が変化する場合	e.g. クラッチペダルを踏み外した過失に対し、ブレーキをかけるのが遅れた過失を認定する場合（最判昭46.6.22百選A16事件）
❸ 被害の程度が増大する場合	e.g. 法人税ほ脱罪におけるほ脱所得の内容が増大する場合（最決昭40.12.24）
❹ 著しい法律構成の変更を伴う場合	e.g. 収賄の共同正犯が贈賄の共同正犯に変わる場合（最判昭36.6.13） 予R2-23-D改題

CORE TRAINING

□□□　「Aを脅迫して現金を強取した。」という強盗の訴因で起訴された甲について、脅迫が相手方の反抗を抑圧するほど強度ではなかったことを理由に「Aを脅迫して現金を交付させた。」という恐喝の事実を認定するには、訴因変更の手続を経なければならない。H24-37-エ、予H29-21-イ

➡ 縮小認定の理論（最判昭26.6.15、最決昭28.9.30、最判昭28.11.20、最判昭29.12.17、最決昭30.10.19）④※　✕

03　訴因変更の可否

□□□　「甲が銅板を窃取するに際し、犯行供用物件を貸与して窃盗の幇助をした。」という窃盗幇助の訴因を、これと併合罪関係にある「甲が窃取した銅板を、盗品と知りながら買い受けた。」という盗品等有償譲受けの訴因に変更することは、公訴事実の同一性を欠き、許されない。予H29-21-エ

➡ この公訴事実の同一性とは広義の同一性を指す（最判昭33.2.21参照）⑤❷　〇

□□□　「甲は、公務員乙と共謀の上、乙の職務上の行為に対する謝礼の趣旨で、丙から賄賂を収受した。」という収賄の訴因を、「甲は、丙と共謀の上、公務員乙の職務上の行為に対する謝礼の趣旨で、乙に対して賄賂を供与した。」という贈賄の訴因に変更することは、収受したとされる賄賂と供与したとされる賄賂とが同一であったとしても、公訴事実の同一性を欠き、許されない。予H29-21-ウ

➡ 収受した賄賂と供与した賄賂の間に事実上の共通性がある場合には、非両立かつ法的評価を異にしているにすぎない（最決昭53.3.6百選47事件）⑤❶　✕

04　訴因変更命令

□□□　裁判所が、訴因と異なる犯行の日時場所の心証を形成し、それが訴因変更手続なしに認定できないとなった場合、裁判所は、検察官に対して、心証に沿った事実を内容とする訴因への変更を促し、検察官が応じない場合には、訴因の変更を命ずることが考えられる。予R2-23-B改題

➡ 312Ⅱ。真実発見の要請から裁判所には訴因変更命令権限が認められている　〇

C O R E　P L U S

④ 縮小認定により訴因変更が不要となる場面

要件
①大小関係
②検察官の予備的黙示的訴追意思
③被告人の防御を害しないこと

※　縮小認定の具体例

　　強盗の訴因に対して恐喝の認定（最判昭26.6.15）、殺人の訴因に対して同意殺人の認定（最決昭28.9.30）、殺人未遂の訴因で傷害の認定（最決昭28.11.20）、強盗致死の訴因で傷害致死の認定（最判昭29.12.17）、傷害の訴因で暴行の認定（最決昭30.10.19）。 H24-37-エ 、予H29-21-イ

⑤ 訴因変更の可否

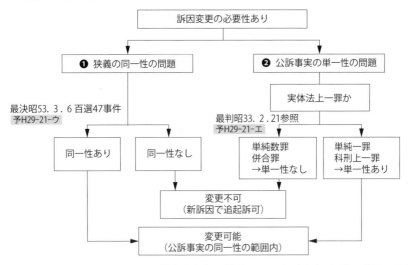

※　狭義の同一性に関しては、基本的事実関係（犯罪日時・場所、行為の方法・態様、被害者、結果等）の共通性を基本として、補完的に事実間の非両立性を考慮して判断する。

CORE TRAINING

□□□　裁判所は、検察官が訴因変更命令に応じなかったとしても、訴因変更命令により訴因が変更されたものとして、裁判所の心証に従った事実を認定して、有罪判決を言い渡すことができる。予R2-23-C改題

➡ 訴因変更命令に　✕
　形成力は認められ
　ない（最大判昭40.
　4.28百選A20事
　件）　6

□□□　「Aに対し、殺意をもって猟銃を発射して殺害した。」という殺人の訴因で起訴された甲について、証拠上、殺人の訴因については無罪とするほかなくとも、これを重過失致死という相当重大な罪の訴因に変更すれば有罪であることが明らかな場合、裁判所は、例外的に、訴因変更を促し又はこれを命ずる義務がある。予H29-21-オ

➡ 訴因変更すれば　◯
　有罪になることが
　証拠上明らかでそ
　れが重大犯罪であ
　る場合には、訴因
　変更のための釈明
　義務又は訴因変更
　命令義務を認め得
　る（最決昭43.11.
　26）　6

CORE PLUS

6　訴因変更命令

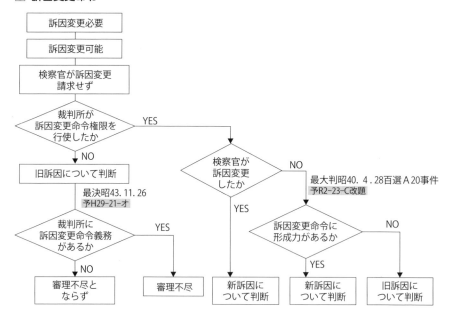

No.
037

公訴時効

H25-28

□ 月 日
□ 月 日
□ 月 日

　次のⅠないしⅢの【見解】は、公訴時効の根拠に関してのものである。【見解】に関する後記アからオまでの【記述】のうち、誤っているものの組合せは、後記1から5までのうちどれか。

【見　解】
　Ⅰ．時間の経過により犯罪行為の可罰性が消滅するので、訴追の対象としない。
　Ⅱ．時間の経過により証拠が散逸し、公正な審理を行うことができなくなるので、訴追の対象としない。
　Ⅲ．時間の経過により長期間訴追されなかったという被告人の法的地位の安定を図る必要があるので、訴追の対象としない。

【記　述】
　ア．Ⅰの見解に対しては、刑の軽重により、公訴時効が異なることを説明できないとの批判がある。
　イ．Ⅰの見解に対しては、公訴時効完成後に公訴が提起された場合の判決が免訴という形式裁判であることを説明できないとの批判がある。
　ウ．Ⅱの見解に対しては、犯人が国外にいる場合に公訴時効がその進行を停止することを説明できないとの批判がある。
　エ．Ⅱの見解に対しては、法改正により、公訴時効の期間が延長された場合、特別の定めを置かない限り、既に行われた犯罪行為に対し、新法を適用することができないとの批判がある。
　オ．Ⅲの見解に対しては、被告人の法的地位の安定は、正当な利益ないし権利といえるものではなく、公訴時効制度があることによる反射的利益にすぎないとの批判がある。

1．ア　ウ　　2．ア　エ　　3．イ　ウ　　4．イ　オ　　5．エ　オ

No. 037 　**正解 2**　　見解に関する記述の正誤を問う問題である。落ちついて、問題文を注意深く読もう。　　正答率 84.2%

ア　誤り。

　刑の軽重により公訴時効が異なることを説明できないとの批判は、時間の経過により、証拠が散逸してしまう結果として、公正な審理を行うことができなくなることを公訴時効制度の趣旨と解するⅡの見解に対してなされるものである。

イ　正しい。

　Ⅰの見解は、時間の経過による可罰性の消滅を公訴時効制度の趣旨と解するが、この見解に対しては、可罰性が消滅するので、訴追の対象としないとするのであれば、公訴時効完成後に公訴が提起された場合の判決は、一事不再理効の発生しない免訴という形式裁判（337条4号）ではなく無罪とすべきとの批判がなされる。

ウ　正しい。

　Ⅱの見解に対しては、公訴時効は、犯人が国外にいる期間もその進行を停止するが（255条1項）、犯人が国外にいる期間も証拠の散逸の危険は生じるので、犯人が国外にいる場合に公訴時効がその進行を停止することを説明できないとの批判がなされる。

エ　誤り。

　法改正により、公訴時効の期間が延長されたが、新法に特別の規定が置かれていない場合に、既に行われた行為に新法を適用することができるか否かは、刑法6条の類推適用を認めるか否かの問題であって、公訴時効の制度趣旨についていかなる見解を採るかとは関係がない。

オ　正しい。

　Ⅲの見解は、一定期間訴追されていないという被告人の状態を法的保護に値するものとして尊重することを公訴時効制度の趣旨と解する。そして、この見解に対しては、問題文のような批判がなされている。

文献／試験対策講座314頁

CORE TRAINING

01 訴訟条件の意義と種類

□□□　裁判所は、在日外国大使館の公使が被告人として起訴された場合には、被告人に対して裁判権を有しないので、免訴の言渡しをしなければならない。 H21-38-ウ

➡ 在日大使館の公使は刑事裁判権が免除されるため（外交関係に関するウィーン条約31 I 柱書前段）、免訴でなく公訴棄却される（338①） **1** ❶　✕

□□□　裁判所は、親告罪について、告訴をすることができる者の告訴を欠いて起訴された場合には、公訴提起の手続がその規定に違反したため無効であるので、免訴の言渡しをしなければならない。 H21-38-オ改題

➡ 免訴ではなく公訴棄却される（338④） **1** ❹　✕

□□□　裁判所は、法人税法違反により起訴された法人が公判係属中に合併により解散した場合には、被告人たる法人が存続しなくなったときに該当するので、決定で公訴を棄却しなければならない。 H21-38-エ

➡ 339 I ④、最決昭40.5.25 **1** ＊　◯

02 訴訟条件の審査

□□□　裁判所は、窃盗罪により起訴された事件について、その土地管轄がないことが明らかとなった場合でも、同事件につき証拠調べを開始する前に被告人の申立てがなければ、判決で管轄違いの言渡しをすることはできない。 H21-38-ア

➡ 331 I 、II　◯

CORE PLUS

1 公訴棄却事由

公訴棄却の判決	❶ 被告人に対して裁判権を有しないとき（338①） H21-38-ウ
	❷ 340条の規定に違反して公訴が提起されたとき（338②）
	❸ 公訴の提起があった事件について、更に同一裁判所に公訴が提起されたとき（338③）
	❹ 公訴提起の手続がその規定に違反したため無効であるとき（338④） H21-38-オ改題
公訴棄却の決定	❺ 271条 2 項の規定により公訴の提起がその効力を失ったとき（339 I ①）
	❻ 起訴状に記載された事実が真実であっても、何らの罪となるべき事実を包含していないとき（339 I ②）
	❼ 公訴が取り消されたとき（339 I ③）
	❽ 被告人が死亡し、又は被告人たる法人が存続しなくなったとき（339 I ④）＊
	❾ 10条又は11条の規定により審判してはならないとき（339 I ⑤）

＊　判例は、法人税法違反により起訴された法人が公判係属中に合併により解散した場合には、「被告人たる法人が存続しなくなったとき」に該当するので、決定で公訴を棄却すべきとした（最決昭40.5.25）。 H21-38-エ

6章 訴訟条件

CORE TRAINING

03　公訴時効

□□□　時効は、犯罪行為が終わった時から進行するが、共犯の場合には、最終の行為が終わった時から、すべての共犯に対して時効の期間を起算する。 H21-30-2 、予R4-20-ア
➡ 253 I 、II
2 ❶
○

□□□　観念的競合の場合における公訴の時効期間算定については、二個以上の罪名を各別に論ずることなく、これを一体として観察し、その最も重い罪の刑につき定めた時効期間による。 H21-30-1
➡ 最判昭41.4.21
2 ❷
○

□□□　業務上過失致死罪の公訴時効は、被害者の受傷から死亡までの間に業務上過失傷害罪の公訴時効期間が経過したか否かにかかわらず、その死亡の時点から進行する。 H21-30-3
➡ 最決昭63.2.29
（熊本水俣病事件）
2 ❹
○

CORE PLUS

② 公訴時効の起算点

❶ 共犯の場合 (253Ⅱ)*	共犯者の最終行為の終わった時からすべての共犯者に対して時効期間を起算する（必要的共犯も含む）。ただし、時効期間そのものは共犯者ごとに個別に考える H21-30-2 、予R4-20-ア
❷ 科刑上一罪の場合	観念的競合については、すべての行為につき一体的に、ⅰ 期間については観念的競合となっている複数の犯罪の刑のうち最も重い刑を基準とし、かつ、ⅱ 起算点については、最終結果発生時から起算する（最判昭41. 4. 21）H21-30-1
	牽連犯については、ⅰ 目的行為が手段行為の時効期間満了前に実行された場合は、観念的競合と同様に最も重い刑を基準とし、かつ最終行為時から起算するのに対し、ⅱ 目的行為が手段行為の時効期間満了後に実行された場合は、例外的に個別に処理する（最判昭47. 5. 30）
❸ 包括一罪の場合	包括一罪を構成する最終の犯罪行為が終わった時を起算点とする（最判昭31. 8. 3 ）
❹ 結果的加重犯の場合	加重結果の発生時を基準とする（最決昭63. 2. 29百選43事件、熊本水俣病事件） H21-30-3 →もっとも、基本犯の結果発生後、かなりの期間をおいて加重結果が発生する場合には、被告人に酷となるため、基本犯の結果発生時を基準とすべきと考えられる
❺ 継続犯の場合	法益侵害状態の継続が終了した時点（最判昭28. 5. 14）

* なお、公訴時効期間は、犯人に対して科される刑を基準として判断されるため、業務上横領罪に非身分者が加功した場合における非身分者に対する公訴時効期間は、単純横領罪を基準とする（最判令4. 6. 9令和4年重判3事件）。

③ 人を死亡させた罪の公訴時効 (250Ⅰ)

条 文	罪の重さ	時効期間
❶ 柱書括弧書	死刑に当たる罪（殺人、強盗致死等）	公訴時効なし
❷ 1号	無期の懲役又は禁錮に当たる罪（不同意性交等致死等）	30年
❸ 2号	長期20年の懲役又は禁錮に当たる罪（傷害致死、危険運転致死等）	20年
❹ 3号	1号、2号以外の罪（過失運転致死〔自動車運転致死傷5〕、業務上過失致死等）	10年

※1 なお、令和5年法律第66号により、250条3項、4項が新設され、性犯罪の公訴時効が延長された。具体的には、不同意わいせつ等致傷罪、強盗・不同意性交等罪、常習強盗・不同意性交等罪は20年（同条3項1号）、不同意性交等罪（未遂も含む）、監護者性交等罪（未遂も含む）は15年（同項2号）、不同意わいせつ罪（未遂も含む）、監護者わいせつ罪（未遂も含む）等は12年（同項3号）に変更された。

※2 令和4年法律第67号により、「懲役若しくは禁錮に当たる罪」は「拘禁刑に当たる罪」と改正された。なお、2025（令和7）年6月1日に施行される。

CORE TRAINING

□□□　起訴状の謄本が公訴の提起があった日から２か月以内に被告人に送達されなかったため、公訴が棄却された場合、公訴の提起により進行を停止していた公訴時効は、公訴棄却の裁判が確定した時から再びその進行を始める。予R4-20-エ 、予R1-19-イ

➡最決昭55.5.12
4❶　○

□□□　犯人が国外にいる場合には、時効は、その国外にいる期間その進行を停止するが、捜査機関が犯罪の発生又は犯人を知らない場合には、犯人が国外にいることだけでは、時効は、その進行を停止しない。H21-30-5 、予R4-20-オ

➡最判昭37.9.18
4❷　✕

□□□　甲及び乙は、令和３年１月５日、Ｖ方に侵入してＶに暴行を加える旨の共謀を遂げ、同日夜、Ｖ方に侵入し、同月６日未明、帰宅したＶに対して暴行を加え、傷害を負わせた。検察官が甲及び乙を傷害の事実により起訴した場合、住居侵入罪の公訴時効は停止しない。予R4-20-イ

➡254Ⅰ、最判昭
56.7.14　4❸　✕

□□□　共犯の一人に対してした公訴の提起による時効の停止は、他の共犯に対してその効力を有し、この場合において、停止した時効は、当該事件についてした裁判が確定した時からその進行を始める。H26-28-エ 、H21-30-4 、予R4-20-ウ、予R1-19-ウ

➡254Ⅱ　○

CORE PLUS

4　公訴時効の停止に関する判例

判　例	内　容
❶ 最決昭55.5.12 予R4-20-エ、予R1-19-イ	起訴状謄本の不送達により公訴が棄却された場合、公訴の提起により進行を停止していた公訴時効は、公訴棄却の裁判が確定した時から再びその進行を始めるとした
❷ 最判昭37.9.18 H21-30-5、予R4-20-オ	255条１項前段につき、「捜査官において犯罪の発生またはその犯人を知ると否とを問わず、犯人の国外にいる期間、公訴時効の進行を停止する」とした
❸ 最判昭56.7.14 予R4-20-イ	公訴の提起による公訴時効の停止の効力は、訴因事実のみならず、「公訴事実を同一にする範囲」にまで及ぶとした

第**4**編

公　判

［第4編第7章第1節（公判の諸原則）には、登載基準を満たすフル問題がありません。］

| No. 038 | 保　釈　　　H25-29 | □ 月　日
□ 月　日
□ 月　日 |

保釈に関する次のアからオまでの各記述のうち、正しいものの組合せは、後記1から5までのうちどれか。

ア．裁判所は、犯罪の性質や情状によっては、保証金額を定めずに保釈を許可することができる。

イ．裁判員裁判対象事件は、刑事訴訟法第89条第1号の「死刑又は無期若しくは短期1年以上の懲役若しくは禁錮に当たる罪」に該当するから、保釈は認められない。

ウ．保釈が許可されても、保証金（又はこれに代えることを許された有価証券、保証書）が納付されなければ、被告人は釈放されない。

エ．裁判所は、保釈中に被告人が他の罪を犯した場合、保釈を取り消さなければならない。

オ．勾留されている被告人やその弁護人のみならず、被告人の配偶者や直系の親族も、保釈の請求をすることができる。

1．ア　イ　　2．ア　エ　　3．イ　ウ　　4．ウ　オ　　5．エ　オ

＊　令和4年法律第67号により、問題文における「懲役若しくは禁錮に当たる罪」は「拘禁刑に当たる罪」に改正された。なお、2025（令和7）年6月1日に施行される。

7章 公判手続

No.
038

正解　4

保釈に関する条文を確認しながら、保釈の要件・手続を整理しよう。

正答率
81.8%

ア　誤り。

裁判所は、保釈を許す場合には、**保証金額を定めなければならず（93条1項）**、犯罪の性質や情状によって、保証金額を定めずに保釈を許可することは許されない。これは、保釈が、保証金の没収という威嚇によって**被告人の逃亡を防止**し得るとの期待を前提に、**被告人の出頭を確保**するための制度であるからである。

イ　誤り。

裁判員裁判の対象となる事件は、**死刑又は無期の懲役若しくは禁錮に当たる罪に係る**事件、又は裁判所法26条2項2号に掲げる事件であって、**故意の犯罪行為により被害者を死亡させた罪**に係るものである（裁判員2条1項）。そして、裁判所法26条2項2号に掲げられている事件は、**死刑又は無期若しくは短期1年以上の懲役若しくは禁錮に当たる罪**を対象としている。そのため、**裁判員裁判対象事件**に該当すれば、刑事訴訟法89条1号の「死刑又は無期若しくは短期1年以上の懲役若しくは禁錮に当たる罪」に該当するため、**権利保釈は認められない**。もっとも、**同号に該当する場合**でも、裁判所は、保釈された場合に被告人が逃亡し又は罪証を隠滅するおそれの程度のほか、身体の拘束の継続により被告人が受ける健康上、経済上、社会生活上又は防御の準備上の不利益の程度その他の事情を考慮し、適当と認めるときは、**職権で保釈を許すことができる（裁量保釈、90条）**。したがって、**裁判員裁判対象事件でも、保釈が認められることはある。**

＊　令和4年法律第67号及び令和4年法律第68号により、「無期の懲役若しくは禁錮」は「無期拘禁刑」に、「懲役若しくは禁錮」は「拘禁刑」に改正された。なお、2025（令和7）年6月1日に施行される。

ウ　正しい。

アの解説で述べたように、保釈は、保証金の没収という威嚇の下に被告人の出頭を確保するための制度であるから、保釈を許す決定は、**保証金又はこれに代えることを許された有価証券、保証書の納付があった後**でなければ、**執行することができない（94条1項、3項）**。

エ　誤り。

保釈の取消事由については96条1項各号に定められているところ、「保釈中に被告人が他の罪を犯した場合」は、これらの取消事由に含まれていない。

オ　正しい。　　　　　　　　　　　　　　　　　　　　類 H26-38-ア 、予H29-20-ウ

保釈の請求をすることができる者は、勾留されている被告人又はその弁護人、法定代理人、保佐人、配偶者、直系の親族若しくは兄弟姉妹である（88条1項）。

文献　試験対策講座84、334、335頁

公判前整理手続

H25-37

　公判前整理手続に関する次のアからオまでの各記述のうち、正しいものの組合せは、後記1から5までのうちどれか。

□□□　ア．裁判所は、被告人に弁護人がなければ公判前整理手続を行うことができない。

□□□　イ．裁判所は、訴因の変更を許すことができない。

□□□　ウ．裁判所は、証拠調べをする決定をすることができる。

□□□　エ．検察官は、証明予定事実を記載した書面について、裁判所への提出を免除される場合がある。

□□□　オ．被告人又は弁護人は、取調べを請求した証拠について、検察官に対し、開示する必要がない。

1．ア　イ　　　2．ア　ウ　　　3．イ　エ　　　4．ウ　オ　　　5．エ　オ

No.
039　正解　2　公判前整理手続において、どのように争点や証拠の整理が図られているのか理解しよう。　正答率 96.1%

ア　正しい。

　公判前整理手続においては、被告人に**弁護人がなければ**その手続を行うことが**できない**（316条の4第1項）。これは、公判前整理手続において十分な争点整理等がなされるようにする趣旨である。

イ　誤り。

　裁判所は、**公判前整理手続**において、**訴因又は罰条の追加**、**撤回又は変更を許すことができる**（316条の5第2号）。これは、訴因又は罰条の追加、撤回又は変更の必要があるときに、これをしないまま手続を進めても十分な争点整理は望めないためである。

ウ　正しい。

　裁判所は、公判前整理手続において、**証拠調べをする決定又は証拠調べの請求を却下する決定**をすることができる（316の5第7号）。これは、審理予定を策定するためには公判前整理手続のなかでできる限り証拠調べ決定又は却下決定がされていることが望ましいためである。

＊　令和5年法律第28号により、316条の5第7号は、第8号に改正された。なお、2024（令和6）年2月15日に施行される。

エ　誤り。

　公判前整理手続において、検察官は、**証明予定事実を記載した書面を裁判所に提出しなければならない**（316条の13第1項前段）。そして、この提出義務を**免除**する**規定**は存在し**ない**。したがって、検察官が、証明予定事実を記載した書面について、裁判所への提出を免除される場合はない。

オ　誤り。

　公判前整理手続において、**被告人又は弁護人**は、取調べを請求した証拠を、速やかに、**検察官に開示**しなければならない（316条の18柱書）。これは、被告人側の主張立証内容を明らかにすることにより、検察官がそれを検討し、検察官側の対応を決められるようにして、争点整理、証拠整理が一層進展することを図ったものである。

文献　試験対策講座337〜340頁

公判前整理手続

H24-29

☐　月　　日
☐　月　　日
☐　月　　日

7章
公判手続

　　次の【事例】は、甲に対する強盗殺人被告事件の公判前整理手続におけるやり取りである。このやり取りに関する後記アからオまでの【記述】のうち、正しいものの組合せは、後記1から5までのうちどれか。

【事　例】

裁判長：それでは、甲に対する強盗殺人被告事件に関する第1回の公判前整理手続を開始します。本期日においては、被告人が公判前整理手続に出頭しています。被告人、名前と生年月日を言ってください。

被告人：甲です。昭和37年10月10日生まれです。

裁判長：<u>被告人は、終始沈黙し、又は個々の質問に対し陳述を拒むことができます①</u>。分かりましたか。

被告人：はい。分かりました。

裁判長：<u>検察官からは、裁判所に対し、あらかじめ証明予定事実記載書面が提出され②</u>、併せて、証拠等関係カード記載の証拠の取調べ請求がされています。検察官、証明予定事実と請求証拠については、これらの書面のとおりでよろしいですか。

検察官：はい。

裁判長：弁護人は、検察官からこれらの書面を受け取っていますか。

弁護人：はい。<u>あらかじめ送付を受けました③</u>。

裁判長：請求証拠について開示を受けましたか。

弁護人：はい。<u>証拠の開示を受けております④</u>。

裁判長：弁護人、刑事訴訟法第316条の15に規定する類型証拠の開示を受けていますか。

弁護人：幾つか証拠の開示を受けていますが、弁護人としては、一部の類型については更に<u>刑事訴訟法第316条の15に規定する類型証拠の開示を求めたいと考えています⑤</u>。

【記　述】

☐☐☐　ア．①については、裁判所は、刑事訴訟法上、被告人を出頭させて公判前整理手続をする場合に、被告人に対し告知しなければならない。

☐☐☐　イ．②については、検察官は、刑事訴訟法上、裁判所に対し、証明予定事実記載書面の提出をしなくてもよい。

☐☐☐　ウ．③については、検察官は、刑事訴訟法上、弁護人に対し、証明予定事実記載書面の送付をしなくてもよい。

☐☐☐　エ．④については、検察官は、刑事訴訟法上、弁護人に対し、取調べ請求に係る証拠書類や証拠物を閲覧し、かつ、謄写する機会を与えなければならない。

☐☐☐　オ．⑤については、弁護人は、刑事訴訟法第316条の15に規定する類型証拠の開示請求をするに当たり、具体的に主張を明示しなければならない。

1．ア　イ　　　2．ア　エ　　　3．イ　オ　　　4．ウ　エ　　　5．ウ　オ

No.
040 　正解 2　　　　　　条文を読んで、公判前整理手続の流れや内容に　　正答率
　　　　　　　　　　　　ついての知識をおさえよう。　　　　　　　　81.3%

ア　正しい。

　裁判長は、被告人を出頭させて公判前整理手続をする場合には、被告人が出頭する最初の公判前整理手続期日において、まず、被告人に対し、**終始沈黙し、又は個々の質問に対し陳述を拒むことができる旨を告知**しなければ**ならない**（316条の9第3項）。これは、被告人が公判前整理手続期日でした供述は、被告人にとって不利な証拠ともなり得ることから、権利の告知が必要とされると考えられたためである。

イ　誤り。

　検察官は、事件が**公判前整理手続**に付されたときは、その**証明予定事実**（公判期日において証拠により証明しようとする事実）**を記載した書面**（以下「証明予定事実記載書面」という）を裁判所に**提出**しなければならない（316条の13第1項前段）。これは、検察官の主張の全体像を明らかにすることによって、そのうちのどの部分に被告人側が争うべき点があるのかを明確にするための規定である。

ウ　誤り。

　検察官は、事件が**公判前整理手続**に付されたときは、**証明予定事実記載書面を被告人又は弁護人に送付**しなければ**ならない**（316条の13第1項前段）。

エ　正しい。

　検察官は、証明予定事実を**証明するために用いる証拠の取調べを請求**しなければならない（**316条の13第2項**）。また、同項の規定により取調べを請求した証拠（以下「検察官請求証拠」という）のうち、**証拠書類又は証拠物**については、**被告人に対してこれを閲覧する機会を与えるか、又は弁護人に対してこれを閲覧し、かつ、謄写する機会を与え**なければならない（**316条の14第1項1号**）。これは、証拠開示を法律上の制度として整備することで、第1回公判期日前における広範な証拠開示を実現し、被告人の防御及び審理の充実を図る趣旨である。

オ　誤り。

　弁護人が類型証拠の開示を請求するに当たっては、①**証拠の類型**及び開示の請求に係る**証拠を識別するに足りる事項**、及び②事案の内容、特定の検察官請求証拠に対応する証明予定事実、開示の請求に係る証拠と当該検察官請求証拠との関係その他の事情に照らし、当該開示の請求に係る証拠が当該検察官請求証拠の**証明力を判断**するために**重要**であることその他の被告人の防御の準備のために当該**開示が必要である理由**を明らかにすれば**足り**（316条の15第3項1号）、具体的に**主張を明示**することは**要しない**。これは、争点整理及び被告人の防御の準備が行われるようにするため、被告人側が検察官請求証拠の証明力を適切に判断することを可能にする趣旨である。

文献　試験対策講座337～340頁

No. 041	公判前整理手続

予H28-20

□ 月　日
□ 月　日
□ 月　日

公判前整理手続に関する次のアからオまでの各記述のうち、正しいものの組合せは、後記1から5までのうちどれか。

□□□　ア．裁判所は、裁判員裁判の対象事件ではない事件についても、必要があると認めるときは、公判前整理手続に付することができる。

□□□　イ．裁判所は、公判前整理手続において、弁護人から、被告人の自白調書につきその自白の任意性を争う旨の意見が述べられた場合には、公判前整理手続の終結までに当該自白調書の証拠能力を判断しなければならない。

□□□　ウ．検察官は、公判前整理手続における証拠開示に関する裁判所の決定に対して、不服申立てをすることができない。

□□□　エ．裁判所は、公判前整理手続に付された事件の公判において、検察官、被告人及び弁護人が公判前整理手続において取調べを請求しなかった証拠について、やむを得ない事由によって請求できなかった場合でなくても、必要と認めるときは、職権で証拠調べをすることができる。

□□□　オ．裁判所は、事件を公判前整理手続に付した場合、同手続を終結させて公判を開始した後には、期日間整理手続に付することができない。

1．ア　イ　　　2．ア　エ　　　3．イ　ウ　　　4．ウ　オ　　　5．エ　オ

7章 公判手続

No.
041

正解 2

解説中にある条文と共に、公判前整理手続に関
する基本的な知識をおさえよう。

正答率
76.3%

ア　正しい。

　裁判員裁判の対象事件については、**必ず公判前整理手続に付さなければならない**（裁判員49条）。また、**それ以外の事件**についても、裁判所は、充実した公判の審理を継続的、計画的かつ迅速に行うため**必要がある**と認めるときは、事件を公判前整理手続に付することが**できる**（刑訴316条の2第1項）。

イ　誤り。

　裁判所は、公判前整理手続において、**証拠調べをする決定又は証拠調べの請求を却下する決定**をすることができる（316条の5第7号）。そして、裁判所は、決定をするについて必要がある場合に、事実の取調べをすることができることから（43条3項）、公判前整理手続においても、証拠の採否の決定をするについて必要があれば、当該証拠の**証拠能力の有無を判断するための事実の取調べを行うことができる**。もっとも、**自白の任意性**については、通常、その信用性判断と密接に関係しており、本来公判で行われるべき事実認定と深く結び付くものであるから、**公判中心主義の観点**から、公判前整理手続においてその**有無を判断すべきではない**とされている。したがって、本記述の場合でも、裁判所は、公判前整理手続の終結までに任意性が争われている自白調書の証拠能力を判断する必要はない。

＊　令和5年法律第28号により、316条の5第7号は、第8号に改正された。なお、2024（令和6）年2月15日に施行される。

ウ　誤り。

　公判前整理手続における証拠開示に関する裁判所の決定（316条の25第1項、316条の26第1項）に対しては、即時抗告をすることができる（316条の25第3項、316条の26第3項）。これらの即時抗告の主体は被告人及び弁護人に限定されておらず、決定に不服のある検察官も、即時抗告をすることができる。

エ　正しい。

　公判前整理手続に付された事件については、検察官及び被告人又は弁護人は、**やむを得ない事由によって公判前整理手続において請求することができなかったものを除き、当該公判前整理手続が終わった後には、証拠調べを請求することができない**（316条の32第1項）。もっとも、316条の32第1項の規定は、裁判所が、必要と認めるときに、**職権で証拠調べをすることを妨げるものではない**（同条2項）。

オ　誤り。

　裁判所は、審理の経過に鑑み必要と認めるときは、検察官及び被告人又は弁護人の意見を聴いて、第1回公判期日後に、決定で、事件を期日間整理手続に付することができる（316条の28第1項）。そして、事件を期日間整理手続に付するに当たり、当該事件が事前に公判前整理手続に付されていたか否かは問われない。

文献　試験対策講座86、338、341〜343頁

公判前整理手続

No. 042

予H27-22 改題

☐　月　　日
☐　月　　日
☐　月　　日

公判前整理手続に関する次のアからオまでの各記述のうち、正しいものの組合せは、後記1から5までのうちどれか。

☐☐☐　ア．被告人は、公判前整理手続期日への出頭が義務付けられている。

☐☐☐　イ．検察官は、証明予定事実を記載した書面を提出した後、その内容を追加・変更することはできない。

☐☐☐　ウ．弁護人は、検察官請求証拠の開示を受けた後、検察官に対し、検察官が保管する証拠の一覧表の交付を請求することができる。

☐☐☐　エ．公判前整理手続に付された事件については、裁判所は、公判期日において、公判前整理手続の結果を明らかにしなければならない。

☐☐☐　オ．脅迫被告事件について、公判前整理手続に付された場合、その公判審理に当たり、弁護人なくして開廷しても適法である。

1．ア　イ　　　2．ア　ウ　　　3．イ　オ　　　4．ウ　エ　　　5．エ　オ

7章

公判手続

| No.
042 | 正解　4 | 公判前整理手続は手続が多いので、流れをしっ
かり理解しておこう。 | 正答率
68.5% |

ア　誤り。

　被告人は、公判前整理手続期日に出頭する**権利を有するが**（**316条の9第1項**）、同期日への出頭が**義務付けられているわけではない**。316条の9第1項の趣旨は、当事者として被告人が手続に重大な利害を有していることから、被告人に、公判前整理手続期日に出頭する権利を与える点にあり、出頭を強制するものではないからである。

イ　誤り。

　検察官は、証明予定事実を記載した書面を提出した後においても、**必要がある**と認めるときは、その内容を**追加・変更**することが**できる**（316条の21第1項参照）。これは、被告人側の主張立証を受けて、検察官側が新たな主張や証拠調べ請求を行ったり、従来の主張を修正したりするなどの必要性が生じる場合があるためである。

ウ　正しい。

　検察官は、検察官請求証拠の開示をした後、**被告人又は弁護人から請求**があったときは、速やかに、被告人又は弁護人に対し、**検察官が保管**する証拠の一覧表の交付を**しなければならない**（316条の14第2項）。したがって、弁護人は、検察官請求証拠の開示を受けた後、検察官に対し、証拠一覧表の交付を請求することができる。

エ　正しい。

　公判前整理手続に付された事件については、裁判所は、裁判所規則の定めるところにより、**被告人・弁護人の冒頭陳述**（316条の30）が終わった**後**、公判期日において、当該**公判前整理手続の結果を明らかにしなければならない**（316条の31第1項、刑訴規217条の31）。これは、公判中心主義や裁判公開の原則の趣旨を踏まえて、公判前整理手続の結果を公判で明らかにさせる趣旨である。

オ　誤り。

　脅迫被告事件は、必要的弁護事件には当たらない（刑訴289条1項、刑222条）。もっとも、**公判前整理手続に付された事件**を審理する場合には、当該事件が必要的弁護事件に該当しないときであっても、**弁護人がなければ開廷することができない**（刑訴316条の29）。これは、争点及び証拠の整理の充実を図って公判前整理手続が必要的弁護制度に組み込まれたことから（316条の4）、その延長である公判手続も必要的弁護とする趣旨である。

文献　試験対策講座339〜341頁

No. 043	公判前整理手続	☐ 月 日
	予R4-21	☐ 月 日
		☐ 月 日

　公判前整理手続に関する次のアからオまでの各記述のうち、誤っているものの組合せは、後記１から５までのうちどれか。

ア．検察官、被告人又は弁護人が事件を公判前整理手続に付することを求めたが、裁判所がその請求を却下する決定をした場合には、その検察官、被告人又は弁護人は、その却下決定に対して即時抗告をすることができる。

イ．被告人は、公判前整理手続期日に出頭する義務はなく、裁判所が被告人に対し、公判前整理手続期日に出頭することを求めることもできない。

ウ．裁判所は、裁判員裁判の対象事件については、第１回の公判期日前に、これを公判前整理手続に付さなければならない。

エ．公判前整理手続において、被告人又は弁護人は、証明予定事実その他の公判期日においてすることを予定している事実上及び法律上の主張があるときは、裁判所及び検察官に対し、これを明らかにしなければならない。

オ．公判前整理手続に付された事件については、検察官及び被告人又は弁護人は、やむを得ない事由によって公判前整理手続において請求することができなかったものを除き、当該公判前整理手続が終わった後には、証拠調べを請求することができない。

1．ア　イ　　2．ア　オ　　3．イ　エ　　4．ウ　エ　　5．ウ　オ

7章

公判手続

| No.043 | 正解 1 | 公判前整理手続について、重要な条文を中心に学習しよう。 | 正答率 65.4% |

ア　誤り。

　即時抗告は、**特にすることができる旨の規定がある場合**にすることが**できる**（419条）。即時抗告ができると法定されている場合として、349条の2第5項、450条等の場合がある。しかし、**公判前整理手続**については即時抗告ができる旨の**規定がない**。

イ　誤り。

　316の9第1項は、「**被告人は、公判前整理手続期日に出頭することができる**」と定めているから、公判前整理手続期日への出頭は被告人の義務ではなく**権利**である。もっとも、**裁判所は、必要と認めるときは、被告人に対し**、公判前整理手続期日に**出頭することを求めることができる**（316の9第2項）。

ウ　正しい。

　裁判所は、**裁判員裁判の対象事件**については、第一回の公判期日前に、これを公判前整理手続に**付さなければならない**（裁判員49条）。

エ　正しい。

　被告人又は弁護人は、検察官から証明予定事実が記載された書面の送付を受け（刑訴316の13第1項前段）、かつ、開示をすべき証拠の開示を受けた場合において（316条の14第1項、316の15第1項、316条の15第2項）、その**証明予定事実その他の公判期日においてすることを予定している事実上及び法律上の主張**があるときは、裁判所及び検察官に対し、これを**明らかにしなければならない**（316条の17第1項）。

オ　正しい。

　公判前整理手続に付された事件については、検察官及び被告人又は弁護人は、298条1項の規定にかかわらず、**やむを得ない事由**によって公判前整理手続において請求することができなかったものを**除き**、当該**公判前整理手続が終わった後**には、**証拠調べを請求することができない**（316条の32第1項）。

文献 試験対策講座337～343頁

CORE TRAINING

01　被告人等の出頭の確保

☐☐☐　裁判所は、第一審の公判審理中に保釈の請求があったときは、刑事訴訟法第89条各号所定の事由がある場合を除いて、保釈を許さなければならない。 H26-38-ウ

➡ 権利保釈（89）　○
1 ❶ i

☐☐☐　勾留中の被告人について保釈の請求があった場合、その許否を決するに当たっては、勾留状に記載された事実以外の犯罪事実を考慮してはならず、被告人の前科を考慮することは許されない。 H22-38-ウ

➡ 最決昭44.7.14　✕
（百選A28事件）
1 ❷ ii

☐☐☐　裁判所は、精神鑑定のため鑑定留置中の被告人についても、適当と認めるときは職権で保釈を許すことができる。 H25-26-4

➡ 鑑定留置に保釈　✕
の規定は準用され
ない（167V ただ
し書）

7章
公判手続

CORE PLUS

1 保釈の種類

	i 認められる場合	ii 備　考
❶ 権利保釈（89）	保釈請求がされ、89条各号の除外事由に該当しない場合 H26-38-ウ	―
❷ 裁量保釈（90）	逃亡・罪証隠滅のおそれの程度、身体の拘束の継続により被告人が受ける健康上、経済上、社会生活上又は防御の準備上の不利益の程度、その他の事情を考慮し、適当と認めるとき	保釈の許否を決するに当たり、勾留に係る事実を考察するための一資料として、前科等ほかの犯罪事実を考慮することも許される（最決昭44.7.14百選A28事件） H22-38-ウ
❸ 義務的保釈（91）	勾留による拘禁が不当に長くなったとき	請求又は職権でなされる

CORE TRAINING

□□□　被疑者の国選弁護人は、公訴の提起後に改めて第一審の弁護人として選任されない限り、保釈の請求をすることができない。 H26-38-イ

➡ 公訴提起前の弁護人選任は第一審でも効力を有する（32 I ）2❶　✕

□□□　意見を述べる機会を検察官に与えないまま勾留中の被告人について保釈を許可することは法律上許される。 予H27-25-オ

➡ 92 I　2❸　✕

□□□　逃亡のおそれがある勾留中の被告人について、保釈を許可することは法律上許される。 予H27-25-ウ

➡ 逃亡のおそれは権利保釈の除外事由ではない（89参照）2❹　◯

□□□　裁判所は、被告人に対して窃盗罪により懲役に処する実刑判決の宣告があった後、保釈の請求があったときは、被告人が罪証を隠滅すると疑うに足りる相当な理由がない以上、保釈を許さなければならない。 H22-27-エ

➡ 344、89　2❺　✕

□□□　裁判所は、保釈を許す場合において、被告人に対し被害者との接触を禁止する旨の条件を付することができない。 H22-27-オ

➡ 93Ⅲ　2❻　✕

□□□　裁判所は、検察官の請求がなくても、被告人が逃亡し又は逃亡すると疑うに足りる相当な理由があるときには、保釈を取り消すことができる。 H22-27-イ 、予H29-20-イ

➡ 96 I ②　2❼　◯

CORE PLUS

② 保釈

❶ 請求権者		被告人、その弁護人　H26-38-イ・法定代理人・保佐人・配偶者・直系親族・兄弟姉妹（88 I）
❷ 保釈の可否	ⅰ 被疑者勾留	不可（207 I ただし書）
	ⅱ 被告人勾留	可
❸ 検察官の意見を述べる機会　予H27-25-オ		必要（92 I）。 なお、第 1 回公判期日前については280条 1 項、92条 1 項
❹ 権利保釈の除外事由 予H27-25-ウ		ⅰ 被告人が死刑又は無期若しくは短期 1 年以上の懲役若しくは禁錮に当たる罪を犯したものであるとき（89①*¹） ⅱ 被告人が前に死刑又は無期若しくは長期10年を超える懲役若しくは禁錮に当たる罪につき有罪の宣告を受けたことがあるとき（89②*） ⅲ 被告人が常習として長期 3 年以上の懲役又は禁錮に当たる罪を犯したものであるとき（89③*¹） ⅳ 被告人が罪証を隠滅すると疑うに足りる相当な理由があるとき（89④） ⅴ 被告人が、被害者その他事件の審判に必要な知識を有すると認められる者若しくはその親族の身体若しくは財産に害を加え又はこれらの者を畏怖させる行為をすると疑うに足りる相当な理由があるとき（89⑤） ⅵ 被告人の氏名又は住居が分からないとき（89⑥）
❺ 実刑判決後の保釈		禁錮以上の刑に処する判決の宣告があった後は、権利保釈は認められない（344、89*¹）　H22-27-エ
❻ 条件		住居の制限等適当な条件を付することができる（93Ⅲ）　H22-27-オ
❼ 取消し*²		裁判所は、被告人が召喚を受け正当な理由なく出頭しないとき（96 I ①）や、被告人が逃亡し又は逃亡すると疑うに足りる相当な理由があるとき（96 I ②）などに、検察官の請求により又は職権で保釈を取り消すことができる（96 I 柱書）　H22-27-イ、予H29-20-イ

7章 公判手続

*1　令和 4 年法律第67号により、89条中の「懲役若しくは禁錮に当たる罪」は「拘禁刑に当たる罪」に、344条中の「禁錮」は「拘禁刑」に改正された。なお、2025（令和 7）年 6 月 1 日に施行される。
*2　令和 5 年法律第28号により、保釈の取消事由が追加された（96条 1 項 5 号、 4 項）。また、保証金が没収される事由も追加された（同条 3 項、 5 項から 7 項まで）。ただ、96条中の「拘禁刑」とあるのは、刑法等の一部を改正する法律（令和 4 年法律第67号）が施行される2025（令和 7）年 6 月 1 日までは「禁錮」、「懲役又は禁錮」と読み替えられる。

CORE TRAINING

02　公判前整理手続及び証拠開示の拡充

□□□　弁護人は、検察官に対し刑事訴訟法第316条の15に基づき供述録取書の開示を請求をするに際して、裁判所及び検察官に対し、あらかじめ証明予定事実その他公判期日においてすることを予定している事実上及び法律上の主張を明らかにする必要はない。 H26-31-イ

➡ 被告人側の証明予定事実等の主張は、類型証拠開示後になされる（316の17Ⅰ）**3**　〇

□□□　弁護人は、公判前整理手続において、検察官による実況見分調書の証拠調べ請求に対し不同意意見を述べた。弁護人は、裁判長から、不同意意見の理由として実況見分調書が真正に作成されたものであることを争う趣旨であるかについて釈明を求められた場合には、釈明する義務を負う。 予H27-20-ア

➡ 弁護人は「意見」（316の16Ⅰ）として、証拠の証拠能力に関して異議がないかを述べなければならない　〇

□□□　裁判所は、裁判員裁判対象事件につき、公判前整理手続において被告人の精神状態の鑑定を行うことを決定した場合、当該鑑定の結果の報告がなされるまでに相当の期間を要すると認めるときは、公判前整理手続において鑑定の手続（鑑定の経過及び結果の報告を除く。）を行う旨の決定をすることができる。 H25-26-3

➡ 裁判員50Ⅰ　〇

CORE PLUS

③ 公判前整理手続の流れ

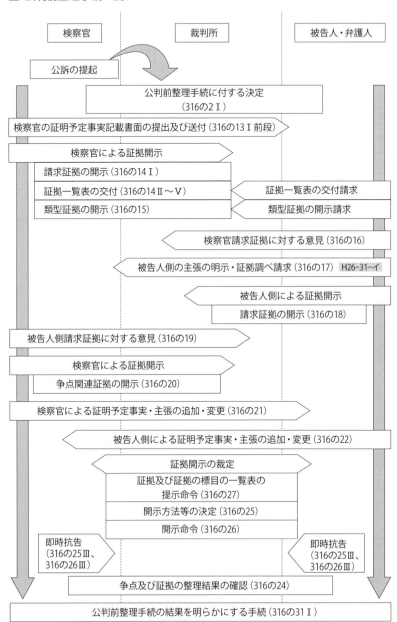

7章

公判手続

MEMO

犯罪被害者

予H27-24

□　月　　日
□　月　　日
□　月　　日

　　次のアからオまでの各記述のうち、犯罪の被害者であるＶを証人として尋問する場合とＶに被害に関する心情等の意見を陳述させる場合の双方に当てはまるものの組合せは、後記１から５までのうちどれか。

□□□　ア．Ｖには、法律に特別の定めのある場合を除いて、宣誓をさせなければならない。

□□□　イ．一定の場合、被告人とＶとの間で相互に相手の状態を認識できないようにするための措置を採ることができる。

□□□　ウ．尋問又は陳述が認められる被告事件には、罪名による制限がない。

□□□　エ．審理の状況その他の事情を考慮して、Ｖに法廷で供述又は陳述させるのが相当でないと認めるときは、その供述又は意見が記載された書面を提出させることができる。

□□□　オ．Ｖの供述又は陳述を犯罪事実の認定に用いることができる。

　１．ア　イ　　２．ア　エ　　３．イ　ウ　　４．ウ　オ　　５．エ　オ

7章

公判手続

| No. 044 | 正解 3 | 犯罪被害者に関する条文を横断的に確認しておこう。 | 正答率 73.5% |

ア　証人として尋問する場合にのみ当てはまるものである。

　証人には、法律に特別の定めのある場合を除いて、宣誓をさせなければならない（154条）。これに対し、被害者に被害に関する心情等の意見を陳述させる場合について、被害者に宣誓を義務付ける規定はない。

イ　双方に当てはまるものである。

　裁判所は、**証人を尋問する場合**において、犯罪の性質、証人の年齢、心身の状態、被告人との関係その他の事情により、証人が被告人の面前において供述するときは圧迫を受け精神の平穏を著しく害されるおそれがあると認める場合であって、**相当と認めるとき**は、被告人と証人との間で相互に**相手の状態を認識できない**ようにするための**措置を採ることができる**（157条の5第1項）。また、**被害者に被害に関する心情等の意見を陳述させる場合**においても、157条の5が準用されるため（292条の2第6項）、**同様の措置を採ることができる**。

ウ　双方に当てはまるものである。

　証人尋問が認められる被告事件については、罪名による制限がない（143条、298条参照）。また、被害に関する心情等の意見の陳述が認められる被告事件についても、罪名による制限はない（292条の2第1項参照）。

　なお、被害者参加（316条の33第1項）が認められる被告事件については、罪名による制限がある（同項各号）。

エ　被害に関する心情等の意見を陳述させる場合にのみ当てはまるものである。

　被害者を証人として尋問する場合について、法廷での供述に代えて、その供述を記載した書面の提出を認める規定はない。これに対し、被害者に被害に関する心情等の意見を陳述させる場合、裁判所は、審理の状況その他の事情を考慮して、被害者に法廷で陳述させるのが相当でないと認めるときは、その意見が記載された書面を提出させることができる（292条の2第7項）。

オ　証人として尋問する場合にのみ当てはまるものである。

　証人尋問は証拠調べ手続であるから、証人尋問においてなされた証人の供述は、当然に犯罪事実の認定に用いることができる。これに対し、被害者による被害に関する心情等の意見の陳述は、証拠調べではないため、その陳述を犯罪事実の認定に用いることはできない（292条の2第9項）。

文献 試験対策講座350、379頁

CORE TRAINING

01 公判手続の進行

□□□ 目撃者Wの証人尋問が実施された後、検察官は、刑事訴訟法第321条第1項第2号後段に基づき、供述録取書の取調べを請求したところ、裁判所は、弁護人Aの意見を聴いた上で、供述録取書の取調べを決定した。弁護人Aは、この決定については、これに先立ち裁判所から意見を聴かれているものの異議を申し立てることができる。H26-31-エ　　　　　　　　　　　　**➡ 1 ***　　○

□□□ 裁判所は、証人Wが病気で入院していたため、検察官及び弁護人の意見を聴いて、Wの入院先の病院においてWの証人尋問を実施することを決定した。弁護人は、裁判所がWの証人尋問の実施場所を病院と定めたことについて、相当でないことを理由として適法に異議を申し立てることはできない。予H29-22-ア　　　**➡ 刑訴規205Iただし書、刑訴309I、158I　1 ❶ⅱ b**　　○

CORE PLUS

1 異議申立て

異議の対象		ⅰ 法令違反を理由	ⅱ 不相当であることを理由
❶ 証拠調べに関する行為（309I）	a 決定以外	異議申立てできる（刑訴規205I本文）	異議申立てできる（刑訴規205I本文）
	b 決定	異議申立てできる（刑訴規205I本文）*	異議申立てできない（刑訴規205Iただし書）予H29-22-ア
❷ 裁判長の処分（証拠調べに関するものを除く、309Ⅱ）		異議申立てできる（刑訴規205Ⅱ）	異議申立てできない（刑訴規205Ⅱ）

* 裁判所が当事者の請求（298I）に基づき証拠決定するに当たり、相手方又はその弁護人の意見聴取が義務付けられているが（刑訴規190Ⅱ）、これは取調べについての賛否の意見を聴いて決定の参考とするにすぎず、証拠決定に対する異議申立てを妨げるものではない。H26-31-エ

7章 公判手続

C O R E　T R A I N I N G

□□□　第一審公判手続は、冒頭手続、証拠調べ、訴訟関係人の意見陳述の順で行われる。予H25-21改題　　➡ ② 　○

□□□　冒頭手続で行われるものは、人定質問、起訴状朗読、及び、黙秘権等の告知のみである。予H25-21-ウ・エ・オ改題　　➡ 刑訴規196、刑訴291Ⅰ、Ⅳ ②❶ 　×

＊　令和5年法律第28号により、黙秘権の告知の規定は291条5項に改正された。なお、2024（令和6）年2月15日に施行される。

□□□　検察官は証拠調べの初めに、証拠により証明すべき事実を明らかにしなければならない。予H25-21-イ改題　　➡ 296本文 ②❷ i 　○

□□□　法廷での朗読又は要旨の告知によって行われる証拠書類の取調べの実施は、裁判所による証拠調べの決定を経て行われなければならない。H22-31改題①　　➡ 刑訴規190参照、刑訴305Ⅰ本文、刑訴規203の2 ②❷ⅱc、e 　○

□□□　裁判所は、証人が被告人の面前においては圧迫を受け充分な供述をすることができないと認めるときは、弁護人が出頭している場合に限り、検察官及び弁護人の意見を聴き、その証人の供述中被告人を退廷させることができる。予H30-24-オ　　➡ 刑訴304の2前段 　○

□□□　証拠調べを終わった証拠書類又は証拠物は、遅滞なくこれを裁判所に提出しなければならない。H22-31改題②　　➡ 310本文 ②❷ⅱg 　○

□□□　被告人の自白調書の取調べ請求と補強証拠の取調べ請求が同時になされた場合、刑事訴訟法第301条に違反する。H22-31改題③　　➡ 最決昭26.5.31 ②＊1 　×

□□□　被告人及び弁護人は、意見を陳述することができ、最終に意見陳述をする機会が保障されている。予H25-21-ア改題　　➡ 293Ⅱ、刑訴規211 ②❸ⅲ、ⅳ 　○

CORE PLUS

② 公判手続の流れ 予H25-21改題

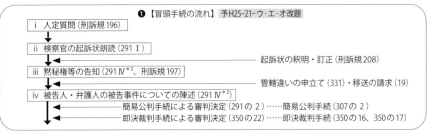

❶【冒頭手続の流れ】 予H25-21-ウ・エ・オ改題

i 人定質問（刑訴規196）

ii 検察官の起訴状朗読（291Ⅰ）
　　　　　　　　　　　　　　起訴状の釈明・訂正（刑訴規208）

iii 黙秘権等の告知（291Ⅳ*²、刑訴規197）
　　　　　　　　　　　　　　管轄違いの申立て（331）・移送の請求（19）

iv 被告人・弁護人の被告事件についての陳述（291Ⅳ*²）
　　　　　　　簡易公判手続による審判決定（291の2）……簡易公判手続（307の2）
　　　　　　　即決裁判手続による審判決定（350の22）……即決裁判手続（350の16、350の17）

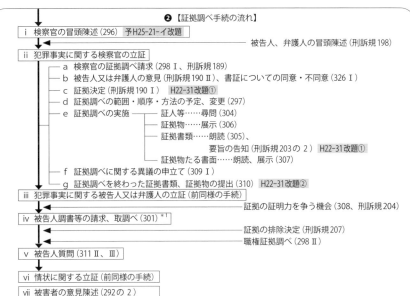

❷【証拠調べ手続の流れ】

i 検察官の冒頭陳述（296） 予H25-21-イ改題
　　　　　　　　　　　　　　被告人、弁護人の冒頭陳述（刑訴規198）

ii 犯罪事実に関する検察官の立証
　　　a 検察官の証拠調べ請求（298Ⅰ、刑訴規189）
　　　b 被告人又は弁護人の意見（刑訴規190Ⅱ）、書証についての同意・不同意（326Ⅰ）
　　　c 証拠決定（刑訴規190Ⅰ） H22-31改題①
　　　d 証拠調べの範囲・順序・方法の予定、変更（297）
　　　e 証拠調べの実施　　証人等……尋問（304）
　　　　　　　　　　　　　証拠物……展示（306）
　　　　　　　　　　　　　証拠書類……朗読（305）、
　　　　　　　　　　　　　　　　　　要旨の告知（刑訴規203の2） H22-31改題①
　　　　　　　　　　　　　証拠物たる書面……朗読、展示（307）
　　　f 証拠調べに関する異議の申立て（309Ⅰ）
　　　g 証拠調べを終わった証拠書類、証拠物の提出（310） H22-31改題②

iii 犯罪事実に関する被告人又は弁護人の立証（前同様の手続）
　　　　　　　　　　　　　　証拠の証明力を争う機会（308、刑訴規204）

iv 被告人調書等の請求、取調べ（301）*¹
　　　　　　　　　　　　　　証拠の排除決定（刑訴規207）
　　　　　　　　　　　　　　職権証拠調べ（298Ⅱ）

v 被告人質問（311Ⅱ、Ⅲ）

vi 情状に関する立証（前同様の手続）

vii 被害者の意見陳述（292の2）

❸【弁論手続の流れ】

i 検察官の論告（求刑）（293Ⅰ）

ii 被害者参加人等の意見陳述（316の38）

iii 弁護人の弁論（293Ⅱ、刑訴規211） 予H25-21-ア改題

iv 被告人の最終陳述（293Ⅱ、刑訴規211） 予H25-21-ア改題

```
　　判　　決
```

＊1　判例は、自白調書の取調べ請求と補強証拠の取調べ請求が同時になされたとしても、補強証拠の取調べが先に
　　行われたのであれば301条に反しないとして、301条を自白調書の取調べの請求時期ではなく、実際の取調べの時期
　　を制限する規定と解している（最決昭26.5.31）。 H22-31改題③
＊2　令和5年法律第28号により、黙秘権の告知の規定は291条5項に改正され、2024（令和6）年2月15日施行。

7章

公判手続

CORE TRAINING

02　公判手続の態様

□□□　検察官は、公訴を提起しようとする強盗事件について、事案が明白であること、証拠調べが速やかに終わると見込まれることその他の事情を考慮し、相当と認めるときは、公訴の提起と同時に、書面により即決裁判手続の申立てをすることができる。 H23-27-ア

➡ 350の16 I ただし書　③ ＊1　✕

□□□　検察官は、即決裁判手続によることについての被疑者の同意がなくても、即決裁判手続の申立てをすることができる。 H23-27-イ

➡ 350の16 II　③ ❷a　✕

□□□　即決裁判手続による公判期日については、被告人に弁護人がないときは、これを開くことができない。 H23-27-ウ

➡ 350の23　③ ❸a　〇

□□□　裁判所が即決裁判手続において懲役又は禁錮の言渡しをする場合には、その刑の執行猶予の言渡しをしなければならない。 H23-27-エ

➡ 350の29　③ ❼a　〇

＊　令和4年法律第67号により、「懲役若しくは禁錮」は「拘禁刑」に改正された。なお、2025（令和7）年6月1日に施行される。

□□□　即決裁判手続においてされた判決に対しては、控訴の申立てをすることができない。 H23-27-オ

➡ ③ ＊3　✕

CORE PLUS

③ 即決裁判手続と通常手続の比較

	a　即決裁判手続	b　通常手続
❶ 対象となる事案	○明白かつ軽微*1 ○証拠調べが速やかに終わると見込まれる（350の16 I）	特に制限なし （247参照）
❷ 被疑者の同意	必要（書面による同意） （350の16 II、III）　H23-27-イ	不要
❸ 弁護人の要否	必要（350の23）　H23-27-ウ	死刑又は無期若しくは長期3年を超える懲役若しくは禁錮に当たる事件については、必要（289 I*2）
❹ 証拠開示	299条1項によって認められる場合にはできる限り速やかに機会を与えなければならない（350の19）	299 I
❺ 伝聞証拠	適用なし（350の27本文が320 Iを排除している）。 ただし、検察官・被告人・弁護人が異議を述べた場合はこの限りでない（350の27ただし書）	原則証拠とすることはできない（320 I）
❻ 判　決	できる限り即日判決（350の28）	特に定めはない
❼ 執行猶予	懲役又は禁錮の言渡しをする場合には、執行猶予の言渡しをしなければならない（350の29*2）　H23-27-エ	場合によって可能 （刑25）
❽ 上　訴	事実誤認を理由とする上訴はできない （403の2、413の2）*3	事実誤認を理由としても可（382、411③）

＊1　検察官は、死刑又は無期若しくは短期1年以上の懲役若しくは禁錮に当たる事件については、即決裁判手続の申立てをすることはできない（350の16 Iただし書*2）。　H23-27-ア

＊2　令和4年法律第67号により、289条1項中の「懲役若しくは禁錮」は「拘禁刑」に、350条の16第1項ただし書中の「懲役若しくは禁錮」は「拘禁刑」に、350条の29中の「懲役又は禁錮」は「拘禁刑」に改正された。なお、2025（令和7）年6月1日に施行される。

＊3　即決裁判手続では、事実誤認があること（382）を理由とする控訴は制限されているが（403の2 I）、控訴一般が制限されているわけではない。　H23-27-オ

CORE TRAINING

□□□　被告人甲及び乙に対して別個に公訴提起がなされた後の弁論の併合・分離について、弁論併合後に、検察官が証拠調べ請求し、裁判所に採用されて取り調べられた証拠であっても、甲又は乙の一方に対する関係でのみ証拠となる場合がある。　H18-31-イ
⇨ ④❸ⅱa　　〇

□□□　被告人甲及び乙に対して別個に公訴提起がなされた後の弁論の併合・分離について、弁論併合後に、検察官が甲及び乙以外の者の検察官面前調書を証拠調べ請求し、甲の弁護人が同意、乙の弁護人が不同意の意見を述べた場合は、弁論を分離しない限り、裁判所は、甲に対する関係でもこの検察官面前調書を証拠として採用し取調べをすることはできない。　H18-31-ウ
⇨ ④❸ⅱb　　✕

□□□　被告人甲及び乙に対して別個に公訴提起がなされた後の弁論の併合・分離について、弁論併合前に、甲に対する関係で取調べ済みの証拠は、弁論併合により、その効果として、乙に対する関係でも証拠となる。　H18-31-ア
⇨ 最判昭45.11.5
④❸ⅲ　　✕

CORE PLUS

④ 弁論の分離・併合

　裁判所は、適当と認めるときは、検察官、被告人若しくは弁護人の請求により又は職権で、弁論を分離・併合することができる（313Ⅰ）。

❶ 原　則	公判手続は、1人の被告人に対して1つの手続、1個の公訴事実に対して1つの手続
❷ 例　外	ⅰ　1人の被告人に対して複数の公訴事実があるときに、同時に手続を進めることで被告人に訴訟手続上又は科刑上有利となる場合 ⅱ　被告人を異にする数個の事件が公訴事実を共通にする場合 　→公判手続の分離・併合が認められる 　∵事実認定の合一確定、証拠調べを共通にすることでの訴訟経済
❸ 併合審理における、各被告人に対する訴訟法律関係	ⅰ　数人の被告人について弁論が併合されると、各被告人は共同被告人と呼ばれる ⅱ　併合審理されていても、各被告人に対する訴訟法律関係は被告人ごとに別個 　→a　検察官は、各被告人に共通の証拠の取調べを請求することも、被告人ごとに異なる証拠を請求することもできる。後者の場合、証拠調べの効果は他の共同被告人には及ばない　H18-31-イ 　　b　検察官がした伝聞証拠たる書証の証拠請求について、被告人甲は同意し、被告人乙は不同意とした場合、裁判所は、甲に対する関係では同意書面（326Ⅰ）として扱うことが可能　H18-31-ウ ⅲ　判例は、併合前に、ある被告人のために取り調べた証拠は、併合により当然に他の共同被告人との関係で証拠となるわけではないとしている（最判昭45.11.5）　H18-31-ア

No.
045

直接証拠・間接証拠

予H28-24

□	月	日
□	月	日
□	月	日

　次の【事例】に関し、捜査機関が収集した後記アからオまでの【証拠】について、「直接証拠とは、犯罪事実を直接に証明する証拠をいう。」とする見解を前提とした場合、直接証拠に該当するものには1を、直接証拠に該当しないものには2を選びなさい。

【事　例】
　　甲は、平成28年2月1日午後7時頃、Hマンション401号室のV方において、Vを包丁で刺殺した。

【証　拠】

□□□　ア．「平成28年2月1日午後6時58分頃、包丁を持った甲がHマンション1
　　　　　階でエレベーターに乗り、4階で降りた後、401号室方向に向かう状況」
　　　　　を撮影した防犯カメラ映像

□□□　イ．V方居室内で、隠れて犯行を見ていたA（Vの交際相手）の「甲は、V
　　　　　を包丁で刺して殺しました。」との供述を録取した検察官調書

□□□　ウ．V方の隣室である402号室に住むBの「平成28年2月1日午後7時頃、
　　　　　401号室から、Vの声で、『おい、甲、包丁で何するんだ。やめろ。』とい
　　　　　う声を聞いた。」との供述を録取した検察官調書

□□□　エ．V方に遺留されていた、Vの血液及び甲の指紋が付着した包丁

□□□　オ．甲及びVの共通の知人であるCの「甲は、Vのことを恨んでいた。甲が
　　　　　Vを殺したことに間違いないと思う。」との供述を録取した検察官調書

8章
証拠

No.
045

正解
ア2、イ1、ウ2、エ2、オ2

直接証拠や間接証拠については、定義を記憶する
だけでなく具体例を用いて理解するようにしよう。

正答率
67.2%

本問の見解によれば、**直接証拠**とは、**犯罪事実を直接に証明する証拠**をいい、**間接証拠**とは、**犯罪事実を推認させる事実（間接事実）を証明する証拠**をいう。

ア　該当しない。

「平成28年2月1日午後6時58分頃、包丁を持った甲がHマンション1階でエレベーターに乗り、4階で降りた後、401号室方向に向かう状況」を撮影した防犯カメラ映像は、甲が【事例】における犯行時刻の直前に犯行現場付近におり、犯行が可能であったという**間接事実を証明**するものであるから、直接証拠には該当しない。

イ　該当する。

V方居室内で、隠れて犯行を見ていたA（Vの交際相手）の「甲は、Vを包丁で刺して殺しました。」との供述を録取した検察官調書は、【事例】における甲の犯罪事実を**直接に証明**するものであるから、直接証拠に該当する。

ウ　該当しない。

V方の隣室である402号室に住むBの「平成28年2月1日午後7時頃、401号室から、Vの声で、『おい、甲、包丁で何するんだ。やめろ。』という声を聞いた。」との供述を録取した検察官調書は、【事例】における甲の犯行時刻頃に、甲がVに対して包丁で何らかの行為をしたという**間接事実を証明**するものであるから、直接証拠には該当しない。

エ　該当しない。

V方に遺留されていた、Vの血液及び甲の指紋が付着した包丁は、【事例】においてVを刺殺するのに使用したであろう凶器を甲が手にしたことがあるという**間接事実を証明**するものであるから、直接証拠には該当しない。

オ　該当しない。

甲及びVの共通の知人であるCの「甲は、Vのことを恨んでいた。甲がVを殺したことに間違いないと思う。」との供述を録取した検察官調書は、【事例】における甲がVを殺害する動機を有していたという**間接事実を証明**するものであるから、直接証拠には該当しない。

文献 試験対策講座64、358、359頁

No.
046

犯罪の証明

予R1-25

□ 月 日
□ 月 日
□ 月 日

　次のアからオまでの各記述のうち、正しいものの組合せは、後記1から5までのうちどれか。ただし、判例がある場合には、それに照らして考えるものとする。

ア．有罪認定に必要とされる立証の程度としての「合理的な疑いを差し挟む余地がない」とは、反対事実が存在する疑いを全く残さない場合をいうものではなく、抽象的な可能性としては反対事実が存在するとの疑いを入れる余地があっても、健全な社会常識に照らして、その疑いに合理性がないと一般的に判断される場合には有罪認定を可能とする趣旨である。

イ．直接証拠によって事実を認定すべき場合と、情況証拠によって事実を認定すべき場合とで、求められる証明の程度に異なるところはない。

ウ．裁判官が、証人の証言の信用性を判断する際には、その証言内容のみによって判断しなければならず、その証人の公判廷での表情や態度を考慮してはならない。

エ．略式手続においては、犯罪の証明の程度は、証拠の優越で足りる。

オ．裁判所は、被告人の精神状態につき、精神医学者の意見が鑑定等として証拠になっている場合には、その意見のとおりに認定しなければならない。

1．ア　イ　　2．ア　ウ　　3．イ　オ　　4．ウ　エ　　5．エ　オ

8章

証拠

171

正解 1　　　　　　　　　　犯罪の証明について、条文や判例を理解しよう。　正答率 84.5%

ア　正しい。 類 H24-30-イ

判例は、「刑事裁判における有罪の認定に当たっては、合理的な疑いを差し挟む余地のない程度の立証が必要である」とした上で、「ここに合理的な疑いを差し挟む余地がないというのは、反対事実が存在する疑いを全く残さない場合をいうものではなく、抽象的な可能性としては反対事実が存在するとの疑いをいれる余地があっても、健全な社会常識に照らして、その疑いに合理性がないと一般的に判断される場合には、有罪認定を可能とする趣旨である」としている（最決平19.10.16百選58事件）。

イ　正しい。 類 H24-30-エ

前掲最決平19年（百選58事件）は、犯罪事実を認定するために必要な証明の程度について、「直接証拠によって事実認定をすべき場合と、情況証拠によって事実認定をすべき場合とで、何ら異なるところはない」としている。

ウ　誤り。

318条は、「証拠の証明力は、裁判官の自由な判断に委ねる」として自由心証主義を採ることを明らかにしており、裁判官は、証人の証言の信用性を判断する際には、その証言内容のほかに、その証人の公判廷での表情や態度を考慮することができる。

エ　誤り。 類 H24-30-オ

略式手続においても、犯罪事実を認定するためには、合理的な疑いを差し挟む余地のない程度の証明が必要であり、証拠の優越（当該事実が存在しない可能性よりは存在する可能性の方が高いという程度の心証）では足りない。

オ　誤り。

判例は、「被告人の精神状態が刑法39条にいう心神喪失又は心神耗弱に該当するかどうかは法律判断であって専ら裁判所に委ねられるべき問題であることはもとより、その前提となる生物学的、心理学的要素についても、右法律判断との関係で究極的には裁判所の評価に委ねられるべき問題である」（最決昭58.9.13）が、これらの要素について「専門家たる精神医学者の意見が鑑定等として証拠となっている場合には、……これを採用し得ない合理的な事情が認められるのでない限り、その意見を十分に尊重して認定すべき」であるとしている（最判平20.4.25）。したがって、本記述の場合でも、裁判所は、精神医学者の意見のとおりに認定しなければならないわけではない。

文献 試験対策講座374頁、375頁

証人尋問

予R1-21

☐　月　　日
☐　月　　日
☐　月　　日

　次の【事例】における被害者Vの証人尋問に関して述べた後記アからオまでの【記述】のうち、誤っているものの組合せは、後記1から5までのうちどれか。ただし、判例がある場合には、それに照らして考えるものとし、対象となる書面又は物については、あらかじめ相手方に閲覧する機会を与えたものとする。

【事　例】

　甲は、Vの顔面を鉄パイプで殴打して傷害を負わせたという傷害の事実で公訴を提起された。甲は、公判において公訴事実を否認し、検察官の請求により、Vの証人尋問が実施された。

【記　述】

ア．検察官は、Vの供述を明確にするため必要があるときは、裁判長の許可を受けて、実況見分調書に添付された現場見取図を利用して尋問することができる。

イ．検察官や弁護人は、証拠調べを終わったものでない書面又は物については、これをVに示して尋問することができない。

ウ．検察官は、現場に遺留された鉄パイプにつき、犯行に使用された鉄パイプとの同一性をVに尋問する場合に必要があるときは、裁判長の許可を受けずにこれを示すことができる。

エ．検察官が、捜査段階で撮影されたVによる被害再現写真をVに示すことについては、弁護人が異議がないと述べた場合に限り許される。

オ．検察官は、Vの記憶が明らかでない被害状況についてその記憶を喚起するため必要があるときは、裁判長の許可を受けて、Vが被害状況について記載していたメモを示して尋問することができる。

1．ア　ウ　　2．イ　エ　　3．イ　オ　　4．ア　エ　　5．ウ　オ

8章
証拠

No.
047　正解 2　　　　　　証人尋問に関する各規定の重要部分について、
　　　　　　　　　　　　　記憶しておこう。　　　　　　　　　　正答率
　　　　　　　　　　　　　　　　　　　　　　　　　　　　　　66.0%

ア　正しい。

　訴訟関係人は、証人の供述を明確にするため必要があるときは、裁判長の許可を受けて、図画、写真、模型、装置等を利用して尋問することができる（刑訴規199条の12第1項）。

イ　誤り。

　訴訟関係人は、証人の記憶が明らかでない事項についてその記憶を喚起するため必要があるときは、裁判長の許可を受けて、書面（供述を録取した書面を除く。）又は物を示して尋問をすることができる（刑訴規199の11第1項）。そのような尋問を行う場合に、当該書面等が証拠調べが終わったものでないときでも、原則としてあらかじめ、相手方にこれを閲覧する機会を与えれば、これを証人に示して尋問をすることができる（同条3項・199条の10第2項）。

ウ　正しい

　訴訟関係人は、書面又は物に関しその成立、同一性その他これに準ずる事項について証人を尋問する場合において必要があるときは、その書面又は物を示すことができ（刑訴規199条の10第1項）、刑訴規199条の11、刑訴規199条の12と異なり、裁判長の許可は必要ない。これらを示しても、証人の証言に不当な影響が及ぶことはないと考えられるからである。

エ　誤り。

　判例は、「検察官は、証人（被害者）から被害状況等に関する具体的な供述が十分にされた後に、その供述を明確化するために証人が過去に被害状況等を再現した被害再現写真を示そうとしており、示す予定の被害再現写真の内容は既にされた供述と同趣旨のものであった」と認められるとして、「被害再現写真を示すことは供述内容を視覚的に明確化するためであって、証人に不当な影響を与えるものであったとはいえないから、……刑訴規則199条の12を根拠に被害再現写真を示して尋問することを許可したことに違法はない」としている（最決平23.9.14百選66事件）。そのため、本問のように、弁護人が、異議がない旨を述べた場合に限って許されるわけではない。

オ　正しい。

　イの解説で述べたように、訴訟関係人は、証人の記憶が明らかでない事項についてその記憶を喚起するため必要があるときは、裁判長の許可を受けて、書面又は物を示して尋問することができる（刑訴規199条の11第1項）。本問のメモはVが記載したものであり、「供述を録取した書面」（同項括弧書）には当たらないので、検察官は、当該メモを示して尋問することができる。

　文献　試験対策講座380、381、432、433頁

MEMO

書面等を示してした尋問

　次の【事例】は、甲が自動車を運転中、これを自転車に乗っていたVに衝突させて同人を死亡させ、そのまま逃走を図った過失運転致死及び道路交通法違反（不救護・不申告）被告事件に関する公判での検察官の立証活動を記述したものである。各証人に対して書面、図面等を示してした尋問に関する各下線部分の趣旨について、後記【記述】の（ a ）から（ c ）までのいずれかに結び付けた場合、（ a ）に結び付くものの個数は、後記 1 から 6 までのうちどれか。

【事　例】

　検察官Xは、事故現場の道路状況、スリップ痕の位置、Vの自転車が転倒していた場所、自動車の破片が散乱していた位置等が記載された実況見分調書を作成した警察官Aに対する証人尋問において、Aが「事故現場の道路状況等を正確に観察し、その結果を実況見分調書に正確に記載した。」旨証言したので、(ア) 同実況見分調書をAに示して尋問したところ、Aは、「この実況見分調書は、今話をした実況見分調書で間違いありません。」旨証言した。

　次に、Xは、事故状況を目撃し実況見分に立ち会ったBに対する証人尋問において、Bが「交差点の中央付近で衝突した。」旨証言したことから、(イ) 現場付近の地図の写しを示し、事故の際にBが立っていた位置及び衝突位置を同地図の写しに記入するよう求めたところ、Bは、同地図の写しに、立っていた位置及び衝突位置を記入した。続いて、Bは、「事故後の被告人運転車両の動きは覚えていない。」旨証言したが、捜査段階においては、Xに対し、「被告人は、事故後、コンビニ前の路上で一旦自動車を止め、被害者の様子を見たものの救護措置を講ずることなく逃走した。」旨供述していたことから、Xは、「被告人は、その後、コンビニ前の路上で、一旦自動車を止めていなかったか。」などの誘導尋問を行った。それにもかかわらず、Bが「覚えていない。」旨証言したことから、Xは、(ウ) コンビニエンスストアが写った事故現場付近の写真を示して尋問したところ、Bは、「思い出しました。事故現場から約30メートル西方のコンビニ前の路上で、被告人は、一旦自動車を止め、被害者の様子を見たものの救護措置を講ずることなく逃走しました。」旨証言した。

　また、Xは、甲の自動車の一部破損したヘッドライトと路上に散乱していたガラス片の各破断部分が整合することを立証するため、同ガラス片を押収した警察官Cに対する証人尋問において、(エ) 同ガラス片をCに示し、これをCが自ら押収したかどうかを尋問したところ、Cは、「このガラス片は間違いなく自らが押収した物である。」旨証言した。

　さらに、Xは、甲の自動車がVの自転車のどの位置に衝突したのかを鑑定

したDに対する証人尋問において、Dに対し、衝突箇所を尋問し、Dは、「自転車の前輪右側部と自動車の左前部が衝突した。」旨証言した。Xは、Dが衝突状況をシミュレーションした図面を鑑定書に添付していたことから、(オ)同図面を法廷内のスクリーンに映写した上、事故状況の詳細について尋問したところ、Dは、同図面を利用して事故状況を証言した。

【記　述】

□□□　（ａ）　書面又は物に関しその成立、同一性その他これに準ずる事項について証人を尋問する場合において必要があるとき

□□□　（ｂ）　証人の記憶を喚起するため必要があるとき

□□□　（ｃ）　証人の供述を明確にするため必要があるとき

1．0個　　2．1個　　3．2個　　4．3個　　5．4個　　6．5個

8章

証拠

正解 3　　　　証人尋問に関する下記の3つの刑事訴訟規則について、具体的な適用場面を想起できるようにしておこう。　正答率 73.9%

公判手続における証人尋問は、一定の条件下で、書面、図面等を示して行うことができる。具体的には、①書面又は物に関しその成立、同一性その他これに準ずる事項について証人を尋問する場合において必要があるとき（記述（a））に、その書面又は物を示すこと（刑訴規199条の10第1項）、②証人の記憶が明らかでない事項についてその記憶を喚起するため必要があるとき（記述（b））に、裁判長の許可を受けて、書面（供述を録取した書面を除く）又は物を示して尋問すること（刑訴規199条の11第1項）、③証人の供述を明確にするため必要があるとき（記述（c））に、裁判長の許可を受けて、図面、写真、模型、装置等を利用して尋問すること（刑訴規199条の12第1項）が認められる。

ア　（a）に結び付く。

本件実況見分調書の証拠能力は、供述者であるAが「公判期日において証人……尋問を受け、その真正に作成されたものであることを供述」した場合に認められる（刑訴321条3項）。（ア）の尋問は、Aを証人尋問して、その作成名義が真正であること、実況見分が正確な観察によること、その結果を調書に正確に記載したこと、を供述させるためのものである。したがって、（ア）の尋問は、（a）「書面……に関しその成立……について証人を尋問する場合において必要があるとき」になされたものといえる。

イ　（c）に結び付く。

（イ）の要求は、事故の際にBが立っていた位置及び衝突位置を図示させることによって、Bが「交差点の中央付近で衝突した。」旨の証言における、自動車の衝突場所を明確にするためのものである。したがって、（イ）は、（c）「証人の供述を明確にするため必要があるとき」になされたものといえる。

ウ　（b）に結び付く。

検察官Xが（ウ）のように事故現場写真を示したのは、捜査段階においては「被告人は、事故後、コンビニ前の路上で一旦自動車を止め、被害者の様子を見たものの救護措置を講ずることなく逃走した。」旨供述していたBが、公判においては「覚えていない。」旨証言したためである。したがって、（ウ）の尋問は、（b）「証人の記憶が明らかでない事項についてその記憶を喚起するために必要があるとき」になされたものといえる。

エ　（a）に結び付く。

（エ）の尋問は、提示されたガラス片が、事故現場において警察官Cに押収されたものと同一であることを確認するためになされたものである。したがって、（エ）の尋問は、（a）「物に関しその……同一性……について証人を尋問する場合において必要があるとき」になされたものといえる。

オ　（c）に結び付く。

（オ）の尋問は、図面を映写して、鑑定人Dの「自転車の前輪右側部と自動車の左前部が衝突した」旨の証言における衝突状況を明確にするものである。したがって、（オ）の尋問は、（c）「証人の供述を明確にするため必要があるとき」になされたものといえる。

文献　試験対策講座379〜382頁

No.
049

第一審の被告人質問

予R2-21

☐　月　　日
☐　月　　日
☐　月　　日

　　第一審の被告人質問に関する次のアからオまでの各記述のうち、誤っている
ものの組合せは、後記1から5までのうちどれか。

　ア．被告人質問を実施するためには、証拠調べの請求や決定を必要としない。

　イ．被告人質問を実施する場合には、他の証拠が全て取り調べられた後にこ
　　　れを行わなければならない。

　ウ．被告人質問を実施する場合には、まず裁判長が質問をしなければならず、
　　　弁護人がこれに先んじて質問をすることはできない。

　エ．被告人は、供述を拒む場合に、その理由を明らかにする必要はない。

　オ．被告人が任意に供述をする場合には、共同被告人の弁護人は、裁判長に
　　　告げて、被告人の供述を求めることができる。

1．ア　ウ　　　2．ア　オ　　　3．イ　ウ　　　4．イ　エ　　　5．エ　オ

8章

証拠

No.
049　正解 **3**　被告人質問は重要な手続だが、慣例と法律が一致していない部分があり、混乱しがちであるから、しっかりと整理しておこう。　正答率 **72.0%**

ア　正しい。　　　　　　　　　　　　　　　　　　　　　　　　　　類 H25-31-イ

被告人質問（311条２項、３項）に対する任意の供述は、有利不利を問わず証拠になる（322条２項、刑訴規則197条１項）が、被告人質問は証拠調べ手続には含まれないと考えられている。したがって、被告人質問においては、証人尋問において要求される証拠調べ請求（298条１項）や証拠決定（刑訴規190条１項）の手続を必要としない。

イ　誤り。　　　　　　　　　　　　　　　　　　　　　　　　　　類 H25-31-ア

どの段階で被告人質問をするかについては、法の定めはない。判例も、冒頭手続終了後証拠調べに入る前に裁判官が被告人に対し公訴事実について質問しても、必ずしも違法であるとはいえないとしている（最大判昭25.12.20）。したがって、他の証拠がすべて取り調べられた後に被告人質問を行わなければならないわけではない。なお、実務では、すべての証拠調べが終わった後に被告人質問を行うことが多い。

ウ　誤り。　　　　　　　　　　　　　　　　　　　　　　　　　　類 H25-31-エ

被告人質問の順序について、法は特に規定していない。なお、実務では、被告人質問も広い意味で証拠調べの性質を持つことから、証人尋問における交互質問の方式（刑訴規199条の２以下）に倣って行われ、弁護人、検察官、裁判員、裁判官の順で質問するのが一般的とされる。

エ　正しい。

被告人には黙秘権があり、終始沈黙することも個々の質問に対して供述を拒むことも許される（刑訴法311条１項）。これは、自己負罪拒否特権を定める憲法38条１項を受けたものであるが、刑訴法は、自己に不利益な供述にとどまらず、更に進んで、有利・不利を問わず全面的な供述拒否権を認めている。そして、被告人が供述を拒む場合には、単に沈黙していればよく、拒む理由を示す必要はない。

オ　正しい。　　　　　　　　　　　　　　　　　　　　　　　　　類 H24-40-エ

共同被告人又はその弁護人も、裁判長に告げて、被告人質問により、何時でも必要とする事項につき被告人の供述を求めることができる（311条３項）。

文献 試験対策講座220〜222、383頁

CORE TRAINING

01 証拠の意義・種類

□□□ 被告人が被害者を殺害したことが要証事実であるとすると、犯行状況の目撃証言は直接証拠に当たる。 オリジナル① ➡ 1❷ 　○

□□□ 被告人が被害者を殺害したことが要証事実であるとすると、犯行現場に残された犯人の指紋は直接証拠に当たる。 オリジナル② ➡ 間接証拠に当たる 1❹ ✕

□□□ 被告人が被害者を殺害したことが要証事実であるとすると、犯行時刻直前に被告人と被害者が口論しているのを見たとする目撃証言は直接証拠に当たる。 オリジナル③ ➡ 間接証拠に当たる 1❹ ✕

CORE PLUS

1 各証拠と主要事実、間接事実、補助事実との関係

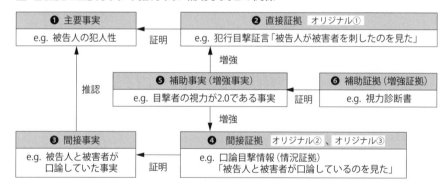

CORE TRAINING

02　証拠裁判主義

□□□　「共謀」又は「謀議」は、共謀共同正犯における「罪となるべき事実」にほかならないから、刑事訴訟法の規定により証拠能力が認められ、かつ、公判廷における適法な証拠調べを経た証拠による証明によらなければならない。 H21-34-ア

➡ 最大判昭33. 5. 28(百選A44事件) ② ❶c 　〇

□□□　累犯加重の理由となる前科については、適法な証拠調べをした証拠によらなければ認定することはできない。 H22-38-イ

➡ 最大決昭33. 2. 26(百選A31事件) ② ＊4 　〇

03　自由心証主義

□□□　即決裁判手続において「罪となるべき事実」を認定する場合には、同事実の存在を肯定する証拠の証明力がそれを否定する証拠の証明力を上回る程度の証明、いわゆる証拠の優越で足りる。 H21-34-ウ

➡ 350の16以下に証明の程度に関する例外規定はなく、即決裁判手続においても「罪となるべき事実」の証明の程度は通常の手続と異ならない 　✕

CORE PLUS

2 厳格な証明と自由な証明との区別

事　実	a 結　論	b 理　由*1	c 備　考
❶ 構成要件該当事実	厳格な証明*2	犯罪の成立要件である	常習犯の常習性、共謀共同正犯の共謀に関しても厳格な証明が必要である（最大判昭33. 5. 28百選 A 44事件）H21-34-ア
❷ 違法・有責な事実		違法性・有責性も犯罪の成立要件である	被告人が一応の証拠を提出しない限り、検察官は違法性阻却事由・責任阻却事由の不存在を立証する必要はない（証拠提出責任）
❸ アリバイ事実*3		犯罪事実の成否にかかわるものである	自由な証明で足りるとする説もある
❹ 処罰条件たる事実		刑罰権の存否に関するものである	e.g. 事前収賄罪における公務員になること（刑197Ⅱ）
❺ 構成要件的前科		犯罪事実を基礎付ける構成要件事実そのものである	e.g. 盗犯等ノ防止及処分ニ関スル法律 3 条の常習累犯窃盗
❻ 累犯前科*4		事実的に犯罪構成事実に準じるものである	e.g. 刑法56条の加重事由となる前科
❼ 犯罪事実にかかわる情状		犯罪事実自体の立証と不可分の関係にある	e.g. 犯行動機、犯行の手段・方法、被害の程度
❽ 犯罪事実にかかわらない情状	自由な証明	犯罪事実や刑の加重減免事由となる事実と質的な差異がある	e.g. 犯行後の反省、被害弁償
❾ 訴訟法的事実		犯罪事実とは質的に異なる	自白の任意性を基礎付ける事実について、判例は自由な証明で足りるとする（最判昭28. 2. 12）。もっとも、その重要性に鑑み、厳格な証明を要するという説もある

＊1　刑罰権の存否及び範囲を画する事実について厳格な証明を必要とする通説的な考え方に基づく。
＊2　厳格な証明とは、証拠能力ある証拠による適式な証拠調べ手続を経た証明をいう（最判昭38.10.17）。
＊3　アリバイ事実とは、被告人の犯罪現場不存在を証明し、犯罪事実の不存在を推認させる間接事実をいう。
＊4　判例は、累犯加重の理由となる前科は「罪となるべき事実」（335Ⅰ）ではないが、このような前科の事実は、刑の法定加重の理由となる事実であって、実質において犯罪構成事実に準ずるものであるから、これを認定するには、証拠によらなければならないことはもちろん、前科に関する証拠書類は305条による取調べをなすことを要するとしている（最大決昭33.2.26百選 A 31事件）。H22-38-イ

8章
証拠

C O R E   T R A I N I N G

04　証拠調べ手続

□□□　証人を尋問する場合、必ず宣誓をさせなければならない。 H22-32-ア

➡ 154、155 I 　❌
3 ❷ i

□□□　被告人の共犯者である証人は、自らも同一の事件で公訴提起されていることを理由に、宣誓を拒むことはできない。 予R5-22-ア

➡ 最判昭27.2.26 　⭕
3 ＊2

□□□　証人には、その実験した事実により推測した事項を供述させることはできないが、鑑定人には同事項を供述させることができる。 H22-32-イ

➡ 171・156 I 　3 　❌
❸ ii

□□□　尋問に対して答えたくない理由が、「自己が刑事訴追を受け、又は有罪判決を受けるおそれのある」ことであったとしても、証人は証言を拒むことができない場合もある。 予R5-22-ウ

➡ 157の2 　4 ＊ 　⭕

□□□　証人は、自己の兄が「刑事訴追を受け、又は有罪判決を受けるおそれのある」ことを理由に、兄に関する事項についての証言を拒むことができる。 予R5-22-エ 、 予H30-24-ウ

➡ 147① 　4 ❶ ii 　⭕

□□□　医師は、業務上委託を受けたため知り得た事実で他人の秘密に関するものについては証言を拒むことができるが、本人が承諾した場合は、証言を拒絶することはできない。 H22-32-オ

➡ 149 　4 ❶ iii 　⭕

□□□　乙は、真実の証言をしたとしても、その内容が検察官面前調書の内容と齟齬したときには偽証罪の訴追を受けるおそれがあることを理由に、証言を拒むことができる。 予R5-22-オ

➡ 最決昭28.9.1 　❌
4 ※

CORE PLUS

③ 証人の義務

❶ 出頭義務	ⅰ 召喚を受けたにもかかわらず正当な理由なく出頭しない場合には、過料、罰金・懲役等の制裁が科されることがある（150Ⅰ、151*¹）
	ⅱ 正当な理由なく、召喚に応じないとき、又は応じないおそれがあるときは、勾引することができる（152）
❷ 宣誓義務	ⅰ 原則：事前に宣誓しなければならない（154*²） 例外：宣誓の趣旨を理解できない者（宣誓無能力者）については、宣誓させずに尋問しなければならない（155Ⅰ）　H22-32-ア
	ⅱ 証人が正当な理由なく宣誓を拒否した場合、過料、罰金・懲役等の制裁が科されることがある（160Ⅰ、161*¹）
❸ 証言義務	ⅰ 正当な理由なく証言を拒絶すると、宣言拒否の場合と同様の制裁を受けることがある（160、161*¹）
	ⅱ 証人は、自己が直接経験した事実を供述すべきであり、経験事実に基づかない単なる意見を述べることは許されない（刑訴規199の13Ⅱ③、④参照）。ただし、その証人が経験した事実により推測した事項を供述させることはできる（156Ⅰ）　H22-32-イ

＊1　令和4年法律第67号により、151条及び161条中の「懲役」は「拘禁刑」に改正された。なお、2025（令和7）年6月1日に施行される。
＊2　共犯者である証人は、自らも同一の事件で公訴提起されていることを理由に、宣誓を拒むことはできない（最判昭27.2.26）。　予R5-22-ア

④ 証人の権利

❶ 証言拒絶権 →憲法38条1項に基づく	ⅰ 自己が刑事訴追を受け又は有罪判決を受けるおそれがある証言である場合*（146）
	ⅱ 自己の配偶者、三親等内の血族若しくは二親等内の姻族等が刑事訴追を受け又は有罪判決を受けるおそれがある場合（147①）　予R5-22-エ、予H30-24-ウ
	ⅲ 医師、歯科医師、助産師、看護師、弁護士、税理士、公証人、宗教の職にある者又はこれらの職にあった者について、業務上委託を受けたため知り得た事実で他人の秘密に関するもの（149本文）。ただし、本人が承諾した場合には、拒絶不可（149ただし書）　H22-32-オ
❷ 旅費・日当・宿泊料の請求権	証人は、旅費、日当及び宿泊料を請求することができる（164Ⅰ本文）

＊　証拠を拒むことができない場合もある（157の2、157の3）。　予R5-22-ウ

※　146条によって証言を拒むことができるのは、証言の内容自体に、刑事訴追を受けるおそれのある事実が包含されている場合であり、証人が真実を証言することにより偽証罪に問われるおそれがある場合を含まない（最決昭28.9.1）。　予R5-22-オ

CORE TRAINING

□□□　検察官は犯行目撃者Wの証人尋問を請求した。裁判所は、Wが病気で入院していたため、検察官及び弁護人の意見を聴いて、Wの入院先の病院においてWの証人尋問を実施することを決定した。被告人及び弁護人は、いずれも裁判所の許可を得なければ、Wの証人尋問に立ち会うことができない。 予H29-22-イ
➡ 裁判所外の証人尋問（158）においても裁判所の許可なく立会い可能（157 I）　✕

□□□　上記場合において、裁判所は、病院でWの証人尋問を実施するに当たっては、その証人尋問を公開しなければならない。 予H29-22-ウ
➡ 6 ＊1　✕

□□□　上記場合において、裁判所は、Wの証人尋問の実施後、その結果を記載した調書を公判廷で取り調べなければ、証人尋問におけるWの供述内容を事実認定に用いることができない。 予H29-22-エ
➡ 303　6 ＊2　○

□□□　主尋問において、誘導尋問をすることができる場合がある。 予H30-24-ア
➡ 刑訴規199の3 Ⅲただし書 7 ❶ⅱ　○

□□□　証人の記憶が明らかでない事項についてその記憶を喚起するため必要があるときは、裁判長の許可を受けずに、書面を証人に示して尋問することができる。 予H30-24-イ
➡ 裁判長の許可を受ければできる（刑訴規199の11 I）　✕

□□□　裁判所は、選任した鑑定人に鑑定を命ずるに先立ってその尋問を行うが、尋問を行うための召喚に当該鑑定人が応じないときは勾引することができる。 H24-34-2
➡ 171条は証人の勾引を規定する152条を準用していない 8 ❷ⅲ　✕

□□□　鑑定人に鑑定の経過及び結果を報告させるに当たっては、鑑定書により報告させる方法のほか、口頭で報告させる方法も認められている。 H24-34-4
➡ 刑訴規129 I　○

□□□　鑑定人作成の鑑定書を取り調べた後、鑑定の過程について説明を求めるため、当該鑑定人を証人として尋問することができる。 H24-34-5
➡ 321Ⅳ参照、刑訴規129Ⅲ参照　○

CORE PLUS

5 証人尋問までの手順

❶ 証人の人定質問（刑訴規115）

↓

❷ 宣　誓（刑訴154、刑訴規118）

↓

❸ 偽証罪の告知（刑訴規120）

↓

❹ 尋　問

6 証人尋問の方法

■法令名なき条文は刑訴を指す

❶ 尋問順序（刑訴規199の2、交互尋問方式）	主尋問（刑訴規199の3）→反対尋問（刑訴規199の4、199の5）→再主尋問（刑訴規199の7）→裁判長の補充尋問（刑訴規201Ⅰ）→訴訟関係人の補充尋問（刑訴規199の8）
❷ 尋問方法	刑訴規199の13
❸ 尋問時期	原則→公判期日に裁判所で公開により行う（憲37Ⅰ、憲82） 例外→期日外尋問（281）、裁判所外尋問（158Ⅰ）*1、*2

＊1　期日外尋問及び裁判所外尋問は、証拠調べではなく証拠の収集手続にすぎないため、公開原則の適用はない。 予H29-22-ウ
＊2　期日外尋問及び裁判所外尋問は証拠の収集手続にすぎないため、公判中心主義の観点からその証人尋問の結果を記載した調書を公判期日で取り調べなければ、その証人尋問における証人の供述内容を事実認定に用いることはできない（303）。 予H29-22-エ

7 誘導尋問

※　誘導尋問とは、質問のなかに質問者の望む答えが暗示されている質問をいう。

❶ 主尋問	ⅰ 原則	誘導尋問をしてはならない（刑訴規199の3Ⅲ柱書本文）
	ⅱ 例外	証人の身分、経歴、交友関係等で実質的な尋問に先立って明らかにする必要のある準備的事項や、争いのないことが明らかな事項等（刑訴規199の3Ⅲ各号） 予H30-24-ア
❷ 反対尋問		許容（刑訴規199の4Ⅲ）

8 証人と鑑定人の区別

	ⅰ 代替性	ⅱ 役　割	ⅲ 勾引の可否
❶ 証　人	なし	自己の経験に基づいて知り得た事実の供述をする	可能（152）
❷ 鑑定人	あり	専門的知識又はその知識を利用した判断の報告をする	不可（171） H24-34-2

8章 証拠

CORE TRAINING

□□□　被告人質問を開始するに当たっては、あらかじめ被告人 ➡ ⑨ ❶ ⅱ ✕
に供述する意思の有無を確かめなければ違法な手続となる。
H25-31-ウ

□□□　当事者の質問終了後、裁判長が被告人に対し質問をしな ➡ 最判昭25.7.25 ◯
かったとしても、訴訟手続の法令違反の問題は生じない。H25- 参照　⑨ ❺
31-オ

CORE PLUS

⑨ 被告人質問

❶ 被告人の権利	ⅰ　被告人は包括的黙秘権を有する（憲38Ⅰ、刑訴311Ⅰ） ⅱ　被告人に対しては、冒頭手続において既に黙秘権の告知がなされているため（291Ⅳ*1）、被告人質問に先立って被告人に供述する意思の有無を確認する必要はない　H25-31-ウ
❷ 任意の供述	任意に被告人が供述するときは、裁判長はいつでも必要とする事項についてその供述を求めることができる（311Ⅱ）*2
❸ 当事者等による供述の求め	陪席裁判官、検察官、弁護人、共同被告人又はその弁護人は、裁判長に告げて、被告人の供述を求めることができる（311Ⅲ）
❹ 質問の順序	裁判長の裁量により決する
❺ 質問の程度・方法	裁判長の裁量により決する（最判昭25.7.25）　H25-31-オ

＊1　令和5年法律第28号により、黙秘権の告知の規定は291条5項に改正された。なお、2024（令和6）年2月15日に施行される。
＊2　被告人質問をするに当たって証拠調べの請求や決定は不要。

No.
050　［論］　前科証拠の証拠能力

H25-35

☐　月　日
☐　月　日
☐　月　日

　次の【記述】は、前科証拠の証拠能力に関する最高裁判所の判例を要約したものである。【記述】中の①から③までの（　）内から適切な語句を選んだ場合、その組合せとして正しいものは、後記1から5までのうちどれか。

【記　述】
　前科も一つの事実であり、前科証拠は、一般的には犯罪事実について、様々な面で証拠としての価値（①（a．法律的関連性　b．自然的関連性））を有している。反面、前科、特に同種前科については、被告人の犯罪性向といった実証的根拠の乏しい人格評価につながりやすく、そのために事実認定を誤らせるおそれがあり、また、これを回避し、同種前科の証明力を合理的な推論の範囲に限定するため、当事者が前科の内容に立ち入った攻撃防御を行う必要が生ずるなど、その取調べに付随して②（a．争点が拡散する　b．不当な不意打ちになる）おそれもある。したがって、前科証拠は、単に証拠としての価値があるかどうか、言い換えれば、（①）があるかどうかのみによって証拠能力の有無が決せられるものではなく、前科証拠によって証明しようとする事実について、実証的根拠の乏しい人格評価によって誤った事実認定に至るおそれがないと認められるときに初めて証拠とすることが許されると解するべきである。本件のように、前科証拠を被告人と犯人の同一性の証明に用いる場合についていうならば、前科に係る犯罪事実が③（a．顕著な特徴　b．相当の重大性）を有し、かつ、それが起訴に係る犯罪事実と相当程度類似することから、それ自体で両者の犯人が同一であることを合理的に推認させるようなものであって、初めて証拠として採用できるものというべきである。

1．①a　②a　③a
2．①a　②b　③a
3．①a　②b　③b
4．①b　②a　③a
5．①b　②a　③b

No.
050　正解　4　　論文式試験においても必要な知識である。前科による犯罪事実の認定について、下記の判例を正確に理解しよう。　正答率 81.1%

《原　文》

　前科も一つの事実であり、前科証拠は、一般的には犯罪事実について、様々な面で証拠としての価値（①（b．自然的関連性））を有している。反面、前科、特に同種前科については、被告人の犯罪性向といった実証的根拠の乏しい人格評価につながりやすく、そのために事実認定を誤らせるおそれがあり、また、これを回避し、同種前科の証明力を合理的な推論の範囲に限定するため、当事者が前科の内容に立ち入った攻撃防御を行う必要が生ずるなど、その取調べに付随して②（a．争点が拡散する）おそれもある。したがって、前科証拠は、単に証拠としての価値があるかどうか、言い換えれば、①（b．自然的関連性）があるかどうかのみによって証拠能力の有無が決せられるものではなく、前科証拠によって証明しようとする事実について、実証的根拠の乏しい人格評価によって誤った事実認定に至るおそれがないと認められるときに初めて証拠とすることが許されると解するべきである。本件のように、前科証拠を被告人と犯人の同一性の証明に用いる場合についていうならば、前科に係る犯罪事実が③（a．顕著な特徴）を有し、かつ、それが起訴に係る犯罪事実と相当程度類似することから、それ自体で両者の犯人が同一であることを合理的に推認させるようなものであって、初めて証拠として採用できるものというべきである。

【穴埋めについて】　　　　　　　　　　　　　　　　　　　　　類 予R3-22

　本問は、**被告人の前科を公訴事実における犯人性の立証**に用いることができる場合の要件に関するものであり、**最判平24．9．7**（百選60事件）に題材を求めたものである。まず、前科は、前科を犯した者の**犯罪性向を示す**ものといえるから、被告人が犯罪事実を行ったことを推認させる**最小限度の証明力**は認められる。したがって、①には b が入る。その反面として、前科は、本記述が示すように、**犯人性の証明にとって実証的根拠の乏しいもの**であるから、**事実認定を誤らせるおそれ**があり、また、これを回避しようとすれば、**前科の証明力を合理的な推論の範囲に限定**するため、当事者が前科の内容に立ち入った攻撃防御を行う必要が生じることになり、**争点が拡散され、訴訟運営上の弊害が生じる**ことになる。したがって、②には a が入る。そして、上述したような前科を証拠として用いることの弊害を避けるため、前科証拠を犯人性の証明に用いることができるのは、**前科に係る犯罪事実が顕著な特徴**を有し、かつ、それが**起訴に係る犯罪事実と相当程度類似**するため、経験則に基づき、**前科それ自体で両者の犯人が同一であることを合理的に推認できる**ような場合に限定すべきである。したがって、③には a が入る。

文献　試験対策講座385～387頁

No.
051

余罪と量刑事情

H25-36

　量刑において起訴されていない犯罪事実、すなわち余罪をどう扱うべきかに関し、「量刑は、被告人の性格、経歴及び犯罪の動機、目的、方法等全ての事情を考慮して、裁判所が処断刑の範囲内において、適当に決定すべきものであるから、その量刑のための一情状として、いわゆる余罪をも考慮することは、必ずしも禁じられるところではない。」との見解がある。次のアからオまでの各記述のうち、この見解に対する批判になり得ないものの組合せは、後記1から5までのうちどれか。

□□□ 　ア．起訴された犯罪事実のほかに、起訴されていない犯罪事実を余罪として認定し、実質上これを処罰する趣旨で量刑資料として考慮し、被告人を重く処罰することとの区別が実際には困難な場合がある。

□□□ 　イ．余罪が考慮できないと、犯罪に至らない不当な行状などが情状事実に含まれることと均衡を失する。

□□□ 　ウ．余罪は被告人が犯した別の犯罪事実であるから、情状事実である犯罪傾向の有力な間接事実となる。

□□□ 　エ．刑事裁判手続において犯罪事実の認定手続と量刑手続とは区分されていないため、量刑資料である余罪が犯罪事実の認定に不当な影響を及ぼすおそれがある。

□□□ 　オ．余罪も犯罪事実であるため、その認定に当たっては、起訴された犯罪事実に準じた手続保障を求めるべきであるが、量刑のための一情状だとすると厳格な証明を要しないことになる。

1．ア　ウ　　2．ア　オ　　3．イ　ウ　　4．イ　エ　　5．エ　オ

8章
証拠

| No.
051 | 正解 **3** | 見解との整合性を意識しながら、各選択肢を読
んでいこう。 | 正答率
91.0% |

ア　批判になり得る。

本問の見解（最大判昭41．7．13）に対しては、余罪を事実上処罰する趣旨で量刑にしん酌する場合との区別が困難であるとの批判がある。

イ　批判になり得ない。

本問の見解は、犯罪の程度に達しない非行の量刑考慮が禁じられていない点を考慮すると、余罪だけ量刑資料から除外するのは不自然であることを根拠のひとつにしている。

ウ　批判になり得ない。

本問の見解は、余罪が公訴事実の犯情に関する間接事実となり得ることを根拠のひとつとしている。

エ　批判になり得る。

本問の見解に対しては、余罪の考慮が起訴事実の認定に予断及び偏見をもたらし、公訴事実につき誤った事実認定を導くおそれがあるとの批判がある。

オ　批判になり得る。

本問の見解に対しては、情状事実は、犯罪事実であるにもかかわらず、厳格な証明の対象ではないため、証拠能力を欠く証拠を用いているにもかかわらず、余罪が立証されてしまい、結果として余罪が脱法的に刑の量定資料として用いられるおそれがあるとの批判がある。

文献　試験対策講座387、388頁

CORE TRAINING

□□□　被告人が善良な性格を立証した場合に、これに対する反証として、検察官が被告人の悪性格を立証することは許されない。 オリジナル①

➡ 反証として悪性格を立証することは許される　1❶ⅲ　**×**

□□□　判例に照らせば、いわゆる DNA 型鑑定は、その科学的原理が理論的正確性を有し、具体的な実施の方法も、その技術を習得した者により、科学的に信頼される方法で行われたと認められる場合は、証拠として許容される。 オリジナル②

➡ 最決平12.7.17（百選61事件）2❷　**○**

CORE PLUS

1 悪性格の立証

❶ 前科等による犯罪事実の認定	ⅰ 犯罪の客観的要素が他の証拠によって認められる場合には、詐欺の故意のような犯罪の主観的要素を、被告人の同種前科によって認定することも許される（最決昭41.11.22）
	ⅱ 前科証拠は、被告人と犯人の同一性の証明に用いる場合は、前科に係る犯罪事実が顕著な特徴を有し、かつ、それが起訴に係る犯罪事実と相当程度類似するといえる場合に初めて証拠能力が肯定される（最判平24.9.7 百選60事件）
	ⅲ なお、被告人が善良な性格を立証した場合に、これに対する反証として、検察官が公訴事実と関連する被告人の悪性格を立証することは許される オリジナル①
❷ 余罪による事実認定	余罪を実質的に処罰する趣旨で量刑の資料に考慮し、被告人を重く処罰することは不告不理の原則、証拠裁判主義、自白の補強法則に反し許されないが、単に被告人の性格・経歴及び犯罪の動機・目的・方法の情状を推知するための資料として考慮することは許される（最大判昭42.7.5）

2 科学的証拠

❶ ポリグラフ検査	326条1項の同意がある場合には、検査結果が検査者の技術経験、検査器具の性能に徴して信頼できるものであり、かつ検査の経過及び結果を忠実に記載したものであるときは、証拠能力が肯定される（最決昭43.2.8）
❷ DNA型鑑定	科学的原理が理論的正確性を有し、具体的な実施の方法も、技術を習得した者により、科学的に信頼される方法で行われたと認められるときは、証拠能力が肯定される（最決平12.7.17百選61事件） オリジナル②

MEMO

No.
052　　論　　　　　　　　**自白法則**

□　月　日
□　月　日
□　月　日

H24-31

　　次の教授と学生Ａ及びＢの【会話】は、刑事訴訟法第319条第１項に関する
ものである。①から⑧までの（　）内に入る適切な語句を後記ａからｋまでの
【語句群】から一つずつ選んで入れた場合、組合せとして正しいものは、後記
１から５までのうちどれか。なお、①から⑧までの（　）内にはそれぞれ異な
る語句が入る。

【会　話】

　　教　授：刑事訴訟法第319条第１項は、「任意にされたものでない疑のある自
　　　　　　白は、これを証拠とすることができない」と規定していて、任意性の
　　　　　　ない自白の（①）を否定していますが、その根拠についてはどんな考
　　　　　　え方があるかね。

　　学生Ａ：まず、一つ目として、任意性のない自白は、その内容が（②）おそ
　　　　　　れがあり、誤判防止のため排除されるべきとする説があります。

　　教　授：この説に対しては、任意性のない自白でも、その内容が（③）と認
　　　　　　められれば、証拠として許容される可能性があるのではないかという
　　　　　　批判があるね。ほかにどんな考え方があるかな。

　　学生Ｂ：二つ目として、任意性のない自白は、（④）等を保障するため排除
　　　　　　されるべきとする説があります。でも、この説については、（⑤）に
　　　　　　関する事実認定が困難ではないかという批判があります。

　　教　授：三つ目として、一つ目の説と二つ目の説を統合した考え方もあるね。

　　学生Ａ：四つ目として、任意性のない自白は、（⑥）により得られた結果と
　　　　　　して排除されるべきとする説もあります。この説は、先ほどの三つの
　　　　　　説と違い、（⑦）側から（⑧）側に視点を移して、取調べ方法を問題
　　　　　　にするものです。

　　学生Ｂ：この説については、（⑥）により得られた自白の全てが刑事訴訟法
　　　　　　第319条第１項により排除されるという結論になりやすく、規定の文
　　　　　　言上無理があるという批判があります。

【語句群】

　　ａ．被告人　　ｂ．取調官　　　ｃ．違法な手続　　　ｄ．虚偽ではない

　　ｅ．虚偽である　　ｆ．黙秘権　　ｇ．自由心証主義　　　ｈ．証明力

　　ｉ．証拠能力　　　ｊ．供述者の主観的な心理状態

　　ｋ．客観的な取調べ状況

１．①ｉ　④ｆ　　２．②ｅ　④ｇ　　３．③ｄ　⑤ｋ

４．⑤ｊ　⑦ｂ　　５．⑥ｃ　⑧ａ

8
章

証
拠

| No.
052 | 正解 1 | 自白法則の各学説の内容及び帰結について、基本書などでしっかりと整理をしておこう。 | 正答率
94.6% |

《原　文》

教　授：刑事訴訟法第319条第1項は、「任意にされたものでない疑のある自白は、これを証拠とすることができない」と規定していて、任意性のない自白の（①　i. 証拠能力）を否定していますが、その根拠についてはどんな考え方があるかね。

学生A：まず、一つ目として、任意性のない自白は、その内容が（②　e. 虚偽である）おそれがあり、誤判防止のため排除されるべきとする説があります。

教　授：この説に対しては、任意性のない自白でも、その内容が（③　d. 虚偽ではない）と認められれば、証拠として許容される可能性があるのではないかという批判があるね。ほかにどんな考え方があるかな。

学生B：二つ目として、任意性のない自白は、（④　f. 黙秘権）等を保障するため排除されるべきとする説があります。でも、この説については、（⑤　j. 供述者の主観的な心理状態）に関する事実認定が困難ではないかという批判があります。

教　授：三つ目として、一つ目の説と二つ目の説を統合した考え方もあるね。

学生A：四つ目として、任意性のない自白は、（⑥　c. 違法な手続）により得られた結果として排除されるべきとする説もあります。この説は、先ほどの三つの説と違い、（⑦　a. 被告人）側から（⑧　b. 取調官）側に視点を移して、取調べ方法を問題にするものです。

学生B：この説については、（⑥　c. 違法な手続）により得られた自白の全てが刑事訴訟法第319条第1項により排除されるという結論になりやすく、規定の文言上無理があるという批判があります。

【穴埋めについて】

類 予R4-25-ア・イ・ウ

　任意にされたものでない疑のある自白は、これを証拠とすることができない（自白法則、319条1項）。したがって、①には i が入る。

　この自白法則の根拠としては、任意性のない自白は**虚偽の自白**である**蓋然性が高く、**供述の**信用性に乏しい**ことを根拠とする**虚偽排除説、黙秘権**等被告人の供述の自由を中心とする**被告人の人権保障**を目的とすることを根拠とする**人権擁護説、**虚偽排除説と人権擁護説を**統合**した**任意性説、**捜査機関の自白採取方法や状況に着目して、**自白採取過程に違法がある場合に自白の証拠能力を排除する違法排除説**がある。したがって、②にはeが、④にはfが、⑥にはcが、⑦にはaが、⑧にはbが入る。

　また、上記の各説のうち、虚偽排除説に対しては、それが虚偽の自白である蓋然性が高いことを根拠とするものであることから、自白内容が**虚偽でなければ自白として許容される**ことになり、**法の趣旨を没却する**という批判が妥当する。したがって、③にはdが入る。そして、人権擁護説に対しては、**黙秘権等の人権保障が図られるかどうかは、供述者の主観的な心理状態を基準**とすることになるので、**任意性の認定が困難になる**という批判が妥当する。したがって、⑤には j が入る。

文献 試験対策講座395〜397頁

No. 053	共犯者の供述と補強証拠の要否	□　月　日 □　月　日 □　月　日

H25-32

　次のⅠ、Ⅱの【見解】は、犯行を否認する甲を有罪とするに当たり、甲と共に犯行を行った旨自白する乙の供述につき、補強証拠を要するか否かに関するものである。【見解】に関する後記アからオまでの【記述】のうち、誤っているものの組合せは、後記１から５までのうちどれか。

【見　解】
　Ⅰ．甲を有罪とするには、乙の供述につき補強証拠を要する。
　Ⅱ．甲を有罪とするには、乙の供述につき補強証拠を要しない。

【記　述】
　ア．Ⅱの見解に対しては、他に補強証拠がない限り、否認した甲は有罪、自白した乙は無罪になり、事実を合一的に確定できないという批判がある。
　イ．自白の証明力の過大評価を防止するという刑事訴訟法第319条第２項の規定の趣旨からすれば、本人の自白と共犯者の自白を区別する理由がないと考えると、Ⅰの見解に結び付く。
　ウ．本人の自白は、証明力が過大に評価される点に危険があるが、共犯者の自白は、被告人の引き込みや責任転嫁をする点に危険があり、その危険は異なると考えると、Ⅰの見解に結び付く。
　エ．刑事訴訟法第319条第２項の規定は、自由心証主義の例外であるから限定的に解すべきであると考えると、Ⅱの見解に結び付く。
　オ．共犯者である乙の自白は、甲の公判においては、反対尋問による吟味を経ることになるため証明力が高いと考えると、Ⅰの見解に結び付く。
１．アイ　　２．アウ　　３．イエ　　４．ウオ　　５．エオ

8章 証拠

| No.
053 | 正解 4 | 補強法則の趣旨を踏まえたうえで、各見解の根
拠や内容、帰結を確認しておこう。 | 正答率
82.9% |

ア 正しい。

補強不要説（Ⅱの見解）に立つと、ほかに補強証拠がない場合には、犯行を否認する被告人は有罪となるが、犯行を自白した共犯者は、補強法則（憲38条3項、刑訴319条2項）により、無罪となる。これに対しては、補強必要説（Ⅰの見解）の立場から、**事実を合一的に確定できず、不合理**であるとの批判がなされている。

イ 正しい。

補強法則の趣旨は、**自白強要の防止**と**誤判の防止**にある。そして、補強必要説（Ⅰの見解）は、**自白強要の危険**及び**誤判の危険**の点では、本人の自白と共犯者の供述との間に**本質的な差異はない**として、共犯者の供述にも補強証拠が**必要**であるとしている。

ウ 誤り。

補強必要説（Ⅰの見解）は、共犯者の供述は、第三者の供述とは異なり、共犯者が被告人に**引き込み**、あるいは、被告人に**責任を転嫁**する目的で供述する可能性があるため、**虚偽が混入する危険**があることをその理論的根拠のひとつとする。これに対して、補強不要説（Ⅱの見解）は、補強法則とはそもそも本人の自白が有する証明力を**過大に評価**されることによる誤判の危険性を防止するために補強証拠を要するとするものであり、補強必要説（Ⅰの見解）が挙げる危険性は補強証拠を必要とする根拠とはならないため、共犯者の供述に補強法則を**適用**することは**できず**、ただ証明力の評価を慎重に行えばよいと批判する。したがって、本人の自白と共犯者の供述とは、その危険が異なるとする考えは、補強不要説（Ⅱの見解）と結び付く。

エ 正しい。

補強不要説（Ⅱの見解）は、補強法則が、**自由心証主義**（318条）の**例外**として位置づけられるため、自由心証主義の例外としての補強法則の**適用範囲は限定的**に解すべきであるとして、共犯者の供述には補強証拠は不要であるとする。

オ 誤り。

補強不要説（Ⅱの見解）は、補強法則が、本人の自白については、反対尋問を経ないために証明力が過大評価されやすいという点に照らし、補強証拠を要するとするものであるのに対して、共犯者の供述は、証人として**反対尋問を行い得る**のであるから（最判昭35.9.9参照）、**本人の自白と同一視**することは**できない**とする。そのため、共犯者の供述は反対尋問を経るため証明力が高いという考えは、補強不要説（Ⅱの見解）と結び付く。

文献 試験対策講座409～411頁

共犯者の自白

予H28-23

□　月　　日
□　月　　日
□　月　　日

　　次の【会話】は、乙と共謀の上、丙を殺害したという事件で起訴された甲の公判において、「甲の指示により丙を殺害した。」旨の乙の供述のみによって、甲を有罪とすることはできるかについての議論である。甲を有罪とすることはできるとの立場から発言する学生の人数は、後記1から5までのうちどれか。

【会　話】

　　学生Ａ：この場合に問題となるのは、共犯者の自白にいわゆる補強証拠が必要か、すなわち、憲法第38条第3項、刑事訴訟法第319条第2項により、「本人の自白」を唯一の証拠として有罪とすることは許されず、補強証拠が必要とされるところ、この「本人の自白」に共犯者の自白も含まれるかということですよね。

　　学生Ｂ：補強法則は、自由心証主義の例外ですから、条文の解釈は厳格に行うべきだと思います。

　　学生Ｃ：私は、自白偏重防止という観点から、本人の自白と共犯者の自白とで区別すべきではないと考えます。

　　学生Ｄ：私は、他に補強証拠がない場合に、自白した者が無罪となり、否認した者が有罪となるような非常識な結論を導く解釈を採ることは、許されないと思います。

　　学生Ａ：自白した者が無罪となるのは、自白に補強証拠がないためであり、否認した者が有罪となるのは、共犯者の供述が信用できると判断された結果だから、別に不合理ではないでしょう。

　　学生Ｂ：共犯者の自白に対しては反対尋問ができるのだから、被告人本人の自白とは違いますよ。

　　学生Ｃ：誤判のおそれという観点からは、むしろ共犯者の自白の方が危険だということも考えるべきでしょう。

　　学生Ｄ：共犯者は、自己の刑事責任を免れ又は軽くするために、他人を巻き込んだり責任転嫁したりするような供述をする危険性がありますからね。

1．0人　　　2．1人　　　3．2人　　　4．3人　　　5．4人

8章
証拠

No.
054　　正解 3　　　　　　　　　　共犯者の自白と補強証拠に関する問題である。　　正答率
　　　　　　　　　　　　　　　　　　　共犯者に関する論点を網羅的に復習しよう。　　81.4%

　Aの第1発言のとおり、本問で論題となっているのは、共犯者の自白に補強証拠が必要か否かである。すなわち、乙の供述は、乙が自己の犯罪事実を認める旨の供述であるから、乙にとっては自白に当たるが、甲にとっては自白に当たらない。このような乙の自白が、甲にとって「本人の自白」（憲38条3項）・「その自白」（刑訴319条2項）に当たり、補強証拠がなければ甲を有罪とすることができないのか、それとも、これに当たらず、乙の自白を唯一の証拠として甲を有罪とすることができるのかが問題となる。この問題については、大別すると、共犯者の自白に補強証拠を必要とする見解（以下「補強必要説」という）と、これを不要とする見解（以下「補強不要説」という）がある。

　補強必要説は、①補強法則の**自白偏重防止**という趣旨は、自白が本人のものであると共犯者のものであるとを**問わず妥当**するから、両者を**区別すべきでない**こと、②補強証拠を不要とすると、共犯者が自白し被告人が否認する場合において、共犯者の自白以外に証拠がないときは、**自白した共犯者は有罪とされない**のに対し、**否認した被告人**は当該自白によって**処罰される**という、**不合理な結果**をきたすことになること、③一般に、共犯者は自己の責任軽減のため他人の巻き込みや他の共犯者への**責任転嫁の危険**があり、**誤判防止の観点**からは、むしろ補強証拠を**要求すべき**であることなどをその論拠とする（最大判昭33.5.28百選A44事件の反対意見参照）。

　これに対して、補強不要説は、共犯者の自白は、被告人本人にとっては**第三者の供述**にすぎず、「**本人の自白**」という**文理上**、これを含めることには**無理があり**、補強法則が証拠の証明力に対する**自由心証主義**（318条）に対する**例外**であることからすれば、これを**拡張して解釈**することは**妥当でない**から、共犯者の自白を「本人の自白」と同一視し又はこれに準ずるものとすべきではないことをその論拠とする（前掲最大判昭33年百選A44事件の多数意見参照）。この補強不要説の立場からは、補強必要説の①の論拠に対して、**自白偏重防止**の趣旨は、安易に信用されやすい自白特有のものであり、**反対尋問等**により信用性が担保された第三者の供述である**共犯者の自白**には妥当しないから、両者は区別すべきであるとの反論が、②の論拠に対しては、自白した者が無罪となるのは、自白したためではなく、**補強法則の結果**であり、否認した者が有罪となるのは、否認したためではなく、反対尋問等により**共犯者供述の信用性**が認められたためであるから、必ずしも**不合理な結論とはいえない**との反論が、③の論拠に対しては、共犯者の供述の信用性は、反対尋問等によって吟味すると共に、自由心証主義の範囲内で**慎重に評価すれば足りる**との反論が、それぞれなされている。

　本問において、共犯者の自白である乙の供述のみによって、甲を有罪とすることができるのは、補強不要説の立場（以下「本問の立場」という）である。

A　本問の立場からの発言をする学生である。

　学生Aの第2発言は、補強不要説の立場から、補強必要説の②の論拠（学生Dの第1発言）に対する反論を述べたものである。

B　本問の立場からの発言をする学生である。

　学生Bの第1発言は、前掲最大判昭33年（百選A44事件）の多数意見が示した補強不要説の論拠を述べたものである。また、第2発言は、補強必要説の①の論拠（学生Cの第1発言）に対する反論を述べたものである。

C　本問の立場からの発言をする学生ではない。

　学生Cの第1発言は、補強必要説の①の論拠を述べたものである。また、第2発言は、補強必要説の③の論拠を述べたものである。

D　本問の立場からの発言をする学生ではない。

　学生Dの第1発言は、補強必要説の②の論拠を述べたものである。また、第2発言は、補強必要説の③の論拠を述べた学生Cの第2発言に同調して、誤判のおそれという観点からの危険を詳しく述べたものである。

文献 試験対策講座409～411頁

8章 証拠

補強証拠

次の【事例】に関する甲を有罪とするのに必要な甲の自白の補強証拠について述べた後記アからオまでの【記述】のうち、正しいものの組合せは、後記1から5までのうちどれか。ただし、判例がある場合には、それに照らして考えるものとする。なお、甲の自白及び各証拠について、その証拠能力及び証明力には問題はないものとする。

【事　例】

甲は、平成23年4月3日、H警察署を訪れ、同署司法警察員Xに対し、「乙と一緒にV1を殺害する計画を立てた。その計画は、乙がV1をH市内の岸壁に呼び出し、私が普通乗用自動車を運転してV1を跳ね飛ばして殺害し、V1の死体を海に捨てるというものであった。実際、私は、この計画どおり、平成23年2月3日午後9時頃、前記岸壁において、普通乗用自動車を運転し、乙が呼び出したV1を跳ね飛ばして殺害し、乙と一緒にV1の死体を海に捨てた。ちなみに、私は、これまで、一度も運転免許を取得したことがない。また、私は、平成22年12月8日、H市内にあるアパートの一室に侵入して現金10万円と時計1個を盗んだ。その後に確認したところ、私が盗みに入ったアパートの住人はV2だと分かった。」などと、道路交通法違反（無免許運転）、殺人、死体遺棄、住居侵入、窃盗の罪を自白した。そこで、司法警察員Xは、この自白を内容とする供述調書を作成した。その後、甲は、平成23年4月5日、司法警察員Xに述べたことと同じ内容を記載した知人A宛ての手紙を作成した上、これをAに郵送した。

【記　述】

☐☐☐　ア．甲を道路交通法違反（無免許運転）の罪で有罪とするには、甲が無免許であることについての補強証拠が必要不可欠であり、この証拠がない限り、甲を道路交通法違反（無免許運転）の罪で有罪とする余地はない。

☐☐☐　イ．甲を殺人、死体遺棄の罪で有罪とするには、V1の死体を写真撮影した写真撮影報告書等V1の死体の発見を前提とする補強証拠が必要不可欠であり、V1の死体を発見できなかった場合には、甲を殺人、死体遺棄の罪で有罪とする余地はない。

☐☐☐　ウ．甲を殺人、死体遺棄の罪で有罪とするためには、Aに郵送された手紙以外の補強証拠が必要不可欠であり、甲の供述調書及びAに郵送された手紙以外の証拠がない場合には、甲を殺人、死体遺棄の罪で有罪とする余地はない。

☐☐☐　エ．甲を住居侵入、窃盗の罪で有罪とするには、平成23年4月3日より前にV2が前記被害を届けていることについての補強証拠が必要不可欠であり、前記甲の自白を端緒に捜査を開始した結果、V2が前記被害に気付いて被

害を届けた場合、甲を住居侵入、窃盗の罪で有罪とする余地はない。

オ．甲を現金10万円及び時計1個を窃取した旨の窃盗の罪で有罪とするには、V2が被害直後に現金10万円と時計1個を窃取された旨の被害を届けていた場合であっても、被害金品の所在又は使途についての補強証拠が必要不可欠であり、たとえ、甲から押収した被害に係る時計1個が証拠として存在しても、被害に係る現金10万円の使途を全て明らかにする補強証拠がない限り、甲を現金10万円及び時計1個を窃取した旨の窃盗の罪で有罪とする余地はない。

1．ア　ウ　　2．ア　エ　　3．イ　エ　　4．イ　オ　　5．ウ　オ

| No.
055 | 正解　**1** | 補強証拠（憲38条3項、刑訴319条2項）が求められ
る範囲について、下記の判例の内容を理解しておこう。 | 正答率
87.1% |

ア　正しい。

　判例は、「無免許運転の罪においては、運転行為のみならず、運転免許を受けていなかったという事実についても、被告人の自白のほかに、補強証拠の存在することを要する」としている（最判昭42.12.21百選76事件）。したがって、甲が無免許であることについての補強証拠がない限り、甲を道路交通法違反（無免許運転）の罪で有罪とする余地はない。

イ　誤り。

　判例は、「自白を補強すべき証拠は、必ずしも自白にかゝる犯罪組成事実の全部に亘って、もれなく、これを裏付けするものでなければならぬことはなく、**自白にかゝる事実の真実性を保障し得るものであれば足る**」としている（最判昭23.10.30）。したがって、甲を殺人、死体遺棄の罪で有罪とするには、Ｖ1の死体の発見を前提とする補強証拠が必要不可欠であるとはいえず、Ｖ1の死体を発見できなかった場合であっても、甲を殺人、死体遺棄の罪で有罪とする余地はある。

ウ　正しい。

　自白に補強証拠を要求する趣旨は、**自白の偏重を避ける**ことによって**誤判を防止する**と共に、**自白の強要を防ぐ**ことにある。このような趣旨から、補強証拠は実質的にみて**自白からの独立性がある**ものでなければならず、自白の内容をただ繰り返したにすぎないものは補強証拠としての適格を有さないとされる。本事例において、Ａに郵送された手紙は、甲がＸに対して犯罪事実を自白した後、自白と**同一の内容**を記載した書面であり、自白の内容を繰り返したにすぎないものといえるため、補強証拠としての適格を有さない。したがって、甲を殺人、死体遺棄の罪で有罪とするためには、Ａに郵送された手紙以外の補強証拠が必要不可欠であり、甲の供述調書及びＡに郵送された手紙以外の証拠がない場合には、甲を殺人、死体遺棄の罪で有罪とする余地はない。

エ　誤り。

　判例には、捜査機関が被疑者の自白を端緒に被害者にその被害の有無を確認したところ、被害者が、犯人が盗んだことを認めているのであるから、盗難にあったことは間違いないものと思う旨の記載がある被害届を提出した事案において、このような被害届であっても、被害物件の保管場所、保管者、保管状況等を詳述しており、被告人の自白を補強するに足りるとしたものがある（最決昭32.5.23）。したがって、甲を住居侵入、窃盗の罪で有罪とするには、平成23年4月3日より前にＶ2が前記被害を届けていることについての補強証拠は必要不可欠ではなく、甲の自白を端緒に捜査を開始した結果、Ｖ2が前記被害に気付いて被害を届けた場合であっても、甲を住居侵入、窃盗の罪で有罪とする余地はある。

オ　誤り。

　イの解説で述べたように、前掲最判昭23年は、補強証拠について、「自白にかゝる事実の真実性を保障し得るものであれば足る」としている。そして、判例は、窃盗の事案において、「窃盗被害の日時及び被害物件等につき、被告人の自白にかかる原審認定事実を裏書するに足りる記載がある」ことを理由に、被害届を補強証拠として認めている（最判昭26.3.9）。したがって、本記述の場合、甲を現金10万円及び時計1個を窃取した旨の窃盗の罪で有罪とするには、被害金品の所在又は使途についての補強証拠は必要不可欠ではなく、甲から押収した被害に係る時計1個が証拠として存在していれば、被害に係る現金10万円の使途をすべて明らかにする補強証拠がなくとも、甲を現金10万円及び時計1個を窃取した旨の窃盗の罪で有罪とする余地はある。

文献　試験対策講座405、406頁。判例シリーズ74事件

CORE TRAINING

□□□　任意にされたものでない疑いのある自白は、その内容が虚偽であるおそれがあり、誤判防止のため排除されるべきとする見解と、任意にされたものでない疑いのある自白は、黙秘権を保障するため排除されるべきとする見解によれば、強制等による自白や不当に長く抑留又は拘禁された後の自白を不任意自白の例示とみることができる。　予R4-25-エ

➡ ① ❸　　〇

□□□　任意にされたものでない疑いのある自白は、違法な手続により得られた結果として排除されるべきとする見解によると、被告人側から取調官側に視点を移して、自白獲得手段自体の違法性に着目することになり、刑事訴訟法第319条第 1 項が「強制、拷問又は脅迫」、「不当に長く抑留又は拘禁」などと、自白獲得の手段を列挙していることにも合致すると主張することができる。　予R4-25-オ

➡ ① ❹ i　　〇

□□□　共同被告人乙の検察官に対する供述調書は、被告人甲との関係において、刑事訴訟法第321条第 1 項第 2 号の「検察官の面前における供述を録取した書面」には当たらない。　H21-35-イ

➡ 最決昭27.12.11　✕
② ❶ iii

□□□　犯行を否認する甲を有罪とするに当たり、甲と共に犯行を行った旨自白する乙の供述につき、補強証拠を必要とするという見解に対しては、他に補強証拠がない限り、否認した甲は有罪、自白した乙は無罪になるという非常識な結論が生じるとの批判がある。　予R1-24-イ

➡ 補強証拠を不要　✕
とする見解に対する批判である　②
❷ i

□□□　犯行を否認する甲を有罪とするに当たり、甲と共に犯行を行った旨自白する乙の供述につき、補強証拠を必要とするという見解のうち、補強証拠を必要とする範囲を法益侵害があった事実とそれが何人かの犯罪行為によるものであることで足りるとする立場に対しては、共犯者の自白には、引込みや責任転嫁の危険があるが、それらの危険を防止することはできないとの批判がある。　予R1-24-オ

➡ ② ❷ ii　　〇

CORE PLUS

① 自白法則の学説

		i 根拠	ii 批判
❶	虚偽排除説	任意性のない自白は、虚偽の自白である蓋然性が高く、供述の信用性に乏しい	内容が虚偽でなければ自白として許容されることになり、法の趣旨を没却する
❷	人権擁護説	黙秘権等、被告人の供述の自由を中心とする被告人の人権保障を目的	供述者の主観的な心理状態を基準とすることになるので、任意性の認定が困難
❸	任意性説	虚偽排除説と人権擁護説を統合 予R4-25-エ	
❹	違法排除説	捜査機関の自白採取方法や状況に着目して、自白採取過程に違法がある場合に自白の証拠能力を排除 予R4-25-オ	違法な手続により得られた自白のすべてが319条1項により排除されるという結論になりやすく、規定の文言上無理がある

② 共犯者の供述

❶ 証拠能力	i	共同被告人の証人適格	共同被告人の弁論を分離して証人として尋問したとしても、証人は自己に不利益な供述を拒むことができ、これを強要されるものでない。また、共同被告人でも事件が分離された後、他の共同被告人の証人として証言することは差し支えなく、他の事件の証人としての証言が自己の犯罪に対しても証拠となる。したがって、共同被告人を証人として尋問し作成した調書は憲法38条1項には違反しない（最判昭35.9.9）
	ii	公判廷における供述	判例は、共同被告人の供述に対し、被告人は311条3項により反対質問（被告人質問）の機会が与えられていることから、弁論を分離して証人として尋問をしなくても、共同被告人の公判廷における供述について被告人に対する関係で証拠能力を認めることができるとしている（最判昭28.10.27）
	iii	公判廷外の供述	判例は、共同被告人は被告人に対してはあくまで第三者であり、被告人は共同被告人を反対尋問する利益を有するから、共同被告人が検察官の取調べにおいて供述した検面調書については321条1項2号を適用すべきであるとしている（最決昭27.12.11）　H21-35-イ
❷ 証明力	i	補強証拠必要説	○自白偏重を防止する立法趣旨からして、共犯者の自白を本人の自白と区別すべき理由はない ○もし、共犯者の自白に補強証拠は不要であるとする見解によれば、自白した者は無罪となり、否認した者は有罪になるという不都合な結果を生ずる　予R1-24-イ
	ii	補強証拠不要説	○共犯者の自白は、本人にとっては第三者の供述にすぎない。よって、「自白」（319Ⅱ）のなかに共犯者の自白を含めて解することは文理上無理がある ○補強法則は自由心証主義の制限であるから、この規定を拡張して解釈することも妥当ではない ○自白した者が無罪、否認した者が有罪となるのも、自白は反対尋問を経た供述より証明力が弱いから当然である ○引っ張り込みの危険に関しては、補強証拠を罪体についてだけ要求するのであれば、防止することはできず、必要説を採る意味はない　予R1-24-オ

8章 証拠

MEMO

| No. 056 | 論 | 証言の証拠能力（伝聞法則）
H24-35 | □ 月 日
□ 月 日
□ 月 日 |

主尋問後に証人が所在不明になるなどの事情により反対尋問を経ていない証人の証言の証拠能力に関する次のアからオまでの各記述のうち、誤っているものの組合せは、後記1から5までのうちどれか。

□□□　ア．伝聞証拠とは、反対尋問を経ていない供述証拠であることを強調すると、反対尋問を受けておらず、伝聞証拠に当たることになるから、前記証言の証拠能力を否定する見解に結び付く。

□□□　イ．「公判期日における供述に代えて書面を証拠とし、又は公判期日外における他の者の供述を内容とする供述を証拠とすることはできない」という刑事訴訟法第320条第1項の文言を言葉どおりに解釈すると、前記証言の証拠能力を否定する見解に結び付く。

□□□　ウ．裁判官が証人の証言態度等を直接観察していることを重視すると、前記証言の証拠能力を否定する見解に結び付く。

□□□　エ．証人は、宣誓をしており、偽証罪による制裁という威嚇がある下での供述であることを重視すると、前記証言の証拠能力を肯定する見解に結び付く。

□□□　オ．前記証言が伝聞証拠に当たらないとの見解に立っても、反対尋問が実施できなくなった事情について証人申請をした当事者の責めに帰すべき理由がある場合には、手続的正義に反し、証拠能力が否定されると考えることも可能である。

1．ア　イ　　　2．ア　エ　　　3．イ　ウ　　　4．ウ　オ　　　5．エ　オ

8章 証拠

| No. 056 | 正解 3 | 伝聞法則の根拠を理解し、論理的帰結を導ける ようにしよう。 | 正答率 93.6% |

ア　正しい。

　320条1項は、公判期日における供述に代えて書面を証拠とし、又は**公判期日外にお**ける他の者の供述を内容とする供述を証拠とすることを原則として**禁止している**（**伝聞法則**）。その根拠のひとつは、相手方に**反対尋問権の保障**がなく、その**正確性**（**真実性、信用性**）を**担保することができない**という点である。ここで、反対尋問を経ていない供述証拠であることを強調するならば、反対尋問を経ていない証人の証言は、伝聞証拠に当たり、証拠能力を否定する見解に結び付くことになる。

イ　誤り。

　反対尋問を経ていない証人の証言であっても、公判期日における主尋問でなされたものである以上、公判期日における供述に代えた書面又は公判期日外における他の者の供述を内容とする供述（320条1項）には当たらない。したがって、320条1項の**文言を言葉どおりに解釈**すると、当該証言の証拠能力を**肯定する**見解に結び付くことになる。

ウ　誤り。

　公判期日外供述の証拠能力を**原則**として**認めない**伝聞法則（320条1項）の根拠のひとつとして、裁判所が供述者の**供述態度**や**状況を観察**して、**心証を形成することができず**、その**正確性**（**真実性、信用性**）を**担保することができない**ことが挙げられている。もっとも、主尋問後に証人が所在不明になるなどの事情により反対尋問を経ていない証人の証言であっても、主尋問において裁判官が当該証人の**証言態度**等を**直接観察している**ことを**重視**すると、当該証言の証拠能力を**肯定する**見解に結び付くことになる。

エ　正しい。

　公判期日外供述の証拠能力を原則として認めない伝聞法則（320条1項）の根拠のひとつとして、供述者は、**宣誓**（154条）を**していない**ことから、**偽証罪**（刑169条）による**制裁という威嚇がなく**、その**正確性**（**真実性、信用性**）を**担保することができない**ことが挙げられている。したがって、主尋問後に証人が所在不明になる等の事情により反対尋問を経ていない証人の証言であっても、証人が宣誓をしており偽証罪による**威嚇がある**下での供述であることを**重視**すれば、当該証言の証拠能力を**肯定する**見解に結び付くことになる。

オ　正しい。

　判例は、外国人の供述者が退去強制手続のため入管当局に収容されている間に、当該外国人の供述を録取した検察官面前調書が証拠調べ請求された事案において、321条1項2号前段（伝聞例外）の要件を満たしていたとしても、「検察官面前調書を証拠請求することが**手続的正義の観点から公正さを欠く**と認められるときは、これを事実認定の

証拠とすることが**許容されないこともあり得る**」としている（**最判平7.6.20百選80事件**）。したがって、判例の見解に従えば、証言が伝聞証拠に当たらないとしても、反対尋問が実施できなくなった事情について証人申請をした当事者の**責めに帰すべき理由がある場合**には、**手続的正義に反し**、証拠能力が**否定**されると考えることも可能である。

文献 試験対策講座412〜414、421〜424頁。判例シリーズ79事件

CORE TRAINING

01　伝聞法則の意義

□□□　乙の常習累犯窃盗被告事件において、乙が常習として窃盗を行った事実を要証事実として、乙の前科調書を証拠として用いる場合、伝聞証拠にあたる。 オリジナル①

➡ 前科調書の内容の真実性が問題となる　○

□□□　甲がVにガソリンをかけて火をつけ、焼死させたという殺人被告事件において、甲が精神異常であることを要証事実として、公判期日における証人Wの、「甲は、『Vには悪霊が憑いていた。悪霊を祓うために火をつけてやる。』と言っていました。」という証言を証拠として用いる場合、伝聞証拠にあたる。 オリジナル②

➡ 甲が本記述のような供述をしたか否かが問題となるが、本記述の内容の真実性は問題とならない　1 ❷ ii　×

CORE PLUS

1 伝聞・非伝聞の区別

❶ 区別	伝聞法則は、供述内容が真実であるかを証明しようとする場合にのみ問題となるから、伝聞法則が適用されるかどうかは要証事実との関係で相対的に決せられることになる
❷ 非伝聞となる場合	i 「『犯人は甲だ』とAが言っていた」というAの供述を含むBの証言を、Aの甲に対する名誉毀損罪が成立することを立証するために用いる場合は、甲が犯人かどうかは問題でなく、Aがそのように発言したこと自体が主要事実となることから、伝聞証拠とはならない ii 「おれはアンドロメダの帝王だ」というAの発言を精神異常を推認するために使う場合には、Aがアンドロメダの帝王かどうかは問題でなく、そのような発言をしたこと自体がAの精神異常を推認するための間接事実となるため、Aの発言は伝聞証拠とはならない オリジナル② iii 「『僕はあいつのことを憎んでいる』というAの発言を聞いた」というBの法廷での供述で、Aが本当に憎んでいたのかを問題にする場合、Aの発言のような内心の状態についての供述は知覚→記憶の過程が欠けており、誤りの介在する危険が少ないといえる。したがって、Bの法廷での供述には伝聞法則の趣旨が妥当せず、伝聞証拠とはならない
❸ 伝聞となる場合	「Aが『被告人はすかんわ、いやらしいことばかりする』と言っていた」とするBの証言を、強姦致死（現不同意性交等致死）事件における被告人の動機（被告人が以前から被害者と情を通じたいという意思を持っていたこと）の証明に用いる場合には、被告人が従前からAに対し「いやらしいこと」をしていたという事実から犯行自体の間接事実である動機を認定するものといえる。したがって、このような事実が存在したのか否かという意味でAの供述の内容の真実性が問題となり、伝聞証拠に当たる（最判昭30.12.9 百選78事件）

② 伝聞証拠

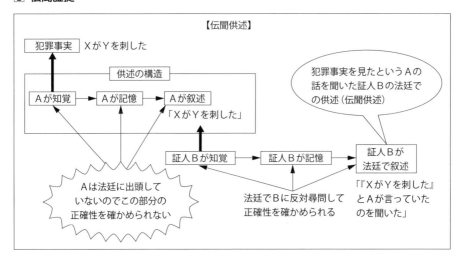

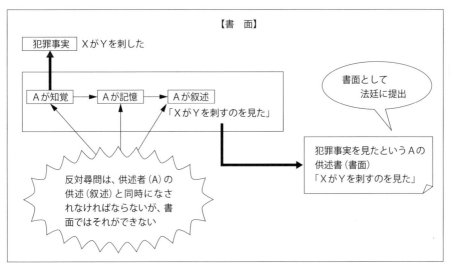

CORE TRAINING

02　伝聞法則の例外

□□□　被告人には黙秘権の保障があり、かつ、宣誓及び偽証罪の制裁を欠くのであるから、乙を被告人とする贈賄被告事件の公判調書中、被告人としての乙の供述を録取した部分は、甲を被告人とする収賄被告事件において、刑事訴訟法第321条第1項第1号の「裁判官の面前における供述を録取した書面」には該当しない。H23-35-オ

➡ 最決昭57.12.17（百選A36事件）❸❶i　×

□□□　刑事訴訟法第321条第1項第1号の「裁判官の面前における供述を録取した書面」は、当該事件に関して作成されたものに限られるから、他の事件の公判廷における証人の供述を録取したものは含まれない。H23-35-イ

➡ 最決昭29.11.11 ❸❶ii　×

□□□　刑事訴訟法第321条第1項の「その供述者が死亡、精神若しくは身体の故障、所在不明若しくは国外にいるため公判準備若しくは公判期日において供述することができないとき」とは、供述不能の制限的な事由ではなく、例示的な事由であるから、証人が、公判期日に証言拒絶権を行使して証言を拒んだときも、これに該当する。H23-35-ウ

➡ 最大判昭27.4.9　❹❶i　○

□□□　公判廷に証人として出廷した者が、捜査段階で検察官に対して供述した内容と相反する供述をしたとき、その者の検察官の面前における供述を録取した書面については、その検察官の面前における供述が特に信用すべき情況の下にされたものであるときでなければ証拠能力は認められない。H23-35-ア

➡ 絶対的特信情況は不要（321 I ②）❹❷ii　×

□□□　検察官は、甲に対する傷害被疑事件の捜査において、目撃者Wを取り調べて供述録取書（以下「検察官調書」という。）を作成した上、甲を傷害罪で地方裁判所に起訴した。検察官は、公判において、検察官調書の取調べを請求したが、弁護人は、これを証拠とすることに同意しなかった。そこで、検察官は、Wの証人尋問を請求した。裁判所は、Wが病気で入院していたため、検察官及び弁護人の意見を聴いて、Wの入院先の病院においてWの証人尋問を実施することを決定した。その後、同病院において、Wの証人尋問が実施されたところ、Wは、検察官調書の内容と相反する供述をした。Wの証人尋問が公判期日において行われない限り、検察官調書の証拠能力を認める余地はない。予H29-22-オ

➡ 裁判所外の証人尋問（158）は「公判準備」（321 I ②本文後段）に当たる　×

214

CORE PLUS

③ 裁判官面前調書（321 I ①）

❶ 定　義	i　「裁判官の面前……における供述を録取した書面」には、被告人以外の者に対する事件の公判調書中同人の被告人としての供述を録取した部分を含む（最決昭57.12.17百選A36事件） →公平な第三者である裁判官の面前でなされた供述であり、高度の信用性が認められる点では、被告人でもそれ以外の者でも同様である　H23-35-オ ii　「裁判官の面前……における供述を録取した書面」とは、当該事件において作成されたものであると、他の事件において作成されたものであるとを問わない（最決昭29.11.11）　H23-35-イ
❷ 要　件	「供述者が死亡、精神若しくは身体の故障、所在不明若しくは国外にいるため公判準備若しくは公判期日において供述することができないとき」（供述不能）又は「供述者が公判準備若しくは公判期日において前の供述と異なった供述をしたとき」（相反性）

④ 検察官面前調書（321 I ②）

❶ 前　段	i　「供述者が……供述することができないとき」として列挙している事由は例示列挙にすぎず、証人が証言を拒否した場合（最大判昭27.4.9）や、事実上の証言拒否があり、供述許否の決意が固く、翻意して尋問に応ずることはないと判断された場合（東京高判昭63.11.10）についても「供述することができないとき」に当たる　H23-35-ウ ii　判例は、参考人が退去強制により国外に退去させられた場合について、当該参考人の検察官面前調書を証拠請求することが手続的正義の観点から公正を欠くと認められるときには、参考人の検察官面前調書に証拠能力は認められないとしている（最判平7.6.20百選80事件）
❷ 後　段	i　公判期日等において証人として供述した後に検察官面前調書が作成され、更にその後の公判期日等においてもう1度証人として調書と異なる証言をした場合について、判例は、再度の証言との関係で検察官面前調書は「前の供述」といえ、321条1項2号に該当するとして証拠能力を認めている（最決昭58.6.30） ii　後段においては「公判準備又は公判期日における供述よりも前の供述を信用すべき特別の情況」（相対的特信情況）が要求されているところ、相対的特信情況の有無は外部的付随的事情によって判断する　H23-35-ア

8章 証拠

CORE TRAINING

□□□ 火災原因の調査、判定に関して特別の学識経験を有する私人が燃焼実験を行い、その考察結果を報告した書面については、刑事訴訟法第321条第4項の「鑑定の経過及び結果を記載した書面」に準ずるものとして、同項により証拠能力を有する。 H21-35-ウ

➡ 最決平20.8.27（百選83事件）[5]❷ ◯

□□□ 犯行の状況を撮影したいわゆる現場写真は、非供述証拠に属し、当該写真自体又はその他の証拠により事件との関連性を認め得る限り証拠能力を具備するものであって、これを証拠として採用するためには、必ずしも撮影者らに現場写真の作成過程ないし事件との関連性を証言させることを要しない。 予H30-25-エ

➡ 最決昭59.12.21（百選87事件）[6]❶ ◯

□□□ 刑事訴訟法第323条第2号の「業務の通常の過程において作成された書面」に該当するか否かは、その書面自体だけから判断されなければならず、その作成者の証言等関係証拠を考慮に入れて判断することは許されない。 予H30-25-ウ

➡ 最決昭61.3.3 [7]❷ii ✕

□□□ 裁判所は、被告人の精神状態の鑑定を命じた鑑定人が作成した「鑑定の経過及び結果を記載した書面」については、検察官が証拠とすることに同意しない場合でも、被告人が証拠とすることに同意すれば、直ちに証拠とすることができる。 H25-26-5

➡ 検察官及び被告人の同意必要（326 I）[8]❶ii ✕

□□□ 検察官から取調べ請求がなされた証拠に対して同意又は不同意の意見を述べるのは、弁護人のみが有する権利である。 H24-40-ウ

➡ 弁護人は代理人の立場で同意することができる [8]❶iii ✕

CORE PLUS

5 実況見分調書・燃焼実験報告書

❶ 実況見分調書	実況見分調書が321条 3 項の書面に含まれるかが問題となるが、検証調書が321条 3 項の下でゆるやかに証拠能力が認められている趣旨が実況見分調書にも妥当するとして、判例は実況見分調書にも321条 3 項が適用されるとしている（最判昭35. 9. 8 百選A 38事件）
❷ 私人作成の燃焼実験報告書	判例は、火災原因の調査、判定に関し特別の学識経験を有する私人が燃焼実験を行ってその考察結果を報告した書面について、321条 3 項の準用は否定したものの、321条 4 項の準用により証拠能力を認めている（最決平20.8.27百選83事件） H21-35-ウ

6 現場写真・再現写真

❶ 現場写真	○犯行の現場において犯行の状況を撮影した写真で、当該状況の証明のために用いられるもの ○判例は、写真は事物の知覚・記憶・叙述のいずれの過程も機械が正確に行い、誤りの介在する余地がなく反対尋問等によるテストは不要であるとして、現場写真は非供述証拠であるとしている（最決昭59. 12. 21百選87事件） 予H30-25-エ
❷ 再現写真	○被疑者・被告人又は被害者に犯罪が行われた状況を再現させた様子を撮影したもの ○犯行再現写真は、再現者の動作による供述としての性格を有し、要証事実を再現どおりの犯罪事実の存在とした場合、供述内容の真実性が問題となり、伝聞証拠に当たる。そして、検証調書としての性格から321条 3 項の要件を満たすことに加えて、再現者が被告人である場合の犯行再現写真は、被告人からの自白採取的性格があるため322条 1 項の要件を満たした場合には証拠能力が認められる（最決平17. 9 . 27百選82事件）

7 特信文書

❶ 公務文書	戸籍謄本、公正証書謄本、登記簿謄本、印鑑証明、前科調書、指紋照会回答書など（323①）
❷ 業務文書	ⅰ　商業帳簿、航海日誌、裏帳簿、カルテなど（323②） ⅱ　判例は、漁船団の受信記録も323条 2 号の業務文書に当たるとし、業務文書該当性の判断について、当該書面の形状や内容だけでなく、その作成者の証言等も資料とすることができるとしている（最決昭61. 3 . 3 ） 予H30-25-ウ
❸ その他の特信文書	民事事件の判決書など、前 2 号のほかに特に信用すべき情況の下に作成された書面（323③）

8 同意書面

❶ 意　義	ⅰ　検察官及び被告人が証拠とすることに同意した書面又は供述は、321条から325条までの規定にかかわらず、証拠とすることができる ⅱ　検察官と被告人の双方が同意している必要があり、どちらか片方のみでは326条 1 項の同意の効果は生じない H25-26-5 ⅲ　検察官から取調べ請求された証拠に対して同意又は不同意の意見を述べるのは、弁護人ではなく被告人固有の権利である H24-40-ウ
❷ 性　質	同意の性質については、反対尋問権の放棄と解する説と、証拠能力を付与する訴訟行為と解する説とが対立している

8章 証拠

CORE TRAINING

□□□ 刑事訴訟法第328条により許容される証拠は、信用性を争う供述をした者のそれと矛盾する内容の供述が、同人の供述書、供述を録取した書面（同法が定める要件を満たすものに限る。）、同人の供述を聞いたとする者の公判期日の供述又はこれらと同視し得る証拠の中に現れている部分に限られる。 予H30-25-オ

➡ 最判平18.11.7 （百選85事件） ⑨❶ ○

CORE PLUS

⑨ 証明力を争う証拠

❶ 意 義	判例は、328条により許容される証拠は、信用性を争う供述をした者のそれと矛盾する内容の供述が、同人の供述書、供述を録取した書面、同人の供述を聞いたとする者の公判期日の供述又はこれらと同視し得る証拠のなかに現れている部分に限られるとしている（最判平18.11.7 百選85事件） 予H30-25-オ
❷「証明力を争う」（328）	i 回復証拠については、「争う」という文言が、ある事実を否定し又は否定された事実に対し反論を加えることまで含むと考えるのが自然であるとして「証明力を争う」証拠に含まれると解されている ii 増強証拠については、「争う」との文言から明らかに外れ、供述内容の真実性を要求する点で、実質証拠として許容されたのと同じ結果になるので除外すると解されている

⑩ 再伝聞

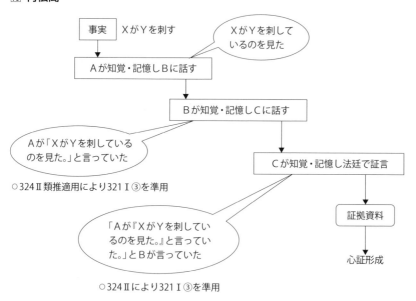

No. 057	論	違法収集証拠の証拠能力	☐ 月 日
		予R1-23	☐ 月 日 ☐ 月 日

　違法収集証拠の証拠能力に関する次のアからオまでの各記述のうち、正しいものには1を、誤っているものには2を選びなさい。ただし、判例がある場合には、それに照らして考えるものとする。

　ア．違法に収集された証拠物の証拠能力が否定されるか否かは、専ら憲法の解釈に委ねられており、憲法第31条の適正手続の保障自体の要請として、証拠物の収集手続に重大な違法があり、これを使用して被告人を処罰することによって手続全体が適正を欠くものとなる場合に限って、その証拠能力が否定される。

　イ．被告人を逮捕する際に逮捕状の呈示がなく、逮捕状の緊急執行もされていないという違法がある場合、警察官が逮捕手続の違法を糊塗するため、逮捕時に逮捕状を呈示した旨の虚偽を逮捕状に記入した上、同旨の内容虚偽の捜査報告書を作成し、さらに、公判廷において、同旨の内容虚偽の証言をしたという事情が存するとしても、これらは逮捕後に生じたものであるから、その逮捕当日に任意に採取された尿の鑑定書の証拠能力を判断するに当たり、これを考慮することはできない。

　ウ．証拠物の収集手続にその証拠能力を否定すべき重大な違法があるか否かを判断するに当たり、手続違反がなされた際の状況や適法になし得た行為からの逸脱の程度を考慮することはできるが、警察官の、令状主義に関する諸規定を潜脱しようとの意図の有無を考慮することはできない。

　エ．違法な捜査手続の結果収集された証拠物が犯罪の立証上重要なものであればあるほど、その証拠能力を否定することは、事案の真相の究明との抵触が大きくなるため、逮捕手続に重大な違法が認められる場合であっても、その逮捕中に被告人が任意に提出した尿から覚せい剤成分が検出された旨の鑑定書は、同人の覚せい剤使用の罪に係る公判において、証拠能力が否定されることはない。

　オ．ある証拠物が収集された直接の手続のみに着目すれば違法が認められない場合でも、それに先行する捜査手続（先行手続）に重大な違法があって、当該証拠物がその先行手続と密接な関連を有するときは、その証拠能力が否定されることがある。

8章 証拠

219

No.
057

正解
ア2、イ2、ウ2、エ2、オ1

事例問題で問われる可能性のある重要な問題で
あるため、しっかりとおさえておこう。

正答率
77.1%

ア　誤り。

類 予R4-24-イ

　証拠の収集手続に違法がある場合、判例は、「証拠物の押収等の手続に、憲法35条及
びこれを受けた刑訴法218条1項等の所期する**令状主義の精神を没却するような重大な
違法**があり、これを証拠として許容することが、**将来における違法な捜査の抑制の見地
からして相当でない**と認められる場合においては、その**証拠能力は否定される**」として
いる。したがって、判例は、違法収集証拠の証拠能力を専ら憲法の解釈に委ねていない。
また、証拠物を使用して被告人を処罰することによって手続全体が適正を欠くものとな
る場合に証拠能力が否定されるとも判示していない（最判昭53.9.7百選88事件）。

イ　誤り。

　判例は、「本件逮捕には、逮捕時に逮捕状の呈示がなく、逮捕状の緊急執行もされて
いない……という**手続的な違法**があるが、それに**とどまらず**、警察官は、その**手続的な
違法を糊塗**するため……逮捕状へ**虚偽事項を記入**し、**内容虚偽の捜査報告書を作成**し、
更には、公判廷において**事実と反する証言**をしているのであって……このような警察官
の態度を総合的に考慮すれば、本件逮捕手続の違法の程度は、**令状主義の精神を潜脱し、
没却するような重大なもの**であると評価されてもやむを得ないものといわざるを得ない。
そして、このような**違法な逮捕に密接に関連する証拠を許容**することは、**将来における
違法捜査抑制の見地からも相当でない**」とし、尿に関する鑑定書の証拠能力を否定して
いる（最判平15.2.14百選90事件。大津覚醒剤証拠排除事件）。したがって、逮捕当日
に任意に採取された尿に関する鑑定書の証拠能力を判断するに当たって、設問にある事
情を考慮することはできる。

ウ　誤り。

　前掲最判昭53年（**百選88事件**）は、「被告人の承諾なくその上衣左側内ポケットから
本件証拠物を取り出した……巡査の行為は……同巡査において**令状主義に関する諸規定
を潜脱しようとの意図があったものではなく**……本件証拠物の押収手続の違法は**必ずし
も重大であるとはいえない**」としている。また、**判例**（大津覚醒剤証拠排除事件）は、
逮捕状への虚偽記載、内容虚偽の捜査報告書の作成、事実と反する証言という逮捕時の
警察官らが**令状主義の精神を潜脱する**意図を有していたことを強く**推認する事情を考慮**
したうえで、逮捕手続の違法の重大性を肯定している。したがって、証拠物の収集手続
にその証拠能力を否定すべき重大な違法があるか否かを判断するに当たり、警察官の、
令状主義に関する諸規定を潜脱しようとの意図の有無を考慮することはできる。

エ　誤り。

　判例（大津覚醒剤証拠排除事件）は、覚醒剤の使用・所持の罪で逮捕されて起訴され
た事案において、**逮捕手続に重大な違法**を認め、その逮捕中に被告人が任意に提出した

尿に関する**鑑定書の証拠能力を否定**している。したがって、たとえ違法な捜査手続の結果収集された証拠物が犯罪の**立証上重要なもの**であっても、**逮捕手続に重大な違法**が認められた場合、その逮捕中に被告人が任意に提出した尿から覚醒剤成分が検出された旨の鑑定書は、同人の覚醒剤使用の罪に係る公判において、**証拠能力が否定されることがあり得る**。

オ　正しい。　　　　　　　　　　　　　　　　　　　　　　　　　類 予R4-24-オ

　判例（大津覚醒剤証拠排除事件）は、**先行する逮捕手続に重大な違法**があることを前提に、逮捕当日に行われた適法な採尿手続により得られた尿は、「重大な違法があると評価される本件逮捕と**密接な関連を有する証拠**であるというべき」であり、「その鑑定書も、**同様な評価を与えられるべきものである**」として、尿とその鑑定書の証拠能力を否定している。したがって、証拠物が**重大な違法**を有する**先行手続と密接な関連**を有するときは、その**証拠能力が否定される**ことが**ある**。

　文献　試験対策講座445〜448頁。判例シリーズ93、95事件

8章
証拠

CORE TRAINING

□□□ 違法に収集された証拠物の証拠能力については、刑事訴訟法に何らの規定も置かれていないので、この問題は、刑事訴訟法の解釈ではなく、憲法の解釈に委ねられている。予R4-24-ア

➡ 最判昭53.9.7（百選88事件）。判例は、「刑訴法の解釈に委ねられている」としている ① ✕

□□□ 違法に収集された証拠物の証拠能力が否定されるかの判断に当たって、捜査の違法の程度は考慮されるが、当該証拠の重要性は考慮されない。予R4-24-ウ

➡ 最判平15.2.14（百選90事件）参照。証拠の重要性も考慮要素となり得る ① ❷ ✕

□□□ 違法に収集された証拠物の証拠能力が否定されるかの判断に当たって、捜査機関が当該証拠の押収までに行ったことは考慮されるが、押収後に行ったことが考慮されることはない。予R4-24-エ

➡ 最判平15.2.14（百選90事件）。令状執行の違法の重大性の判断について、令状執行後の捜査官の態様についてもその判断要素としている ① ※ ✕

CORE PLUS

① 違法収集証拠排除法則について 予R4-24-ア

❶ 根拠	ⅰ適正手続の保障、ⅱ司法の廉潔性、ⅲ将来の違法捜査抑止
❷ 判断基準	ⅰ令状主義の精神を没却するような重大な違法があり、ⅱこれを証拠として許容することが、将来における違法な捜査の抑制の見地からして相当でないと認められる場合（最判昭53.9.7百選88事件）予R4-24-ウ

※ 違法の重大性の判断に当たっては、問題となる行為時点だけでなく行為後の事情も考慮されている（最判平15.2.14百選90事件）。予R4-24-エ

② 毒樹の果実の理論と違法性の承継論

	a 毒樹の果実の理論	b 違法性の承継論
❶ 定義	違法に収集された証拠によって発見することができた他の証拠にも排除法則が及ぶという理論	違法手続が先行する場合は、後続する証拠収集手続が適法であっても証拠が排除されるという法理
❷ 判断基準	ⅰ 違法の程度 ⅱ 両証拠間の関連性	ⅰ 先行手続と後行手続間の密接関連性 ⅱ 違法の重大性・排除の相当性

第**5**編

裁　判

［第5編第9章（裁判の意義）には、登載基準を満たすフル問題がありません。］

CORE TRAINING

01　裁判の意義と種類

□□□　刑の言渡しをしたときは、被告人が貧困のため訴訟費用を納付することのできないことが明らかであるときを除き、被告人に訴訟費用の全部又は一部を負担させなければならない。H22-36-2　➡181 I　①※　○

02　裁判の成立

□□□　裁判所は、被告人に対し有罪の言渡しをするには、宣告により判決を告知する必要があり、宣告をせずに判決書謄本を被告人に交付するだけでは、被告人に判決を告知したことにはならない。H24-37-ウ改題　➡342　②❷ii　○

□□□　殺人被告事件で勾留中の被告人につき無罪判決が宣告された場合、その判決宣告の時点で、被告人に対する勾留状はその効力を失う。予R5-26-ウ　➡345　②＊　○

CORE PLUS

1 裁判の種類

	a　判決	b　決定	c　命令
❶ 裁判の主体	裁判所	裁判所	裁判官
❷ 口頭弁論の要否	必要（43Ⅰ）	不要（43Ⅱ）	不要（43Ⅱ）
❸ 理由の要否	必要（44Ⅰ）	上訴を許さないものには不要（44Ⅱ本文）	上訴を許さないものには不要（44Ⅱ本文）
❹ 不服申立て方法	控訴・上告	抗告	準抗告
❺ 具体例	有罪判決 無罪判決	公訴棄却決定（339Ⅰ）など	第1回公判期日前の勾留に関する処分（280）など

※　刑の言渡しをしたときは、被告人が貧困のため訴訟費用を納付することのできないことが明らかである場合を除き（181Ⅰただし書）、被告人に訴訟費用の全部又は一部を負担させなければならない（181Ⅰ本文）。H22-36-2

2 裁判の成立

❶ 内部的成立	裁判機関の内部で判断内容が形成されることをいい、裁判が内部的に成立したときは、その後に裁判官が交替しても、公判手続を更新する必要はなくなる（315ただし書）
❷ 外部的成立*	ⅰ　裁判の告知は、公判廷では宣告により、その他の場合には裁判書の謄本を送達して行うのが原則である（刑訴規34本文） ⅱ　判決は、公判廷において宣告により告知（342）H24-37-ウ改題
❸ 裁判書	ⅰ　裁判をするには裁判書を作らなければならない（刑訴規53本文）が、例外として、決定・命令の裁判については、裁判書に代えて調書に記載させることで足りる（刑訴規53ただし書） ⅱ　判決についても、一定の場合に調書判決が認められている（刑訴規219本文）

*　無罪の裁判が外部的に成立すると、勾留状は効力を失う（345）。予R5-26-ウ

9章

裁判の意義

CORE TRAINING

03　裁判の内容

□□□　公訴の取消し後、犯罪事実につき、新たに重要な証拠が発見されていないにもかかわらず、公訴の取消しによる公訴棄却の決定が確定した同一事実について起訴がなされたとき、裁判所は、免訴の言渡しをしなければならない。 H19-37-カ
➡ 338②　③＊2　✕

□□□　殺人罪の訴因について無罪判決が確定した後、検察官が被告人の有罪を立証するに十分な新たな証拠が発見されたとして、再度、同事件の被告人を同一事実で起訴した場合、裁判所は、改めて審理し、有罪の判決をすることができる。 予R5-26-エ
➡ 337①　⑤❶　✕

□□□　起訴がなされた犯罪について、起訴より前に公訴時効が完成していたことが判明したとき、裁判所は免訴の言渡しをしなければならない。 H19-37-ウ
➡ 337④　⑤❹　◯

□□□　有罪の言渡しをするには、罪となるべき事実、証拠の標目及び法令の適用を示さなければならず、法律上犯罪の成立を妨げる理由又は刑の加重減免の理由となる事実が主張されたときは、これに対する判断を示さなければならない。 H24-37-イ 、H22-36-1
➡ 335　⑥❶　◯

□□□　被告事件について犯罪の証明がないときは、判決で無罪の言渡しをしなければならないが、被告事件が罪とならないときは、判決で公訴を棄却しなければならない。 H24-37-オ 、H22-36-5
➡ 336　⑥❷　✕

CORE PLUS

③ 判決による公訴棄却事由（338）

❶ 被告人に対して裁判権を有しないとき	338①
❷ 340条の規定に違反して公訴が提起されたとき	338②
❸ 公訴の提起があった事件について更に同一裁判所に公訴が提起されたとき* 1	338③
❹ 公訴提起の手続がその規定に違反したため無効であるとき* 2	338④

＊1　いわゆる二重起訴であり、ここにいう「事件」の範囲は、最初の起訴状の公訴事実と後の起訴状の公訴事実との間に「公訴事実の同一性」（312 I）が認められる場合を指す。
＊2　公訴取消後に犯罪事実につき新たに重要な証拠が発見されていないにもかかわらず、同一事実について起訴がなされた場合や、少年事件について家庭裁判所により検察官送致（逆送）の手続を経ずに公訴提起された場合などがこれに当たる。 H19-37-カ

④ 決定による公訴棄却事由（339 I）

❶ 起訴状謄本が起訴後 2 か月以内に被告人に送達されないとき（271 II）	339 I ①
❷ 起訴状記載の事実が真実でも、何ら罪となるべき事実を包含していないとき（e.g. 過失犯処罰規定がないのに過失行為を起訴）	339 I ②
❸ 公訴が取り消されたとき	339 I ③
❹ 被告人が死亡し、又は被告人たる法人が存続しなくなったとき	339 I ④
❺ 10条又は11条の規定により審判してはならないとき	339 I ⑤

⑤ 免訴判決（337）

❶ 確定判決を経たとき　予R5-26-エ	337①
❷ 犯罪後刑の廃止があったとき	337②
❸ 大赦があったとき	337③
❹ 時効が完成したとき　H19-37-ウ	337④
❺ 超法規的免訴事由（例えば、迅速裁判違反）	—

⑥ 実体裁判

❶ 有罪判決 H24-37-イ、H22-36-1	ⅰ 有罪の言渡しをするには、罪となるべき事実、証拠の標目及び法令の適用を示さなければならない（335 I） ⅱ 法律上犯罪の成立を妨げる理由又は刑の加重減免の理由となる事実が主張されたときは、これに対する判断を示さなければならない（335 II）
❷ 無罪判決 H24-37-オ、H22-36-5	被告事件が罪とならないとき、又は被告事件について犯罪の証明がないときは、判決で無罪の言渡しをしなければならない（336）

※　裁判長は、判決の宣告をした後、被告人に対し、その将来について適当な訓戒をすることができる（刑訴規221）。

9章 裁判の意義

論　一事不再理効

H25-34

□ 月 日
□ 月 日
□ 月 日

　次の【見解】は、実体的には常習特殊窃盗罪を構成する窃盗行為が刑法第235条の窃盗罪（以下「単純窃盗罪」という。）として起訴され（以下「前訴」という。）、判決が確定した後、その判決の宣告前に犯されていた余罪の窃盗行為（実体的には確定判決を経由した窃盗行為と共に1つの常習特殊窃盗罪を構成するもの）が、前同様に単純窃盗罪として起訴された場合（以下「後訴」という。）に、前訴の確定判決の一事不再理効が後訴に及ぶかという点に関するものである。後記1から5までの【記述】のうち、【見解】と同じ立場から論じているものはどれか。

【見　解】

　訴因制度を採用した現行刑事訴訟法の下においては、少なくとも第一次的には訴因が審判の対象であると解されること、犯罪の証明なしとする無罪の確定判決も一事不再理効を有することに加え、常習特殊窃盗罪の性質や一罪を構成する行為の一部起訴も適法になし得ることなどに鑑みると、前訴の訴因と後訴の訴因との間の公訴事実の単一性についての判断は、基本的には、前訴及び後訴の各訴因のみを基準としてこれらを比較対照することにより行うのが相当である。本件においては、前訴及び後訴の訴因が共に単純窃盗罪であって、両訴因を通じて常習性の発露という面は全く訴因として訴訟手続に上程されておらず、両訴因の相互関係を検討するに当たり、常習性の発露という要素を考慮すべき契機は存在しないのであるから、ここに常習特殊窃盗罪による一罪という観点を持ち込むことは、相当でないというべきである。

【記　述】

1．単純窃盗として起訴された以上、訴因を動かす権限のない裁判所としては、訴因の範囲において審判すべきである。

2．裁判所は訴因を超えて事実を認定し有罪判決をすることは許されないが、免訴や公訴棄却といった形式裁判をする場合に関する限り訴因に拘束されることはないと解すべきである。

3．両訴因間における公訴事実の単一性の有無を判断するに当たり、いずれの訴因の記載内容にもなっていないところの犯行の常習性という要素について証拠により心証形成をし、両者は常習特殊窃盗として包括的一罪を構成するから公訴事実の単一性を肯定できる場合には、前訴の確定判決の一事不再理効が後訴にも及ぶとすべきである。

4．実体に合わせて訴因が変更されれば免訴となるが、そうでなければ有罪
　判決になるということになり、検察官の選択によって両極端の結果を生じ
　させるのは、不合理である。

5．訴因は有罪を求めて検察官により提示された審判の対象であり、訴因を
　超えて有罪判決をすることは、被告人の防御権を侵害するから許されない
　が、これに対し、確定判決の有無という訴訟条件の存否は職権調査事項で
　ある上、その結果免訴判決がなされても、被告人の防御権を侵害するおそ
　れは全くないから、訴因に拘束力を認める理由も必要性も存しない。

　　（参照条文）盗犯等の防止及び処分に関する法律

　　第2条　常習トシテ左ノ各号ノ方法ニ依リ刑法第235条、第236条、
　　　第238条若ハ第239条ノ罪又ハ其ノ未遂罪ヲ犯シタル者ニ対シ窃盗
　　　ヲ以テ論ズベキトキハ3年以上、強盗ヲ以テ論ズベキトキハ7年
　　　以上ノ有期懲役ニ処ス
　　一　凶器ヲ携帯シテ犯シタルトキ
　　二　二人以上現場ニ於テ共同シテ犯シタルトキ
　　三　門戸牆壁等ヲ踰越損壊シ又ハ鎖鑰ヲ開キ人ノ住居又ハ人ノ看
　　　守スル邸宅、建造物若ハ艦船ニ侵入シテ犯シタルトキ
　　四　夜間人ノ住居又ハ人ノ看守スル邸宅、建造物若ハ艦船ニ侵入
　　　シテ犯シタルトキ

| No. 058 | 正解　1 | 見解の基となった判例（最判平15.10.7）を確認し、一事不再理効の考え方を整理しよう。 | 正答率 86.0% |

1　本問の見解と同じ立場から論じている。

本問の見解は、「訴因制度を採用した現行刑訴法の下においては、少なくとも**第一次的には訴因が審判の対象である**」（**最判平15.10.7百選95事件**参照）としている。そして、本記述は、裁判所は訴因の範囲において審判すべきとしている。

2　本問の見解と異なる立場から論じている。

本問の見解は、「前訴の訴因と後訴の訴因との間の**公訴事実の単一性**についての判断は、**基本的には**、前訴及び後訴の**各訴因のみを基準として**これらを**比較対照**することにより行うのが相当である」とするものであり、この見解からは、前訴の確定判決の一事**不再理効**が後訴に及ぶか否かの判断（訴訟条件の判断）についても、**訴因のみが基準**となる。そのため、免訴や公訴棄却といった**形式裁判**をする場合に関しても、**訴因に拘束される**ことになる。これに対して、本記述は、形式裁判をする場合に限り訴因に拘束されることはないとしている。

3　本問の見解と異なる立場から論じている。

本問の見解は、裁判所は訴因の範囲において審判すべきとしたうえで、「両訴因を通じて**常習性の発露**という面は全く訴因として訴訟手続に上程されておらず、両訴因の相互関係を検討するに当たり、常習性の発露という要素を**考慮すべき契機は存在しない**のであるから、ここに常習特殊窃盗罪による**一罪**という**観点**を持ち込むことは、**相当でない**」としている。これに対して、本記述は、訴因として訴訟手続に上程されていない犯行の常習性という要素を考慮して、両訴因間の公訴事実の単一性の有無を判断することを求めている。

4　本問の見解と異なる立場から論じている。

2で述べたように、本問の見解は、前訴の確定判決の一事不再理効が後訴に及ぶか否かの判断について、訴因のみを基準とするものである。この見解によれば、後訴の訴因が実体に合わせて単純窃盗から常習特殊窃盗に変更されたときは**免訴**となり、そうでないときは訴因として訴訟手続に**上程されていない「常習性の発露」**という要素を考慮しない以上、有罪判決になるところ、このように検察官の選択によって両極端の結果を生じさせるのは**不合理**であるとの批判がなされる。

5　本問の見解と異なる立場から論じている。

本記述の立場に立つと、裁判所は、訴訟条件たる確定判決の有無について訴因に拘束されずに判断できるため、前訴において訴因として訴訟手続に上程されていない**常習性**という要素を考慮して免訴判決をすることも許されることになる。しかし、これは、前訴の確定判決の一事不再理効が後訴に及ぶか否かの判断について、訴因のみを基準とし、その拘束力を認める本問の見解とは相反するものである。

文献 試験対策講座270、271、285〜290、482、483頁。判例シリーズ100事件

CORE TRAINING

□□□ 告訴がないまま起訴された器物損壊事件において、公訴 棄却の判決が確定した場合、検察官は、その後に被害者から告 訴を得たとしても、再度、同事件の被告人を同一事実で起訴す ることはできない。予R5-26-オ

➡ 最大判昭28.12. 9 [1]❸ ✕

□□□ 被告人Aが甲を殺害した旨の訴因について有罪判決が 確定した後、検察官は、BがAと共謀の上で甲を殺害した旨の 事実でBを起訴することができる。予R5-26-ア

➡[1]❹ ◯

CORE PLUS

[1] 一事不再理効

❶ 内容・根拠	審判が済んだ同じ事件を二度と取り上げないという原則。二重の危険の禁止（憲39前段後半、後段）を根拠とする（通説）
❷ 効果	一事不再理効に反して起訴された場合、当該訴訟は免訴判決により打ち切られる（337①）
❸ 発生事由	実体裁判が確定した場合には、一事不再理効が発生する。一方で、起訴状の瑕疵を理由とする公訴棄却判決など、形式裁判が確定しても、原則として一事不再理効は発生しないと解されている（最大判昭28.12.9） 予R5-26-オ
❹ 範囲	訴追・判決された訴因と公訴事実を同一にする範囲の事実に及ぶ（通説。人的範囲については、当該手続の対象となった被告人についてのみ及ぶ） 予R5-26-ア

第**6**編

救済手続

控　訴

No.
059

予H30-26

□月　日
□月　日
□月　日

　　次のアからオまでの各記述のうち、正しいものの組合せは、後記1から5までのうちどれか。ただし、判例がある場合には、それに照らして考えるものとする。

　ア．控訴の提起期間は、刑事訴訟法上、10日と定められている。

　イ．判決の主文と理由に食い違いがある場合、それが判決に影響を及ぼすことが明らかであるときに限り、控訴を申し立てることができる。

　ウ．控訴審において、裁判所は、公判期日に被告人が出頭しなければ開廷することができない。

　エ．控訴裁判所は、必要と認めるときは、原判決の言渡し後に生じた刑の量定に影響を及ぼすべき情状について取り調べることができる。

　オ．控訴裁判所は、被告人のみが控訴をした事件について、原判決の刑より重い刑を言い渡すことはできない。

　1．ア　ウ　　　2．ア　エ　　　3．イ　ウ　　　4．イ　オ　　　5．エ　オ

| No. 059 | 正解 5 | 控訴は条文知識がそのまま問われるので、条文をよく読んで正確に記憶しておこう。 | 正答率 73.6% |

ア　誤り。

　控訴の提起期間は、14日である（373条）。

イ　誤り。

　訴訟手続の法令違反は控訴理由となるところ、377条及び378条は、そのうち特に瑕疵が重大なものを、判決への影響の有無を問わず、控訴理由としている（絶対的控訴理由）。そして、判決の主文と理由に食い違いがあることは、この絶対的控訴理由とされている（378条4号）。したがって、判決の主文と理由に食い違いがある場合には、それが判決に影響を及ぼすことが明らかでなくとも、控訴を申し立てることができる。

ウ　誤り。

　控訴審においては、**被告人**は、公判期日に**出頭**することを**要しない**（**390条本文**）。これは、控訴審の審理が**事後審**であり、差し出された**控訴趣意書**に基づく弁論を**主体とすること**から（389条参照）、被告人を常に公判期日に出頭させるだけの必要性に乏しいからである。

エ　正しい。

　控訴裁判所は、**必要がある**と認める**ときは**、**職権で**、第1審判決後の刑の量定に影響を及ぼすべき**情状につき取調べ**をすることが**できる**（**393条2項**）。これは、原判決の当否の審査という事後審の枠を超えて、事件処理の具体的妥当性を図るためである。

オ　正しい。

　被告人が控訴をし、又は被告人のため控訴をした事件については、**原判決の刑より重い刑を言い渡すことはできない**（**402条**）。これは、被告人が不利益変更をおそれて上訴権の行使をためらうことがないようにするため、不利益変更禁止の原則を定めたものである。

文献　試験対策講座497、499、501頁

No.
060

控訴申立ての理由の審査

予H27-26

☐ 月 日
☐ 月 日
☐ 月 日

11章 上訴

　次の【記述】は、控訴審における控訴申立ての理由の審査に関する最高裁判所の判例からの引用である。【記述】中の①及び②の（　）内に入る適切な語句の組合せとして正しいものは、後記1から6までのうちどれか。

【記　述】

　刑訴法は控訴審の性格を原則として事後審としており、控訴審は、第一審と同じ立場で事件そのものを審理するのではなく、当事者の訴訟活動を基礎として形成された第一審判決を対象とし、これに事後的な審査を加えるべきものである。第一審において、直接主義・口頭主義の原則が採られ、争点に関する証人を直接調べ、その際の証言態度等も踏まえて供述の信用性が判断され、それらを総合して（①）が行われることが予定されていることに鑑みると、控訴審における（②）の審査は、第一審判決が行った証拠の信用性評価や証拠の総合判断が論理則、経験則等に照らして不合理といえるかという観点から行うべきものであって、刑訴法第382条の（②）とは、第一審判決の（①）が論理則、経験則等に照らして不合理であることをいうものと解するのが相当である。したがって、控訴審が第一審判決に（②）があるというためには、第一審判決の（①）が論理則、経験則等に照らして不合理であることを具体的に示すことが必要であるというべきである。

1．①訴訟手続　　②事実誤認
2．①訴訟手続　　②訴訟手続の法令の違反
3．①法令の適用　②法令の適用の誤り
4．①法令の適用　②訴訟手続の法令の違反
5．①事実認定　　②事実誤認
6．①事実認定　　②法令の適用の誤り

No. 060	正解 5	最判平成24年2月13日は重要判例である。必ず 判例集で確認しよう。	正答率 74.1%

《原　文》

　刑訴法は控訴審の性格を原則として事後審としており、控訴審は、第一審と同じ立場で事件そのものを審理するのではなく、当事者の訴訟活動を基礎として形成された第一審判決を対象とし、これに事後的な審査を加えるべきものである。第一審において、直接主義・口頭主義の原則が採られ、争点に関する証人を直接調べ、その際の証言態度等も踏まえて供述の信用性が判断され、それらを総合して（①　事実認定）が行われることが予定されていることに鑑みると、控訴審における（②　事実誤認）の審査は、第一審判決が行った証拠の信用性評価や証拠の総合判断が論理則、経験則等に照らして不合理といえるかという観点から行うべきものであって、刑訴法382条の（②　事実誤認）とは、第一審判決の（①　事実認定）が論理則、経験則等に照らして不合理であることをいうものと解するのが相当である。したがって、控訴審が第一審判決に（②　事実誤認）があるというためには、第一審判決の（①　事実認定）が論理則、経験則等に照らして不合理であることを具体的に示すことが必要であるというべきである。

【穴埋めについて】

　318条は、**自由心証主義**を採用しており、これは、裁判所・裁判官の**事実認定の原則**を定めたものと解されている。本判決（最判平24.2.13百選99事件）は、「第1審において、**直接主義・口頭主義の原則**が採られ、争点に関する証人を直接調べ、その際の証言態度等も踏まえて**供述の信用性**が判断」されるとしている。この判示部分は、当該証人の供述の信用性判断を示したものであるため、自由心証主義に言及したものといえる。したがって、自由心証主義の下、供述の信用性等を総合して行われるものは事実認定であるため、①には事実認定が入る。

　また、382条は、判決において事実誤認がありその誤認が判決に影響を及ぼすことが明らかである場合には、控訴申立ての理由とすることができる旨を規定している。そして、本判決は、同条の「事実の誤認」の意義及び判断基準について、「刑訴法は控訴審の性格を**原則**として**事後審**としており、控訴審は、第1審と同じ立場で事件そのものを審理するのではなく、当事者の訴訟活動を基礎として形成された第1審判決を対象とし、これに**事後的な審査**を加えるべきものである」としたうえで、「控訴審における**事実誤認の審査**は、第1審判決が行った証拠の**信用性評価**や証拠の総合判断が**論理則、経験則等**に照らして**不合理といえるか**という観点から行うべきものであって、刑訴法382条の事実誤認とは、第1審判決の事実認定が論理則、経験則等に照らして不合理であることをいう」としている。したがって、②には事実誤認が入る。

文献 試験対策講座501頁

CORE TRAINING

01 上訴総論

☐☐☐ 被告人甲は、有罪判決を受けたが、その時点で控訴するかどうか態度を明らかにしなかった。その翌日、被告人甲は、弁護人Aに対して、前記有罪判決に対して控訴してもらいたい旨の手紙を発送した。弁護人Aは、被告人甲の手紙を受領する以前に、控訴することができない。 H26-31-オ

➡ 弁護人は被告人の明示した意思に反しない限り、被告人のために上訴できる（355、356）1 ❷ i ✕

☐☐☐ 控訴裁判所は、被告人のみが控訴をした事件について、原判決の認定した事実に誤認があると認める場合には、それより被告人に不利益な事実を認定することができる場合もある。 H25-39-ウ

➡ 最判昭23.11.18 2 ❶ i ◯

11章 上訴

CORE PLUS

① 上訴権者

❶ 原　則	上訴権者は原則として裁判を受けた者であるから、検察官と被告人は上訴することができる（351）
❷ 例　外	i 例外として、被告人のために上訴ができる者として、被告人の法定代理人・保佐人（353）、勾留理由開示の請求をした者（354）、原審における代理人・弁護人（355）があるが、被告人の明示の意思に反して上訴することはできない（356） H26-31-オ ii 「原審における……弁護人」とは、原判決宣告前に選任された弁護人をいう（最大判昭24.1.12）が、弁護人は被告人の包括代理人であるから、判決宣告後に選任された弁護人も被告人の上訴申立てを代理して行うことは認められる（最大決昭63.2.17）

② 不利益変更禁止の原則

❶ 意　義	i 禁止されるのは重刑変更であるから、被告人に不利益な事実を認定すること自体は許される（最判昭23.11.18） H25-39-ウ ii 原則の適用があるのは、被告人自身が上訴した場合と、被告人のため上訴代理権者（353、355）が上訴した場合に限られ、検察官が被告人の利益のために上訴した場合を含まない（最判昭53.7.7）
❷ 基　準	刑名等の形式だけによらず、執行猶予、未決勾留日数の通算、訴訟費用の負担など主文の全体からみて、実質上被告人に不利益か否かを判断するほかない（最大判昭26.8.1）

CORE TRAINING

02　控訴

□□□　簡易裁判所がした刑事第一審の判決に対する控訴については、地方裁判所ではなく、高等裁判所が裁判権を有する。H25-39-イ　　➡ 裁16①　③❶ii　〇

□□□　有罪の判決の宣告をする場合には、被告人に対し、上訴期間及び上訴申立書を差し出すべき裁判所を告知しなければならない。H22-36-4　　➡ 刑訴規220　③❶iii　〇

□□□　控訴審では、第一審の公判手続に関する規定が準用されるので、被告人は、公判期日において、控訴趣意書に基づき自ら弁論をすることができる。H25-39-エ、H24-40-オ　　➡ 388　③❷iii　✕

□□□　控訴裁判所は、事後審なので、原判決の言渡し後に生じた刑の量定に影響を及ぼすべき情状について取り調べることはできない。H25-39-ア　　➡ 393Ⅱ　③❹　✕

03　上告

□□□　憲法の違反があること又は憲法の解釈に誤りがあることは適法な上告理由となる。予R3-26-ア　　➡ 405①　④❶i　〇

□□□　大審院の判例と相反する判断をしたことが適法な上告理由となることはない。予R3-26-エ　　➡ 405③　④❶ii　✕

□□□　単なる量刑不当は適法な上告理由に当たらないが、刑の量定が甚〔だ〕しく不当で、原判決を破棄しなければ著しく正義に反すると認められることは適法な上告理由となる。予R3-26-ウ　　➡ 411②　④※　✕

□□□　単なる事実誤認は適法な上告理由に当たらないが、判決に影響を及ぼすべき重大な事実の誤認があることは適法な上告理由となる。予R3-26-イ　　➡ 411③　④※　✕

□□□　上告審は法律審であるが、上告裁判所である最高裁判所は、上告趣意書に包含された事項を調査するについて必要があるときは、検察官、被告人若しくは弁護人の請求により又は職権で事実の取調べをすることができる。予R3-26-オ　　➡ 上告趣意書に記載された事項は、必ず調査しなければならない（414・392Ⅰ）　④❷ii　〇

CORE PLUS

③ 控訴手続と控訴審の裁判

❶ 控訴申立手続	i 控訴は、地方裁判所又は簡易裁判所がした第一審の判決に対してこれをすることができ(372)、14日の提起期間内に(373)、控訴申立書を第一審裁判所に提出して行う(374) ii 簡易裁判所の刑事に関する判決に対して、控訴の裁判権を有するのは、当該第一審判決をした裁判所の所在地を管轄する高等裁判所である(裁16①) H25-39-イ iii 有罪の判決の宣告をする場合には、被告人に対し、上訴期間及び上訴申立書を差し出すべき裁判所を告知しなければならない(刑訴規220) H22-36-4
❷ 控訴審の手続	以下の特則の場合を除いて、第一審公判の規定が準用される(404) i 被告人は、原則として出頭の義務はない(390本文) ii 弁護人は、弁護士に限られる(387) iii 被告人のための弁論は、弁護人がしなければならない(388) H25-39-エ、H24-40-オ
❸ 控訴理由の調査	控訴裁判所は、控訴趣意書に包含された事項を調査しなければならない(392Ⅰ)ほか、職権で控訴理由を調査することができる(392Ⅱ)
❹ 事実の取調べ	取調べの対象たる事実の範囲は、原則として原判決以前の事実に限られるが、例外として、i 刑の廃止・変更又は大赦(383②)、ii 刑の量定に影響を及ぼすべき情状(393Ⅱ)については、第一審判決後の事実についても取り調べることができる H25-39-ア

④ 上告審

❶ 上告理由	i 憲法違反(405①) 予R3-26-ア ii 判例違反(405②、③) 予R3-26-エ iii 上告受理(406、刑訴規257、刑訴規247等) 　→上告理由には当たらないが、最上級審たる最高裁が取り扱うにふさわしい法律問題がある場合に、最高裁の裁量で事件を受理する制度
❷ 審理	i 特別の規定がある場合を除き、控訴審の規定を準用(414)。なお、第一審公判の規定の準用もあり得る(414・404) ii 上告趣意書に記載された事項は必ず調査しなければならない(414・392Ⅰ) 予R3-26-オ 　それ以外でも破棄理由となり得るものについては職権で調査可能(414・392Ⅱ)
❸ 裁判	i 上告棄却の決定(414・385Ⅰ、386Ⅰ各号) ii 弁論を経ない上告棄却判決(408) iii 上告棄却判決(414・395、396) iv 原判決破棄→差戻し・移送・自判(410から413まで) v 公訴棄却決定(414・403)

※ 上告理由がない場合でも、411条各号該当事由があり、これを破棄しなければ著しく正義に反すると認めるときは、判決で原判決を破棄することができる。 予R3-26-イ・ウ

CORE TRAINING

04　抗告

□□□　受訴裁判所がした、被告人の保釈請求を却下する裁判は、準抗告の対象となる。予R1-26-イ　　➡最大決昭31.6.13参照　**5** ❷ i　　✕

□□□　裁判官がした、逮捕状を発付する裁判は、準抗告の対象となる。H24-38-1、予R1-26-ア　　➡最決昭57.8.27　**5** ❷ ii　　✕

□□□　司法警察員がした差押えは、準抗告の対象となる。予R1-26-エ　　➡430Ⅱ　**6** ❶ ii　　◯

□□□　司法巡査がした捜索は、準抗告の対象となる。予R1-26-ウ　　➡430　**6** ❷ i　　✕

□□□　被疑者又は弁護人は、司法警察員が録取した供述録取書の内容に不服がある場合、これに被疑者が署名したことの取消しを求める準抗告をすることができる。H24-38-3　　➡430　**6** ❷ ii　　✕

CORE PLUS

5 裁判官の裁判（命令）に対する準抗告

❶ 準抗告できるもの	ⅰ 忌避の申立てを却下する裁判（429 Ⅰ①） ⅱ 勾留・保釈・押収・押収物の還付に関する裁判（429 Ⅰ②） ⅲ 鑑定留置の裁判（429 Ⅰ③） ⅳ 証人・鑑定人・通訳人・翻訳人に対して過料・費用賠償を命ずる裁判（429 Ⅰ④） ⅴ 身体検査を受ける者に対して過料・費用賠償を命ずる裁判（429 Ⅰ⑤）
❷ 準抗告できないもの	ⅰ 裁判所がなした保釈許可決定（最大決昭31.6.13参照）＊ 予R1-26-イ ⅱ 逮捕に関する裁判及びこれに基づく処分（最決昭57.8.27） H24-38-1 、予R1-26-ア

＊　保釈請求が却下された場合の不服申立てとしては、第１回公判期日前の場合、予断排除の観点から、保釈の判断の主体は裁判官であり（280Ⅰ）、裁判官の決定に対する不服申立ては準抗告となるのに対し（429Ⅰ②）、第１回公判期日後の場合、保釈の判断の主体は受訴裁判所であり、裁判所の決定に対する不服申立ては、抗告となる（419）。

6 検察官等の処分に対する準抗告（430）

❶ 準抗告できるもの	ⅰ 弁護人と被疑者との接見指定の処分 ⅱ 差押えなど、押収・押収物の還付に関する処分 予R1-26-エ
❷ 準抗告できないもの	ⅰ 単なる捜索 予R1-26-ウ ⅱ 司法警察員が録取した供述録取書の署名 H24-38-3

7 抗告の種類

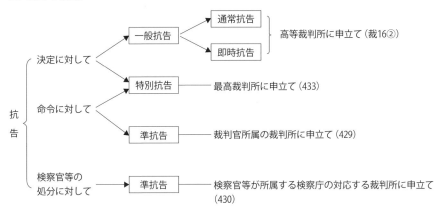

MEMO

再　審

予H28-26

☐　月　　日
☐　月　　日
☐　月　　日

次のアからオまでの各記述は、有罪の確定判決に対する再審について述べたものである。これらの記述のうち、誤っているものの組合せは、後記1から5までのうちどれか。

☐☐☐　ア．有罪の言渡しを受けた者が死亡した場合には、その者の子であっても再審の請求をすることができない。

☐☐☐　イ．検察官は、再審の請求をすることができる。

☐☐☐　ウ．有罪の言渡しを受けた者は、再審の請求をする場合には、弁護人を選任することができる。

☐☐☐　エ．再審の請求を受けた裁判所は、同請求が理由のあるときは、再審開始の決定をしなければならない。

☐☐☐　オ．再審開始の決定が確定したときは、再審の請求が対象とした確定判決は、その効力を失う。

1．アイ　　2．アオ　　3．イウ　　4．ウエ　　5．エオ

No.
061　　正解　2　　　　再審請求権者や再審の理由等に関する重要条文　正答率
　　　　　　　　　　　　には、必ず目を通しておこう。　　　　　　　66.9%

ア　誤り。

　有罪の言渡しを受けた者が死亡した場合には、その配偶者、直系の親族及び兄弟姉妹は、再審の請求をすることができる（439条1項4号）。これは、再審制度には、不当な有罪判決を受けた者の社会的な名誉を回復する趣旨も含まれるからである。したがって、有罪の判決を受けた者の子は、直系の親族であるから、再審の請求をすることができる。

イ　正しい。

　検察官は、再審の請求をすることができる（439条1項1号）。これは、検察官については、「裁判所に法の正当な適用を請求」する「公益の代表者」としての立場から（検察4条参照）、有罪の言渡しを受けた者の利益のために再審請求することを認めるものである。

ウ　正しい。

　検察官以外の再審請求権者（刑訴439条1項2号から4号まで）は、再審の請求をする場合には、弁護人を選任することができる（440条1項）。これは、再審請求権者の利益保護のために弁護人の関与を認めたものである。したがって、有罪の言渡しを受けた者（439条1項2号）は、再審の請求をする場合には、弁護人を選任することができる。

エ　正しい。

　再審の請求が理由のあるときは、再審開始の決定をしなければならない（448条1項）。

オ　誤り。

類 予R5-26-イ

　再審開始の決定（448条1項）により、再審の請求が対象とした確定判決（以下「原確定判決」という）が失効する時期については、見解の対立があるものの、その時期について明文の規定がないこと、448条2項は「再審開始の決定をしたときは、決定で刑の執行を停止することができる」と規定しているが、これは再審開始の決定がされ、確定した段階でもなお原確定判決の効力が存続していることを当然の前提とするものであると解されることなどを理由として、再審開始の決定が確定しても、原確定判決の効力には影響を及ぼさず、再審の判決が確定した時点で初めて原確定判決は失効すると解されている（多数説・実務）。

文献　試験対策講座512頁

CORE TRAINING

□□□　有罪を認めるべき明らかな証拠を新たに発見したとき
は、無罪の言渡しをした確定判決に対しても再審の請求をする
ことができる。H23-40-ア

➡ 435柱書　1 ❶　✕
i

□□□　再審の請求は、刑の執行が終わり、又はその執行を受け
ることがないようになったときには、これをすることができな
い。H23-40-エ

➡ 441。再審制度　✕
には、不当な有罪
判決を受けた者の
社会的な名誉を回
復する趣旨も含ま
れる　1 ❶iv

□□□　再審の請求を受けた裁判所は、再審の請求が理由のある
ときは再審開始の決定をしなければならないが、その場合には、
確定判決による刑の執行を停止することができる。H23-40-オ

➡ 448　1 ❷iii　◯

12章
非常手続

CORE PLUS

1 再審手続

❶ 再審請求	i　再審の請求は、435条各号に該当する場合において、有罪の言渡しをした確定判決に対して、その言渡しを受けた者の利益のためにすることができる(435柱書) H23-40-ア ii　再審の請求は、原判決をした裁判所がこれを管轄する(438) iii　有罪の言渡しを受けた被告人及びその法定代理人等のほか、検察官も公益の代表者として再審請求権を持つ(439 I 各号) iv　再審の請求は、刑の執行が終わり、又はその執行を受けることがないようになったときでも、これをすることができる(441) H23-40-エ v　再審の請求は、これを取り下げることができる(443 I)が、再審の請求を取り下げた者は、同一の理由によっては、更に再審の請求をすることができない(443 II)
❷ 再審手続	i　再審請求審は決定手続であるから、事実の取調べができる(445)が、具体的な手続について現行法には規定がないので、裁判所の裁量に委ねられている ii　請求が不適法又は理由がないときには、これを決定で棄却し(446、447 I)、理由があるときには再審開始決定をする(448 I)。理由なしとして棄却されたときには、もはや誰も同一理由で再請求はできない(447 II) iii　再審開始の決定をしたときは、決定で刑の執行を停止することができる(448 II) H23-40-オ iv　再審請求棄却の決定と再審開始の決定のいずれの決定に対しても、即時抗告をすることができる(450)

その他

【第7編第13章（少年法）には、登載基準を満たすフル問題がありません。】

CORE TRAINING

□□□　司法警察員は、少年の被疑事件について捜査を遂げた結果、罰金以下の刑に当たる犯罪の嫌疑があるものと思料するときは、これを検察官ではなく家庭裁判所に送致しなければならない。H25-21-4
➡ 少41前段
① ❶
〇

□□□　検察官は、少年の窃盗事件について捜査を遂げた結果、犯罪の嫌疑があるものと思料するときであっても、少年の性格、年齢及び境遇、犯罪の軽重及び情状並びに犯罪後の情況により処分を必要としないときは、これを家庭裁判所に送致しないことができる。H21-29-ウ
➡ 少42Ⅰ前段
① ❶
✕

□□□　甲が、家庭裁判所に送致されずに強盗罪により地方裁判所に起訴され、その後少年であることが判明した場合、裁判所は、決定をもって、事件を家庭裁判所に移送しなければならない。H24-37-ア
➡ 公訴棄却判決がされる（刑訴338④、少20、42、45⑤本文参照）① ※
✕

□□□　少年の被疑者については、勾留することができない。H24-22-エ
➡ 少43Ⅲ　① ❷
✕

CORE PLUS

1 少年の刑事事件に関する手続

❶ 送 致	司法警察員は、少年の被疑事件について捜査を遂げた結果、罰金以下の刑に当たる犯罪の嫌疑があるものと思料するときは、これを家庭裁判所に送致しなければならない（少41前段）。一方、罰金よりも重い刑に当たる犯罪の嫌疑があるものと思料するときは、検察庁に送致することとなる。検察官は、少年の被疑事件について捜査を遂げた結果、犯罪の嫌疑があるものと思料するときは、少年法45条5号本文に規定する場合を除いて、これを家庭裁判所に送致しなければならない（少42Ⅰ前段）。この結果、犯罪の嫌疑があると思料される場合には、必ず家庭裁判所に送致されることとなる（全件送致主義）。 なお、犯罪の嫌疑がない場合でも、家庭裁判所の審判に付すべき事由があると思料するときは、やはり家庭裁判所に送致しなければならない（少41後段、42Ⅰ後段）H25-21-4、 H21-29-ウ	
❷ 勾 留	検察官は、少年の被疑事件においては、やむを得ない場合でなければ、裁判官に対して、勾留を請求することはできない（少43Ⅲ）H24-22-エ	
❸ 送致後の取扱い	検察官は、家庭裁判所から送致を受けた事件について、公訴を提起するに足りる犯罪の嫌疑があると思料するときは、公訴を提起しなければならない（少45⑤本文）	

※ 少年の刑事事件については、検察官は、家庭裁判所から刑事処分を相当として送致を受けた場合でなければ、公訴を提起することができない（少20、42、45⑤本文参照）。そして、これに反してなされた公訴提起は、「公訴提起の手続がその規定に違反したため無効であるとき」に当たることから、公訴棄却判決がされる（刑訴338④）。H24-37-ア

13章 少年法

スキルアップ問題

No.
062

刑事手続における諸概念の意義や沿革

予R1-14

☐ 月 日
☐ 月 日
☐ 月 日

　刑事手続における諸概念の意義や沿革に関する次のアからオまでの各記述の
うち、正しいものの組合せは、後記1から5までのうちどれか。

☐☐☐　ア．日本国憲法が被疑者・被告人の権利を保障する諸規定を置いたのを受け
　　　て、刑事訴訟法第1条は、同法の目的として、「適正手続の保障」と「人
　　　権の尊重」を掲げる一方、「事案の真相の解明」については明文に掲げな
　　　かった。

☐☐☐　イ．刑事訴訟法は、裁判所が審判を行うことのできる対象について、検察官
　　　が「訴因」として明示する犯罪事実に限定されることはなく、当該犯罪事
　　　実と「公訴事実の同一性」の関係が認められる事実にまで及ぶとすること
　　　により、審判対象設定における「当事者主義」を採用した。

☐☐☐　ウ．刑事訴訟法が「起訴状一本主義」を採用したことにより、公判における
　　　事実審理を裁判所が主導して行う「職権主義」は実際上困難となり、当事
　　　者による証拠調べ請求や交互尋問など、「当事者主義」による訴訟追行が
　　　原則として行われることとなった。

☐☐☐　エ．犯罪事実については、その存在が証明されたとの心証を裁判所が抱いた
　　　のでない限り無罪が言い渡されるという意味で、検察官が「挙証責任」を
　　　負うとされるが、これは、刑事訴訟法が「当事者主義」による訴訟追行を
　　　原則としたことによるものであり、「職権主義」の下では、検察官が犯罪
　　　事実について「挙証責任」を負うことはない。

☐☐☐　オ．確定した判決の言渡しを受けた者にとって不利益となる再審を認めるこ
　　　とは、「二重の危険の禁止」に反する疑いがあるため、刑事訴訟法は、確
　　　定した有罪判決の言渡しを受けた者にとって利益な方向での再審のみを認
　　　めた。

1．ア　エ　　　2．ア　オ　　　3．イ　ウ　　　4．イ　エ　　　5．ウ　オ

正解 5 　刑事手続に関する基本的な諸概念を記憶しておこう。　正答率 66.3%

ア　誤り。

刑事訴訟法1条は、法の目的として、適正手続の保障と人権の尊重のみならず、「事案の真相を明らか」にすることと規定し、事案の真相の解明についても法の目的とすることを明らかにしている。

イ　誤り。

刑事訴訟法は**当事者主義的訴訟構造**を採用しているから（256条6項、298条1項、312条1項等参照）、裁判所の審判対象は、当事者としての**検察官**が主張する**具体的犯罪事実たる訴因**に限定されると考えられる。したがって、裁判所が審判を行うことのできる対象は、検察官が訴因として明示する犯罪事実に限定され、当該犯罪事実と**公訴事実の同一性**の関係が認められる事実にまで**審判対象**となることは**ない**。

ウ　正しい。

起訴状一本主義によって、裁判官としては事前に証拠に接する機会がないため、証拠調べの主導権を当事者に委ねざるを得ないこととなる（256条6項）。すなわち、証拠調べの請求は**当事者によって行われ**（298条1項）、証人尋問も304条の規定にもかかわらず交互尋問（刑訴規199条の2）が原則となり、当事者追行主義の公判が実現することとなった。

エ　誤り。

挙証責任には**実質的挙証責任（客観的証明責任）**と形式的挙証責任（主観的証明責任）がある。このうち、実質的挙証責任とは、**ある要証事実の存否が不明であるときに、これによって不利益な判断を受ける当事者の法的地位（負担あるいは危険）**をいう。そして、この実質的挙証責任は検察官が負っていることから、犯罪事実の存在につき、**合理的な疑いを超える程度の証明**がなされない限り被告人は**無罪**とされる。しかし、挙証責任は要証事実が不明な場合の当事者の地位に関する問題であり、手続の進行が当事者主義であるか職権主義であるかはこれと無関係である。そのため、職権主義の下でも検察官が挙証責任を負い得る。

オ　正しい。

再審の請求は、刑事訴訟法435条各号の場合において、有罪の言渡しをした確定判決に対して、その言渡しを受けた者の利益のために、これをすることができる（同条柱書）。現行法は、憲法39条の精神から、被告人に利益な再審のみを認め、旧法にあった不利益再審は認めていない。

文献　試験対策講座19、25、57、68、509頁

No.
063　論　　　　　　　　　捜索・押収
　　　　　　　　　　　　　　　　　　　　　H25-24
□ 月 日
□ 月 日
□ 月 日

　次の【事例】について述べた後記アからオまでの【記述】のうち、正しい場合には1を、誤っている場合には2を選びなさい。ただし、判例がある場合には、それに照らして考えるものとする。

【事　例】
　司法警察員は、甲が自宅において覚せい剤を密売しているとの被疑事実により、甲の逮捕状及び甲宅に対する捜索差押許可状の発付を得て、甲宅に赴いた。甲宅には、甲の妻Aのみが在宅していたことから、司法警察員は、①Aに前記捜索差押許可状を呈示した上で、甲宅に立ち入り、Aを立会人として捜索を実施し、覚せい剤や電子計量器などを差し押さえた。更に捜索を進めたところ、甲宅リビングルームのテーブル上に、甲が野球賭博を開張していたことを示すノートが発見されたことから、司法警察員はAにノートの提出を求めた。ノートは甲の所有物であったが、②Aは司法警察員にノートを任意に提出し、司法警察員がこれを領置した。捜索終了後、その日のうちに、司法警察員は甲が帰宅した旨の情報を得たことから、直ちに甲宅に赴き、③玄関から甲宅に立ち入り、在宅していた甲に逮捕状を示して通常逮捕した。翌日、Aは、甲の了解を得ずに前記ノートを提出したことを後悔し、④司法警察員に対してノートの還付を請求した。

【記　述】
ア．下線部①につき、覚せい剤や電子計量器などが甲の所有物である場合には、甲に捜索差押許可状を呈示していない以上、司法警察員がこれらの物を差し押さえることは違法である。

イ．下線部①につき、仮にAが不在であり、甲宅に誰も在宅していなかった場合でも、立会人なくして捜索することは違法である。

ウ．下線部②につき、任意提出を行うことができる者は、所有者又は所持者に限られるところ、所持者とは自己のために当該物件を占有する者であるから、司法警察員がAからノートを領置したことは違法である。

エ．下線部③につき、既に甲宅に対する捜索が終わった後であるから、甲宅に立ち入るためには、甲又はAの了解が必要である。

オ．下線部④につき、任意提出物を領置した場合には、提出者から還付を請求されると直ちに還付する必要がある。

No.
063
正解
ア2、イ1、ウ2、エ2、オ2
捜索・押収の一連の流れにおける諸問題について、条文をよく確認しておこう。
正答率
72.8%

ア　誤り。

　捜索差押許可状を執行するに当たり、執行機関は、「**処分を受ける者**」に対して、**許可状を呈示しなければならない**（222条1項本文前段・110条）。そして、「処分を受ける者」とは、現実に物又は場所を管理している者をいうが、必ずしも法律上の権限に基づいて占有管理していることを要せず、**事実上管理している者も含まれる**。本事例において、Aは、甲の妻であり、捜索すべき場所である甲宅を事実上管理している者といえることから、「処分を受ける者」に当たる。したがって、司法警察員は、覚醒剤や電子計量器などが甲の所有物である場合であっても、Aに捜索差押許可状を呈示している以上、甲に捜索差押許可状を呈示することなく、適法にこれらの物を差し押さえることができる。

イ　正しい。

　人の住居内で捜索差押許可状の執行をするときは、住居主若しくは看守者又はこれらに代わるべき者をこれに立ち会わせなければならない（222条1項本文前段・114条2項前段）。また、これらの者を立ち会わせることができないときは、隣人又は地方公共団体の職員を立ち会わせなければならない（222条1項本文前段・114条2項後段）。このように、捜索差押許可状の執行の際には必ず立会人を置かなければならないため、仮にAが不在であり、甲宅に誰も在宅していなかった場合でも、立会人なくして捜索することは違法である。

ウ　誤り。

　捜査機関は、被疑者その他の者が**遺留した物**又は所有者、所持者若しくは保管者が**任意に提出した物**は、これを**領置**することができる（221条）。このように、任意提出を行うことができる者には、所有者、所持者のみならず、保管者も含まれる。そして、**保管者とは他人のために当該物件を占有する者**をいうところ、被疑者の同居の妻は、この保管者に当たるといえる。したがって、Aが任意提出したノートを司法警察員が領置したことは適法である。

エ　誤り。

　逮捕状により被疑者を**逮捕する場合**において**必要があるとき**は、人の住居内に入り被疑者を**捜索**することができる（220条1項1号）。したがって、本事例において、司法警察員は、甲を逮捕するために必要があるときは、甲又はAの了解なくして、甲宅に立ち入ることができるのであって、既に甲宅に対する捜索が終わった後であるから、甲又はAの了解が必要となるということはない。

オ　誤り。

　押収物で留置の必要がないものは、被疑事件の終結を待たないで、これを還付しなければならない（222条1項本文前段・123条1項）。また、押収物は、所有者、所持者、保管者又は差出人の請求により、仮にこれを還付することができる（222条1項本文前段・123条2項）。したがって、任意提出物を領置した場合において、提出者から還付を請求されたときでも、直ちにこれを還付する必要があるわけではない。

文献　試験対策講座47、48、173、182頁

No.
064
緊急逮捕
H24-21

□ 月 日
□ 月 日
□ 月 日

次のⅠ及びⅡの【見解】は、逮捕状が発付されている被疑事実についての緊急逮捕の可否に関するものである。次のアからオまでの【記述】のうち、Ⅰの見解について述べたものには1を、Ⅱの見解について述べたものには2を選びなさい。

【見　解】

Ⅰ．緊急逮捕は許されない。

Ⅱ．緊急逮捕の要件さえ備わっていれば、緊急逮捕も許される。

【記　述】

ア．この見解に対しては、二重逮捕の危険を生ぜしめるのではないかという批判がある。

イ．逮捕後にできる限り速やかに逮捕状を示すことができないことが予想されれば、逮捕状の緊急執行は相当でないから、この見解によれば、手元に逮捕状を有しない司法警察員がいわゆる指名手配の対象となっている被疑者を発見したとしても、被疑者を直ちに逮捕できないこともあり得る。

ウ．この見解は、現行法上逮捕状が裁判官の命令状とは解し難いことや、捜査官が逮捕状により逮捕の執行を義務付けられているわけではないことを根拠としている。

エ．逮捕状の緊急執行の場合、遅くとも勾留請求のときまでに逮捕状を被疑者に呈示する必要があるが、逮捕後の逮捕状の呈示が遅れた結果、法定の制限時間内に勾留請求ができなかったとしても、例外的に刑事訴訟法第206条により制限時間不遵守の免責を受け得る余地があるから、この見解に立ったとしても、実際上の不都合はない。

オ．この見解に立ったとしても、いわゆる指名手配の対象となっている被疑者に関しては、逮捕状の発付を数通受けて要所に送付しておけば、被疑者を発見した場合に直ちに逮捕できないという結果を回避し得る。

補章
スキルアップ
問題

259

No.
064
正解
ア2、イ1、ウ2、エ1、オ1
各記述において示される問題点・根拠が、いず
れの見解に結び付くのかを考えて解こう。
正答率
71.4%

ア　Ⅱの見解について述べたものである。

　二重逮捕の危険を生ぜしめるのではないかとの批判があるのは、緊急逮捕後に通常逮捕（199条1項）がなされる可能性があるⅡの見解である。

イ　Ⅰの見解について述べたものである。

　手元に逮捕状を有しない司法警察員がいわゆる指名手配の対象となっている被疑者を発見したとき、逮捕状の緊急執行をすることが相当でない場合であっても、緊急逮捕が可能であれば、被疑者を直ちに逮捕できないことにはならない。したがって、本記述のような懸念が生じるのは、逮捕状が発付されている被疑事実についての緊急逮捕の可能性を否定するⅠの見解である。

ウ　Ⅱの見解について述べたものである。

　現行法上、逮捕状は捜査機関の請求により裁判官が捜査機関に逮捕の権限を与える許可状であって、命令状とは解しにくいことや、捜査官が逮捕状による逮捕の執行を義務付けられているわけではないことからすると、逮捕状が発付されている被疑事実であっても、必ずしも逮捕状に基づき逮捕しなければならないわけではなく、緊急逮捕の要件さえ備わっていれば、緊急逮捕も許されることになる。したがって、ウの記述は、Ⅱの見解の根拠となる。

エ　Ⅰの見解について述べたものである。

　本記述の逮捕後の逮捕状の呈示が遅れた結果、法定の時間内に勾留請求ができないという懸念が生じるのは、手元に逮捕状を有しない司法警察員が被疑者を発見したときに、逮捕状の緊急執行をするほかないⅠの見解である。

オ　Ⅰの見解について述べたものである。

　指名手配の対象となっている被疑者に関しては、逮捕状の発付を数通受けて要所に送付して、被疑者を発見した場合に逮捕状の緊急執行をすることができるようにしておかないと、被疑者を発見した場合に直ちに逮捕できないという懸念が生じるのは、逮捕状が発付されている被疑事実についての緊急逮捕の可能性を否定するⅠの見解である。

文献　試験対策講座149、152、153頁

No.
065

逮捕状の呈示

予H24-15

□ 月 日
□ 月 日
□ 月 日

次のⅠ及びⅡの【見解】は、被疑者を逮捕状により逮捕する場合に、刑事訴訟法第220条第1項第1号に基づき、被疑者の捜索のために人の住居に入るに当たり、逮捕状の呈示が必要か否かという解釈問題に関するものである。後記【発言】は、学生AないしEが、Ⅰ又はⅡのいずれかの【見解】を採って意見を述べたものである。【見解】と【発言】を対応させた場合、その組合せとして最も適切なものは、後記1から5までのうちどれか。

【見　解】
　Ⅰ．逮捕状は呈示しなくてよい。
　Ⅱ．逮捕状は呈示しなければならない。

【発　言】
　学生A：刑事訴訟法第222条第1項前段は、第220条の規定によってする捜索について、第110条の規定を準用すると定めているんだけれど、刑事訴訟法第110条は、「捜索状は、処分を受ける者にこれを示さなければならない。」となっているから、第110条の文言を読み替えて準用するというのが正しい解釈だと思う。

　学生B：現行犯逮捕や緊急逮捕の場合、逮捕状の緊急執行の場合も、刑事訴訟法第220条第1項第1号に基づいて人の住居に入って被疑者を捜索することができることを考えると、これらの場合と一貫した解釈をする必要があると思う。

　学生C：警察官が被疑者を追跡して来たような場合に逮捕が遅れて被疑者に逃亡されてしまうこともあるという弊害を考えるべきだと思うよ。

　学生D：被疑者の名誉を保護する必要性を考えるべきだと思うよ。

　学生E：警察官が多人数で捜索に赴くなどすれば、住居主が被疑者に連絡したり、逮捕を妨害する行為に出たりするという弊害はないと思う。

1．Ⅰ．学生A　学生E　　　　　　Ⅱ．学生B　学生C　学生D
2．Ⅰ．学生A　学生B　学生D　　Ⅱ．学生C　学生E
3．Ⅰ．学生B　学生C　学生E　　Ⅱ．学生A　学生D
4．Ⅰ．学生B　学生C　学生D　　Ⅱ．学生A　学生E
5．Ⅰ．学生B　学生D　　　　　　Ⅱ．学生A　学生C　学生E

補章
スキルアップ
問題

学生A　見解Ⅱを採っている。

　110条の「捜索状は、処分を受ける者にこれを示さなければならない」との文言を「逮捕状は、処分を受ける者にこれを示さなければならない」と読み替えて220条の規定によってする捜索について準用すると、同条1項1号に基づき、被疑者の捜索のために人の住居に入るに当たっては、逮捕状を呈示しなければならないことになる。

学生B　見解Ⅰを採っている。

　現行犯逮捕、緊急逮捕及び逮捕状の緊急執行の際に、**220条1項1号**に基づいて被疑者を捜索するため人の住居に立ち入る場合には、何ら示すべき令状がないため、110条は当然にその準用が否定される（準用の余地がない）。したがって、これらの場合には逮捕状の呈示が要求されることはない。そこで、通常逮捕の際に人の住居に入って被疑者を捜索する場合についても、これらの場合と一貫した解釈をすべきであると考えると、この場合についても同条の準用は否定されるはずであり、逮捕状は呈示しなくてもよいことになる。

学生C　見解Ⅰを採っている。

　学生Cは、警察官が被疑者を追跡してきたような場合に、いちいち逮捕状を呈示しなければならないとすると、逮捕が遅れて被疑者に逃亡されてしまうという、逮捕状は呈示しなければならないとする見解Ⅱの弊害を述べている。

学生D　見解Ⅰを採っている。

　学生Dは、被疑事実や被疑者の氏名が記載された逮捕状を第三者に示すことにより被疑者の名誉が害されるという、逮捕状は呈示しなければならないとする見解Ⅱの弊害を述べている。

学生E　見解Ⅱを採っている。

　逮捕状を呈示しなければならないとする見解Ⅱについては、住居主が警察官の踏み込んできたことを被疑者に連絡する等、逮捕を妨害する行為に出る場合のあることがその弊害として指摘される。学生Eは、この点について、捜査機関がそのような場合にも配慮して多人数で捜索に赴くなどすれば容易に解決することができるため問題はないとの反論をしている。

文献　試験対策講座149、182頁

法定刑の軽重による異同

次のアからオまでの各事項のうち、その可否が、刑事訴訟法の規定上、法定刑の軽重により異ならないものの組合せは、後記1から5までのうちどれか。

□□□　ア．緊急逮捕
□□□　イ．必要的保釈（権利保釈）
□□□　ウ．勾留の執行停止
□□□　エ．検察官による第1回公判期日前の証人尋問請求
□□□　オ．即決裁判手続の申立て

1．ア　イ　　2．ア　オ　　3．イ　ウ　　4．ウ　エ　　5．エ　オ

ア　異なる。

210条1項前段は、「検察官、検察事務官又は司法警察職員は、**死刑**又は**無期**若しくは**長期3年以上の懲役**若しくは**禁錮**にあたる罪を犯したことを疑うに足りる充分な理由がある場合で、急速を要し、裁判官の逮捕状を求めることができないときは、その理由を告げて被疑者を逮捕することができる」と規定し、緊急逮捕の可否について、法定刑の軽重による違いを設けている。

＊　令和4年法律第67号により、「懲役若しくは禁錮にあたる罪」は「拘禁刑に当たる罪」に、「充分な」は「十分な」に改正された。なお、2025（令和7）年6月1日に施行される。

イ　異なる。

89条は、保釈の請求があったときは、①被告人が**死刑**又は**無期**若しくは**短期1年以上の懲役**若しくは**禁錮**に当たる罪を犯したものであるとき、②被告人が**前**に**死刑**又は**無期**若しくは**長期10年を超える懲役**若しくは**禁錮**に当たる罪につき**有罪の宣告**を受けたことがあるとき、③被告人が常習として長期3年以上の懲役又は禁錮に当たる罪を犯したものであるときを除いては、これを許さなければならないとして（89条1号から3号まで）、必要的保釈（権利保釈）の除外事由として、法定刑の軽重による違いを設けている。

＊　アの解説同様、「懲役若しくは禁錮」や「懲役又は禁錮」は「拘禁刑」に改正された。なお、2025（令和7）年6月1日に施行される。

ウ　異ならない。

95条1項前段は、「裁判所は、適当と認めるときは、決定で、勾留されている被告人を親族、保護団体その他の者に委託し、又は被告人の住居を制限して、勾留の執行を停止することができる」と規定し、法定刑の軽重によって異なる扱いをしていない。

エ　異ならない。

226条、227条は、検察官による第1回公判期日前の証人尋問請求について規定しているが、法定刑の軽重によって異なる扱いをしていない。

オ　異なる。

350条の16第1項は、「検察官は、公訴を提起しようとする事件について、事案が明白であり、かつ、軽微であること、証拠調べが速やかに終わると見込まれることその他の事情を考慮し、相当と認めるときは、公訴の提起と同時に、書面により即決裁判手続の申立てをすることができる。ただし、**死刑**又は**無期**若しくは**短期一年以上の懲役**若しくは**禁錮**に当たる事件については、この限りでない」と規定し、法定刑の軽重によって異なる扱いをしている。

＊　アの解説同様、「懲役若しくは禁錮」は「拘禁刑」に改正された。なお、2025（令和7）年6月1日に施行される。

文献　試験対策講座152、156、157、233、234、334、352、353頁

No.
067

厳格な証明

予H29-25

□ 月 日
□ 月 日
□ 月 日

次の【見解】を前提とした場合、後記アからオまでの【記述】のうち、厳格な証明を要する事実として正しいものの個数は、後記1から6までのうちどれか。

【見　解】

刑罰権の存否及び範囲を定める事実については、証拠能力があり、かつ、適式の証拠調べを経た証拠による証明（厳格な証明）を要する。

【記　述】

ア．共謀共同正犯における共謀の事実

イ．累犯加重となる前科

ウ．暴行事件において、被告人が争っていない暴行事実

エ．勾留の要件の1つである被告人が定まった住居を有しない事実

オ．事後強盗事件において、被告人に逮捕を免れる目的があった事実

1．0個　　2．1個　　3．2個　　4．3個　　5．4個　　6．5個

本問のように、**厳格な証明の対象となる事実**を、**刑罰権の存否及び範囲を定める事実**と解すると（通説）、具体的には、**構成要件該当事実**（阻却事由、既遂・未遂の別、共犯形式を含む）、**違法性・有責性を基礎付ける事実**（阻却事由を含む）、**客観的処罰条件**、**処罰阻却事由**、法律上の刑の加重減免の事由が厳格な証明の対象となる。

ア　正しい。

本問の見解を前提とすると、「共謀共同正犯における共謀の事実」は、**構成要件該当事実**として、**厳格な証明の対象**となる。また、判例も、「『共謀』または『謀議』は、共謀共同正犯における『**罪となるべき事実**』にほかならないから、これを認めるためには厳格な**証明**によらなければならない」としている（**最大判昭33.5.28百選A44事件**）。

イ　正しい。

本問の見解を前提とすると、「累犯加重となる前科」は、法律上の刑の加重減免の事由として、**厳格な証明の対象**となる。また、判例も、「**累犯加重**の理由となる**前科**は、刑訴335条にいわゆる『罪となるべき事実』ではないが、かかる前科の事実は、刑の法定加重の理由となる事実であって、実質において**犯罪構成事実に準ずる**ものであるから、これを認定するには、証拠によらなければならないことは勿論、これが証拠書類は刑訴305条による取調をなすことを要する」としている（**最大決昭33.2.26百選A31事件**）。

ウ　正しい。

本問の見解を前提とすると、「暴行事件」における「暴行事実」は、**構成要件該当事実**として、**厳格な証明の対象**となる。そして、刑事訴訟手続においては、証明の対象となる事実は、当事者が争わない事実であっても、証明の必要がある。

エ　誤り。

勾留の要件のひとつである、被告人が定まった住居を有しない事実は、**刑罰権の存否及び範囲を定める事実ではない**。

オ　正しい。

本問の見解を前提とすると、「事後強盗事件において、被告人に逮捕を免れる目的があった事実」は、構成要件該当事実（**目的犯における目的**）として、**厳格な証明の対象**となる。

文献　試験対策講座362～367頁。判例シリーズ59事件

　次の【事例】中の実況見分調書につき、その証拠調べ請求に関して述べた後記アからオまでの【記述】のうち、正しいものには1を、誤っているものには2を選びなさい。

【事　例】

　司法警察員Kは、現住建造物に対する放火事件の捜査として、焼損した建造物につき、その所有者Vを立会人とする見分を行い、実況見分調書を作成した（実況見分調書には、Vの署名・押印のいずれもない。）。Vが実況見分の際に建造物の特定の箇所を指し示しながら、Kに対し「ここにAが火を付けるのを見た。」旨説明したので、Kは、その箇所を写真撮影した後、同写真を実況見分調書に添付するとともに、Vの前記説明内容を実況見分調書に記載した。その後、Aが同事件の犯人として起訴された。検察官は、当該被告事件の公判前整理手続において、「建造物の焼損状況」を立証趣旨として実況見分調書の証拠調べを請求した。弁護人は、「Aは犯人ではなく、本件火災はVによる失火が原因である。」旨主張した上、実況見分調書について不同意の意見を述べた。

【記　述】

ア．弁護人は、裁判長から、不同意意見の理由として実況見分調書が真正に作成されたものであることを争う趣旨であるかについて釈明を求められた場合には、釈明する義務を負う。

イ．実況見分調書につき、関連性があるとして証拠能力が認められるためには、Aが犯人であることを疎明する必要がある。

ウ．Kが火災原因の調査、判定に関して学識経験を有しない場合には、実況見分調書が真正に作成されたものであるとは認められない。

エ．実況見分調書の証拠能力が認められるためには、K及びV両名に対する証人尋問が必要である。

オ．裁判所は、実況見分調書が真正に作成されたものであることが認められても、実況見分調書におけるVの前記説明内容が記載された部分を、Aが犯人であることを証明する証拠として用いることはできない。

補章　問題　スキルアップ

No.
068
正解
ア1、イ2、ウ2、エ2、オ1
実況見分調書を証拠として用いることができる
場合について確認しよう。
正答率
55.5%

ア　正しい。

　公判前整理手続において、被告人又は弁護人は、証明予定事実が記載された書面の送付を受け、かつ、検察官請求証拠等の開示を受けたときは、これらの証拠について、326条の同意をするかどうか、又はその取調べの請求に関し異議がないかどうかの意見（**証拠意見**）を明らかにしなければならないとの**回答義務が課せられている**（316条の16第1項）。この意見とは、証拠の証拠能力、関連性、必要性等の点で異議がないかどうかの意見をいうとされているところ、実況見分調書が真正に作成されたものであることを争う趣旨であるか否かは、証拠の証拠能力（**伝聞性**）の問題である。したがって、弁護人は、裁判長から、不同意意見の理由として実況見分調書が真正に作成されたものであることを争う趣旨であるかについて釈明を求められた場合には、釈明する義務を負う。

イ　誤り。

　証拠調べ請求をする証拠について、自然的関連性があるとして証拠能力が認められるためには、当該証拠により直接証明すべき事実が、**要証事実の存否を推認させる必要最小限度の証明力**を有することが必要である。そして、要証事実は、**原則**として、**検察官の立証趣旨**に沿って判断されるところ、本問の【事例】において、検察官は「建造物の焼損状況」を立証趣旨としており、これが要証事実となる。そのため、Aが犯人であることは、要証事実とは**関係のない**事実である。したがって、本記述の実況見分調書につき、関連性があるとして証拠能力が認められるためには、Aが犯人であることを疎明する必要はない。

ウ　誤り。

　実況見分とは、**五官の作用により、場所・物・人の身体**について、その**性質及び状態を認識**することを目的とする**任意処分**をいい、鑑定とは異なり、**特別の知識経験を有する者**による具体的な事実判断を要しない。したがって、本記述における実況見分調書は、鑑定書面（321条4項）とは異なり、Kが火災原因の調査、判定に関して学識経験を有しない場合であっても、真正に作成されたものと認められる。

エ　誤り。

　判例は、検察官、検察事務官又は司法警察職員の**検証の結果**を記載した**書面**（321条3項）には、捜査機関が任意処分として行った**実況見分の結果を記載した書面**（いわゆる**実況見分調書**）も含まれるとしている（**最判昭35.9.8百選A38事件**）。そのため、同調書の証拠能力が認められるためには、作成者のKが、同項に基づいて、証人尋問を受けたうえで、同調書を真正に**作成した旨の供述**をすることを要する。これに対し、同調書中の立会人Vの供述は、実況見分の客体の特定のためになされたものであって、実況見分の**理由・動機**を示すものとして利用されているにすぎず、実況見分調書と一体と

なって把握される**非供述証拠**であるため、Ｖに対する証人尋問は不要である。

オ　正しい。

　Ａが犯人であることを証明する証拠として実況見分調書を用いる場合、Ｖの**説明内容が記載された部分**については、**供述録取書**と**同様の性格**を有するため、その部分につき証拠能力が認められるためには、**321条３項**の要件に**加えて**、**同条１項３号**の要件を満たすことも**必要**である（**最決平17.9.27百選82事件**参照）。そして、本問の実況見分調書にはＶの**署名**も**押印**もなく、同号を**適用する前提を欠く**ため、証拠能力は認められない。

文献 ／ 試験対策講座340、428、429、433頁。判例シリーズ82、90事件

補章
スキルアップ
問題

No.
069
証人尋問
H26-32
☐ 月 日
☐ 月 日
☐ 月 日

　次の【事例】における【Aの証人尋問】に関して述べた後記アからオまでの【記述】のうち、正しいものの組合せは、後記1から5までのうちどれか。

【事　例】

　Aは、平成26年2月3日、司法警察員から職務質問を受け、所持していた覚せい剤を発見されて逮捕された。Aは、同月12日、検察官による取調べにおいて、前記覚せい剤は知人甲から買った旨供述し、その旨記載された検察官調書が作成された。その後、甲に対する捜査が行われ、甲は、Aに対して前記覚せい剤を譲渡した事実で、同年3月2日に起訴されたが、公判において公訴事実を否認した。検察官は、甲の公判において、Aの前記検察官調書の証拠調べを請求したが、弁護人が不同意の意見を述べたので、Aの証人尋問を請求し、次のとおりの証人尋問が実施された。

【Aの証人尋問】

検察官.（ア）あなたは、平成26年2月3日、所持していた覚せい剤を司法
　　　　警察員に発見されたのですね。

A.　　　はい。

検察官.あなたは、その覚せい剤をどうやって手に入れたのですか。

A.　　　路上で、見知らぬ人から買いました。

検察官.（イ）知人から買ったのではありませんか。

A.　　　知人から買ったものではありません。

検察官.あなたは、平成26年2月12日、検察官の取調べを受けた際、誰から
　　　　覚せい剤を買ったと説明しましたか。

A.　　　覚えていません。

検察官.（ウ）あなたは、検察官に対し、「甲から覚せい剤を買った。」と説
　　　　明したのではありませんか。

A.　　　そのように述べたかもしれません。

　　　　（中略）

検察官.（エ）（検察官が、Aに、前記検察官調書の署名及び指印部分を示
　　　　す。）これは、あなたの署名及び指印に間違いありませんか。

A.　　　間違いありません。

【記　述】

□□□　ア．下線部（ア）の尋問方法は、誘導尋問に該当するが、甲及びその弁護人が争わないことが明らかであれば、許される。

□□□　イ．下線部（イ）の尋問方法は、甲が争う事項に関する誘導尋問に該当するから、許されない。

□□□　ウ．下線部（ウ）の尋問方法は、書面を朗読するものであるから、許されない。

□□□　エ．下線部（エ）の尋問方法は、記憶を喚起するために供述を録取した書面を示すものであるから、許されない。

□□□　オ．検察官が、Aの前記検察官調書を刑事訴訟法第321条第1項第2号に基づき証拠調べ請求した場合、前記検察官調書は、公判でのAの証言よりも検察官の取調べにおける供述を信用すべき特別の情況が存しなければ、証拠能力を有しない。

　1．ア　イ　　　2．ア　オ　　　3．イ　ウ　　　4．ウ　エ　　　5．エ　オ

ア　正しい。

　誘導尋問とは、尋問者が期待する答えを暗示する尋問をいい、**主尋問において誘導尋問をすることは、原則として許されない**（刑訴規199条の3第3項柱書本文）。これは、誘導尋問は証人を暗示にかけ虚偽の供述に導く可能性があり、特に主尋問の場合には、尋問者と証人との間に好意関係があるのが一般であるため、この危険が大きいからである。もっとも、誘導尋問の**必要**があり、しかも**上述した弊害がないか又は比較的少ない**場合には、誘導尋問が**例外的に許される**。そして、この例外とされる場合は、同項ただし書各号に列挙されており、「訴訟関係人に**争のないことが明らかな事項**に関するとき」（同項ただし書2号）は、この例外のひとつである。下線部（ア）の尋問方法は、尋問者である検察官が期待する答えを示す尋問であり、主尋問における誘導尋問に該当するが、訴訟関係人である甲及びその弁護人が争わないことが明らかであれば、例外的に許される。

イ　誤り。

　アの解説で述べたように、誘導尋問とは、尋問者が期待する答えを暗示する尋問をいい、**主尋問において誘導尋問をすることは、原則として許されない**（刑訴規199条の3第3項柱書本文）。下線部（イ）の尋問方法は、尋問者である検察官が期待する答えを示す尋問であり、また、甲がAに対する覚醒剤の譲渡を否認していることから、訴訟関係人が争う事項に関する誘導尋問に該当する。もっとも、「証人が**前の供述と相反するか又は実質的に異なる供述**をした場合において、その供述した事項に関するとき」は、例外的に主尋問においても誘導尋問をすることが許されるところ（同項ただし書6号）、Aは、取調べの段階では、覚醒剤を知人甲から買った旨供述したにもかかわらず、証人尋問では、同覚醒剤を見知らぬ人から買ったと供述しているため、「証人が前の供述と相反する……供述をした場合」に該当し、検察官の「知人から買ったのではありませんか。」との質問も「その供述した事項」に関するものであることから、下線部（イ）の尋問は許される。

ウ　誤り。

　下線部（ウ）の尋問方法は、尋問者である検察官が期待する答えを示す尋問であり、主尋問における誘導尋問に該当するが、「証人の記憶が明らかでない事項についてその記憶を喚起するため必要があるとき」（刑訴規199条の3第3項ただし書3号）に当たるため、許される。そして、誘導尋問をするについては、書面の朗読その他証人の供述に不当な影響を及ぼすおそれのある方法を避けるように注意しなければならない（同条4項）。もっとも、これは誘導尋問における書面の朗読を絶対に禁止する趣旨ではなく、供述調書に記載されている具体的事項を挙げて質問しても、なお証人が従前の記憶を喚起することができないような場合に、「あなたは、検察官に対し、……と説明したので

はありませんか。」などと言って当該供述調書の該当部分を読み聞かせて質問することは、証人の供述に不当な影響を及ぼすものでない限り、許されると解されている。

エ　誤り。

　訴訟関係人は、書面に関し、その成立、同一性その他これに準ずる事項について証人を尋問する場合において必要があるときは、その書面を示すことができる（刑訴規199条の10第１項）。これは、通常これらの事項に関し証人を尋問する場合には、書面を提示しなければ尋問の目的を達することができず、また、書面を提示しても証人の供述に不当な影響を及ぼすおそれがないため、裁判長の許可等を要することなく無条件に書面の提示をなし得るとされたものである。そして、証人に供述調書の署名・指印を示して本人のものであるかどうかを確認することは、同項の規定により許されるのであり、証人追及の過程で行われても、刑訴規199条の11による制約は受けない。したがって、下線部（エ）の尋問方法は、許される。

オ　正しい。

　被告人以外の者の供述を録取した書面で供述者の署名若しくは押印のあるものは、検察官の面前における供述を録取した書面については、①その供述者が死亡、精神若しくは身体の故障、所在不明若しくは国外にいるため公判準備若しくは公判期日において**供述**することが**できないとき（供述不能）**、又は②公判準備若しくは公判期日において**前の供述と相反するか若しくは実質的に異なった供述**をしたとき（**自己矛盾供述**）に限り、これを証拠とすることができる（321条１項２号本文）。ただし、②については、公判準備又は公判期日における供述**よりも前の供述を信用すべき特別の情況（相対的特信情況）**が存在するときに限られる（同号ただし書）。したがって、本記述の場合、Ａの検察官調書は、公判でのＡの証言よりも検察官の取調べにおける供述を信用すべき特別の情況が存しなければ、証拠能力を有しない。

文献　試験対策講座380、381、421頁

補章　スキルアップ問題

No.
070

論

現場録音

H26-34

□ 月 日
□ 月 日
□ 月 日

　次の学生ＡないしＤの【会話】は、脅迫事件の被害者が脅迫を受けている現場の音声を録音した録音テープを、犯行時の状況を立証するために用いる場合の証拠能力について議論するものである。証拠とすることの同意（刑事訴訟法第326条）がない限り、同法第321条第3項の要件を満たさなければならないとする見解からの発言をする学生の人数は、後記1から5までのうちどれか。

【会　話】

学生Ａ．この場合の録音テープは、犯罪が行われた現場の状況を録音したもので、現場の状況を音声の面から、つまり聴覚の面から明らかにするというものですよね。

学生Ｂ．その意味では、聴覚と視覚という違いはあるけれど、証拠能力については、現場の状況を視覚の面から明らかにする現場写真と同じように考えていいんじゃないかな。僕は、写真は機械的方法によって現場の状況をそのまま記録するもので、そこに供述の要素は含まれないし、録音でも音声を記録する上での機械的正確さは保障されていると思うね。

学生Ｃ．私は、録音の過程で、録音機器を操作したり、記録された情報を編集したりするというような作為が介在する点を重視すべきだと思います。

学生Ｄ．録音の過程での人の作為による誤りと、人の知覚・記憶・表現に伴う誤りとは、本質的に違うものですよ。

学生Ａ．私は、現場写真にせよ、現場録音の録音テープにせよ、現場の状況を報告するために人の手によって作成されるものであるという性質を持つことを考えるべきだと思います。そうすると、録音テープの作成者が、公判廷で録音テープが真正に作成されたものであることを供述することが、録音テープの証拠能力を認める要件として必要になります。

学生Ｂ．録音テープの作成過程について、現場の状況が正確に録音されているかどうかなどを確認するには、録音をした者の証人尋問をするのが一番有効だろうね。でも、僕の立場からすると、証拠能力の要件は関連性で足りるので、録音者の証人尋問が絶対に必要とまではならないな。

学生Ｃ．私は、録音機器の操作や録音後の編集などによる誤りの危険性があ
　　　　るから、録音者に対する反対尋問による確認がなされることが、必要
　　　　不可欠だと考えます。
学生Ｄ．それじゃあ、現場の状況が録音されているのが明らかなのに、録音
　　　　者が誰か分からないときには、問題なんじゃないですか。そもそもＣ
　　　　さんが言っているのは、証拠能力の問題なのかな。
１．０人　　２．１人　　３．２人　　４．３人　　５．４人

No.
070
正解 3
321条3項が証人尋問を要求する趣旨から考えよう。
正答率
70.1%

現場録音の録音テープの証拠能力については、供述証拠説と非供述証拠説とがある。証拠とすることの同意（326条）がない限り、321条3項の要件（原供述者が公判期日において証人として尋問を受け、その真正に作成されたものであることを供述すること）を満たさなければならないとする本問柱書の見解（以下「本問見解」という）は、現場録音の録音テープを供述証拠と解する供述証拠説である。

A 本問見解からの発言である。

学生Aは、録音テープが現場の状況を聴覚の面から明らかにするという点に着目している。また、学生Aは、録音テープが人の手によって作成されるという性質を持つことを考慮し、録音テープの作成者が、公判廷で録音テープが真正に作成されたものであることを供述することが、録音テープの証拠能力を認める要件として必要であるとしている。

B 本問見解からの発言ではない。

学生Bは、録音テープの証拠能力を現場写真と同様に考えてよいとして、その証拠能力の要件は関連性で足り、録音者の証人尋問が絶対に必要とまではならないとしている。そして、**現場写真は、非供述証拠**に属し、当該写真自体又はその他の証拠により**事件との関連性**を認め得る限り、**証拠能力を有する**ものであって、これを証拠として採用するためには、必ずしも撮影者らに現場写真の作成過程や事件との関連性を証言させることを要するものではないとされている（**最決昭59.12.21百選87事件**参照）。

C 本問見解からの発言である。

学生Cは、録音の過程で、録音機器を操作したり、記録された情報を編集したりするというような作為が介在する点を重視し、それによって誤りが混入するおそれがあるため、録音テープの証拠能力を認めるためには、録音者に対する反対尋問による確認がなされることが必要不可欠であるとしている。

D 本問見解からの発言ではない。

学生Dは、録音の過程での人の作為による誤りと、人の知覚・記憶・表現に伴う誤りとは、本質的に違うものであるとする。これは、録音の過程を供述過程に準じるものと捉える供述証拠説に対する批判である。

文献 試験対策講座431、432、435頁

071

論

伝聞証拠

予R3-23

□ 月 日
□ 月 日
□ 月 日

次の【事例】について述べた後記アからオまでの【記述】のうち、正しいものの組合せは、後記１から５までのうちどれか。

【事　例】

　　甲は、「令和２年12月５日午前１時頃、H市内のＩ公園内で、ゴルフクラブでＶを殴打して殺した。」との殺人の事実により、H地方裁判所に起訴された。公判において、犯行の目撃者A、甲の妻B、甲の知人Cの証人尋問が、それぞれ実施された。

【記　述】

ア．Aの、「話をしていた２人のうち１人が『甲、お前に貸した金を早く返せ。』と言うと、言い争いになり、その後、言われた方がもう一方に棒のようなものを振り下ろした。」旨の証言は、要証事実を「甲がＶに借金をしていたこと」とした場合、伝聞証拠に当たらない。

イ．Aの、「話をしていた２人のうち１人が『甲、お前に貸した金を早く返せ。』と言うと、言い争いになり、その後、言われた方がもう一方に棒のようなものを振り下ろした。」旨の証言は、要証事実を「犯人がＶと甲と呼ばれていたこと」とした場合、伝聞証拠に当たる。

ウ．Bの、「令和２年12月１日午後１時頃、自宅において、甲から『探していたゴルフクラブを家の物置で見つけた。』と言われた。」旨の証言は、要証事実を「甲が犯行時点よりも前からゴルフクラブを所持していたこと」とした場合、伝聞証拠に当たる。

エ．Bの、「令和２年12月８日午後３時頃、自宅において、甲から『３日前の午前１時頃、H市内のＩ公園で、Ｖをゴルフクラブで殴り殺した。』と言われた。」旨の証言は、要証事実を「Ｖを殺したのが甲であったこと」とした場合、伝聞証拠に当たる。

オ．Cの、「令和２年12月７日午後５時頃、甲から電話があり、『２日前の午前１時頃には、俺は自宅でテレビ番組を見ていた。』と言われた。」旨の証言は、要証事実を「Ｖが殺されたとき甲が自宅にいたこと」とした場合、伝聞証拠に当たらない。

1．アイ　　2．アオ　　3．イウ　　4．ウエ　　5．エオ

補章
スキルアップ問題

伝聞証拠か否かは、要証事実との関係で決まるので、何が要証事実かを定めたうえで、供述内容の真実性が問題となるか否かを正確に判断してほしい。　正答率 67.4%

ア　誤り。

　要証事実を「甲がＶに借金をしていたこと」とした場合、Ａの証言どおりの内容の出来事があったことを立証しようとするものであり、甲がＶから本当に借金をしたのかという**証言の内容の真実性が問題**となるから、伝聞証拠に当たる。

イ　誤り。

　要証事実を「犯人がＶから甲と呼ばれていたこと」とした場合、甲の**発言の存在自体を立証**しようとするものであり、供述内容の真実性は問題とならないから、伝聞証拠に当たらず、**非伝聞**である。

ウ　正しい。

　要証事実を「甲が犯行時点よりも前からゴルフクラブを所持していたこと」とした場合、Ｂの証言どおりの内容の出来事があったことを立証しようとするものであり、甲が犯行時点よりも前からゴルフクラブを所持していたかという**供述内容の真実性が問題**となるから、伝聞証拠に当たる。

エ　正しい。

　要証事実を「Ｖを殺したのが甲であったこと」とした場合、Ｂの証言どおりの内容の出来事があったことを立証しようとするものであり、甲が本当にＶをゴルフクラブで殴り殺したかどうかという**供述内容の真実性が問題**となるから、伝聞証拠に当たる。

オ　誤り。

　要証事実を「Ｖが殺されたとき甲が自宅にいたこと」とした場合、Ｃの証言どおりの内容の出来事があったことを立証しようとするものであり、Ｖが殺された時本当に甲が自宅にいたかどうかという**供述内容の真実性が問題**となるから、伝聞証拠に当たる。

文献　試験対策講座412〜417頁

酒酔い・酒気帯び鑑識カードの証拠能力

H24-33

　次の【記述】は、酒酔い・酒気帯び鑑識カードの証拠能力に関する最高裁判所の判例を要約したものである。【記述】中の①から③までの（　）内から適切な語句を選んだ場合、その組合せとして正しいものは、後記１から５までのうちどれか。

【記　述】

　本件「化学判定」欄は、甲警察署巡査Ａが被疑者の呼気を通した飲酒検知管の着色度を観察して比色表と対照した検査結果を検知管の示度として記入したものであり、また、被疑者の外部的状態に関する記載のある欄は、同巡査が被疑者の言語、動作、酒臭、外貌、態度等の外部的状態に関する所定の項目につき観察した結果を所定の評語に印を付ける方法によって記入したものであって、本件「酒酔い・酒気帯び鑑識カード」のうち以上の部分は、同巡査が、被疑者の酒酔いの程度を判断するための資料として、被疑者の状態につき前記のような検査、観察により認識した結果を記載したものであるから、紙面下段の調査の日時の記載、同巡査の記名押印とあいまって、①（a.刑事訴訟法第321条第３項にいう「検証の結果を記載した書面」　b.刑事訴訟法第321条第４項にいう「鑑定の経過及び結果を記載した書面」）に当たるものと解するのが相当である。（中略）「外観による判定」欄の記載は、同巡査が被疑者の外部的状態を観察した結果を記載したものであるから、②（a.検証　b.鑑定）の結果を記載したものと認められる。（中略）本件「酒酔い・酒気帯び鑑識カード」のうち被疑者との問答の記載のある欄は、同巡査が所定の項目につき質問をしてこれに対する被疑者の応答を簡単に記載したものであり、③（a.被疑者が作成した供述書として刑事訴訟法第322条第１項の書面　b.同巡査作成の捜査報告書たる性質のものとして刑事訴訟法第321条第１項第３号の書面）に当たるものと解するのが相当である。

1．①a　②a　③a
2．①a　②a　③b
3．①a　②b　③a
4．①b　②b　③b
5．①b　②b　③a

《原　文》

　本件「化学判定」欄は、甲警察署巡査Aが被疑者の呼気を通した飲酒検知管の着色度を観察して比色表と対照した検査結果を検知管の示度として記入したものであり、また、被疑者の外部的状態に関する記載のある欄は、同巡査が被疑者の言語、動作、酒臭、外貌、態度等の外部的状態に関する所定の項目につき観察した結果を所定の評語に印を付ける方法によって記入したものであって、本件「酒酔い・酒気帯び鑑識カード」のうち以上の部分は、同巡査が、被疑者の酒酔いの程度を判断するための資料として、被疑者の状態につき前記のような検査、観察により認識した結果を記載したものであるから、紙面下段の調査の日時の記載、同巡査の記名押印とあいまって、①（a．刑事訴訟法第321条第3項にいう「検証の結果を記載した書面」）に当たるものと解するのが相当である。（中略）「外観による判定」欄の記載は、同巡査が被疑者の外部的状態を観察した結果を記載したものであるから、②（a．検証）の結果を記載したものと認められる。（中略）本件「酒酔い・酒気帯び鑑識カード」のうち被疑者との問答の記載のある欄は、同巡査が所定の項目につき質問をしてこれに対する被疑者の応答を簡単に記載したものであり、③（b．同巡査作成の捜査報告書たる性質のものとして刑事訴訟法第321条第1項第3号の書面）に当たるものと解するのが相当である。

【穴埋めについて】

　【記述】は判例（最判昭47.6.2）の要約であるが、以下のように推論していけば正解にたどり着ける。

　まず、**検証**とは、**五官の作用**によって、**場所・物・人の身体の性質・状態等を認識する処分**をいう。一方、**鑑定**とは、**特別の知識経験を有する者**による、**事実の法則又はその法則を具体的事実に適用して得た判断の報告**をいう。本件「化学判定」欄・被疑者の外部的状態に関する記載のある欄について、【記述】によると、司法巡査が、「被疑者の状態につき認識した結果を記載したもの」とされている以上、上記定義に照らすと、これらは、鑑定ではなく**検証の結果を記載した書面**に当たると考えるべきである。したがって、①に入るのはaの記述である。また、「外観による判定」欄の記載についても、【記述】によれば、「同巡査が被疑者の外部的状態を観察した結果を記載したもの」であるから、鑑定ではなく**検証の結果を記載した書面**に当たる。したがって、②に入るのはaの記述となる。

　そして、被疑者との問答の記載のある欄について、【記述】によると、「巡査Aが所定の項目につき質問をしてこれに対する被疑者の応答を簡単に記載したもの」とされている以上、当該判例は、その作成者を被疑者ではなく同巡査であると捉えていることが分かる。したがって、③に入るのはbの記述である。

文献　試験対策講座426～428頁

No.
073
論
択一的認定
予R2-26

□ 月 日
□ 月 日
□ 月 日

次のⅠないしⅢの【見解】は、「Yに対する保護責任者遺棄致死罪で起訴された甲の公判において、証拠調べの結果、甲がYを遺棄した当時、Yが生きていたか死亡していたかが判明せず、甲に保護責任者遺棄致死罪と死体遺棄罪のどちらかが成立することは疑いがないが、どちらであるかは確定できなかった場合に、裁判所は、どのような判決を言い渡すべきか。」という問題に関する考え方を述べたものである。【見解】に関する後記アからオまでの【記述】のうち、誤っているものは幾つあるか。後記1から6までのうちから選びなさい。

【見　解】

Ⅰ．無罪判決を言い渡すべきである。

Ⅱ．保護責任者遺棄致死罪又は死体遺棄罪のいずれかの事実が認定できるという択一的認定をして、有罪判決を言い渡すべきであるが、量刑は、軽い死体遺棄罪の刑によるべきである。

Ⅲ．軽い死体遺棄罪の事実を認定して、有罪判決を言い渡すべきである。

【記　述】

ア．Ⅰの見解に対しては、国民の法感情に反するという批判がある。

イ．Ⅰの見解に対しては、刑事訴訟において重要なのは、特定の犯罪に当たる事実の証明がされたかどうかであるとの批判がある。

ウ．Ⅱの見解は、保護責任者遺棄致死罪又は死体遺棄罪のいずれかであることは疑いがない以上、軽い罪の刑で処罰するのであれば、「疑わしきは被告人の利益に」の原則に反しないとする。

エ．Ⅱの見解に対しては、合成的な構成要件を設定して処罰することになり、罪刑法定主義に反するという批判がある。

オ．Ⅲの見解は、保護責任者遺棄致死罪又は死体遺棄罪のどちらかが成立することは疑いがない状況で、重い保護責任者遺棄致死罪の事実が認定できないのであれば、死体遺棄罪が疑いなく証明されたと考えるべきであるとする。

1．0個　　2．1個　　3．2個　　4．3個　　5．4個　　6．5個

ア　正しい。

Ⅰの見解に対しては、保護責任者遺棄致死罪又は死体遺棄罪のいずれかが成立することに疑いがないにもかかわらず、無罪判決を言い渡せば、犯罪行為を行った者には刑罰を与えるべきという国民の法感情に反するという批判が考えられる。

イ　誤り。

刑事訴訟において重要なのは、特定の犯罪に当たる事実の証明がされたかどうかであると考える場合、保護責任者遺棄致死罪と死体遺棄罪のどちらが成立するか確定できない場合には、特定の犯罪に当たる**事実の証明**がされたことに**ならず**、**無罪判決**を言い渡すこととなる。したがって、イの記述は、Ⅰの見解の批判ではなく根拠となる。

ウ　正しい。

Ⅱの見解に立って、保護責任者遺棄致死罪又は死体遺棄罪のいずれかの事実が認定できるという択一的認定により有罪判決を言い渡す場合、**軽い罪**である死体遺棄罪の刑で処罰すれば、**量刑の点で被告人に有利**であり、**利益原則に反しない**と考えることとなる。

エ　正しい。

「保護責任者遺棄致死罪又は死体遺棄罪のいずれかの事実が認定できる」という択一的認定は、「『人又は死体』の遺棄」という**刑罰法規に存在しない構成要件**によって処罰するのと**実質的に同じ**ことになり、有罪判決に際して証明すべき対象が、実体法上の構成要件を基準に個別化されることを要請する**罪刑法定主義に反する**という批判が考えられる。

オ　正しい。

Ⅲの見解によれば、保護責任者遺棄致死罪と死体遺棄罪は、客体が生体か死体かという、事実が**論理的に二者択一の関係**にあるので、重い保護責任者遺棄致死罪の構成要件要素たる「人」（生体）という**事実**の証明につき、**利益原則の適用により不存在を認定する結果**、軽い死体遺棄罪の構成要件要素たる「**死体**」という**事実の存在を認定**することになる。そのため、死体遺棄罪が疑いなく証明されたと考えることとなる。

文献 試験対策講座463～466頁

MEMO

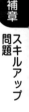

No.
074

控訴審の権限

H23-39

□ 月 日
□ 月 日
□ 月 日

次の【記述】は、控訴審の権限に関して判断を示した最高裁判所決定の要旨である。①から⑦までの（　）内に後記ａからｉまでの【語句群】から適切な語句を入れた場合、組合せとして正しいものは後記１から５までのうちどれか。なお、①から⑦までの（　）内にはそれぞれ異なる語句が入る。

【記　述】

　　第一審判決がその理由中において無罪の判断を示した点は、牽連犯ないし包括一罪として起訴された事実の一部なのであるから、右第一審判決に対する控訴提起の効力は、それが被告人からだけの控訴であつても、公訴事実の全部に及び、右の無罪部分を含めたそのすべてが控訴審に移審係属すると解すべきである。そうとすれば、控訴裁判所は右起訴事実の全部の範囲にわたつて（①）を加えることが可能であるとみられないでもない。しかしながら、控訴審が第一審判決について（①）をするにあたり、いかなる限度においてその職権を行使すべきかについては、さらに慎重な検討を要するところである。いうまでもなく、現行刑訴法においては、いわゆる（②）主義が基本原則とされ、（③）主義はその補充的、後見的なものとされているのである。（②）主義の現われとして、現行法は（④）制度をとり、検察官が公訴を提起するには、（⑤）を記載した起訴状を裁判所に提出しなければならず、（⑤）は（④）を明示してこれを記載しなければならないこととし、この（④）につき、当事者の攻撃防御をなさしめるものとしている。（中略）

　　このように、審判の対象設定を原則として（②）の手に委ね、被告人に対する不意打を防止し、（②）の公正な訴訟活動を期待した第一審の訴訟構造の上に立つて、刑事訴訟法はさらに控訴審の性格を原則として（⑥）審たるべきものとしている。すなわち、控訴審は、第一審と同じ立場で事件そのものを審理するのではなく、前記のような（②）の訴訟活動を基礎として形成された第一審判決を対象とし、これに（⑥）的な審査を加えるべきものなのである。そして、その（⑥）審査も当事者の申し立てた控訴趣意を中心としてこれをなすのが建前であつて、（①）はあくまで補充的なものとして理解されなければならない。けだし、前記の第一審における（②）主義と（③）主義との関係は、控訴審においても同様に考えられるべきだからである。

　　これを本件についてみるに、本件公訴事実中第一審判決において有罪とされた部分と無罪とされた部分とは牽連犯ないし包括一罪を構成するものであるにしても、その各部分は、それぞれ１個の犯罪構成要件を充足し得るものであり、（④）としても独立し得たものなのである。そして、右のうち無罪とされた部分については、被告人から不服を申し立てる利益がなく、検察官からの控訴申立てもないのであるから、当事者間においては攻防の対象から

はずされたものとみることができる。このような部分について、それが理論上は控訴審に移審係属しているからといつて、（⑥）審たる控訴審が（①）を加え有罪の自判をすることは、被告人控訴だけの場合、刑事訴訟法第402条により第一審判決の刑より重い刑を言い渡されないことが被告人に保障されているとはいつても、被告人に対し不意打を与えることであるから、前記のような現行刑事訴訟の基本構造、ことに現行控訴審の性格にかんがみるときは、（⑦）として許される限度をこえたものであつて、違法なものといわなければならない。

【語句群】
　a．職権調査　　　　b．当事者の申立てに基づく調査　　　　c．当事者
　d．職権　　　e．訴因　　　f．公訴事実　　　　g．事実　　　h．事後
　i．職権の発動
1．①b④e　　2．①a⑦i　　3．②d⑤f　　4．②c⑥g　　5．③c⑥h

《原　文》

　第一審判決がその理由中において無罪の判断を示した点は、牽連犯ないし包括一罪と
して起訴された事実の一部なのであるから、右第一審判決に対する控訴提起の効力は、
それが被告人からだけの控訴であつても、公訴事実の全部に及び、右の無罪部分を含め
たそのすべてが控訴審に移審係属すると解すべきである。そうとすれば、控訴裁判所は
右起訴事実の全部の範囲にわたつて（①　a－職権調査）を加えることが可能であると
みられないでもない。しかしながら、控訴審が第一審判決について（①　a－職権調
査）をするにあたり、いかなる限度においてその職権を行使すべきかについては、さら
に慎重な検討を要するところである。いうまでもなく、現行刑訴法においては、いわゆ
る（②　c－当事者）主義が基本原則とされ、（③　d－職権）主義はその補充的、後
見的なものとされているのである。（②　c－当事者）主義の現われとして、現行法は
（④　e－訴因）制度をとり、検察官が公訴を提起するには、（⑤　f－公訴事実）を記
載した起訴状を裁判所に提出しなければならず、（⑤　f－公訴事実）は（④　e－訴
因）を明示してこれを記載しなければならないこととし、この（④　e－訴因）につき、
当事者の攻撃防御をなさしめるものとしている。（中略）このように、審判の対象設定
を原則として（②　c－当事者）の手に委ね、被告人に対する不意打を防止し、（②
c－当事者）の公正な訴訟活動を期待した第一審の訴訟構造の上に立つて、刑事訴訟法
はさらに控訴審の性格を原則として（⑥　h－事後）審たるべきものとしている。すな
わち、控訴審は、第一審と同じ立場で事件そのものを審理するのではなく、前記のよう
な（②　c－当事者）の訴訟活動を基礎として形成された第一審判決を対象とし、これ
に（⑥　h－事後）的な審査を加えるべきものなのである。そして、その（⑥　h－事
後）審査も当事者の申し立てた控訴趣意を中心としてこれをなすのが建前であつて、（①
a－職権調査）はあくまで補充的なものとして理解されなければならない。けだし、前
記の第一審における（②　c－当事者）主義と（③　d－職権）主義との関係は、控訴
審においても同様に考えられるべきだからである。

　これを本件についてみるに、本件公訴事実中第一審判決において有罪とされた部分と
無罪とされた部分とは牽連犯ないし包括一罪を構成するものであるにしても、その各部
分は、それぞれ1個の犯罪構成要件を充足し得るものであり、（④　e－訴因）として
も独立し得たものなのである。そして、右のうち無罪とされた部分については、被告人
から不服を申し立てる利益がなく、検察官からの控訴申立てもないのであるから、当事
者間においては攻防の対象からはずされたものとみることができる。このような部分に
ついて、それが理論上は控訴審に移審係属しているからといつて、（⑥　h－事後）審
たる控訴審が（①　a－職権調査）を加え有罪の自判をすることは、被告人控訴だけの
場合、刑事訴訟法第402条により第一審判決の刑より重い刑を言い渡されないことが被
告人に保障されているとはいつても、被告人に対し不意打を与えることであるから、前
記のような現行刑事訴訟の基本構造、ことに現行控訴審の性格にかんがみるときは、（⑦

ⅰ－職権の発動）として許される限度をこえたものであつて、違法なものといわなければならない。

【穴埋めについて】

　本問は、最大決昭46.3.24が判示するとおりである。現行刑訴法は、当事者主義を原則とし、補充的に職権主義が適用されている。当事者主義の現れとして訴因制度があり、**公訴事実**は、**訴因を明示**してこれを記載しなければならない（**256条3項前段**）。したがって、②にはcが、③にはdが、④にはeが、⑤にはfが入る。控訴裁判所は、**職権で調査をすることができるところ**（392条2項）、**控訴審**は、**事後審**であるとされ、検察官の控訴申立てがないのに第一審判決で無罪とされた部分について有罪の自判をすることには**制約がある**。したがって、①にはaが、⑥にはhが、⑦にはⅰが入る。

文献　試験対策講座499～501頁

登載フル問題一覧

　この一覧表は、復習用に用意しました。司法試験及び予備試験において出題された全問題のうち、本書のフル問題としての基準を満たすものを一覧としました。

　これにより、年度別に学習する際には、絶対に正解すべき問題が明確なため、より戦略的な時間配分が可能になります。また、目次と併せて利用することで、複数回出題された問題を更に可視化でき、今後も出題可能性が高い問題を見落とすことのない学習が可能です。

【司法試験】

年度	問題	タイトル	本書No.	正答率
平成18年	28	訴因	Y	―
	29	弁護人	Y	―
	32	当事者の主張・立証活動	Y	―
	33	違法収集証拠排除法則	Y	―
平成19年	23	令状によらない捜索・差押え	Y	―
	24	一罪一逮捕一勾留の原則	Y	―
	25	接見指定	Y	―
	28	公判前整理手続	Y	―
	33	検面調書	Y	―
	35	自白法則	Y	―
平成20年	22	任意捜査と強制捜査	Y	―
	25	勾留の要件	Y	―
	27	身体の検査・捜索等	Y	―
	28	公訴提起前における押収・捜索	Y	―
	30	弁護	Y	―
	31	公訴の提起	Y	―
	32	公判前整理手続	Y	―
	33	伝聞法則等	Y	―
	35	証人尋問	Y	―
	36	証人の保護	Y	―
	38	同意書面	Y	―
	40	再審	Y	―
平成21年	21	捜査の端緒	Y	―
	28	弁護人の権限	Y	―
	40	上訴	Y	―
平成22年	21	捜査機関が行った捜査	Y	84.7%
	23	捜索・差押え・検証	Y	95.2%
	24	逮捕に伴う捜索・差押え	Y	92.0%
	26	接見交通権	Y	90.0%
	29	公判前整理手続	Y	81.1%
	34	共犯者の自白	Y	82.3%
	37	管轄の有無を判断する基準	Y	71.5%
平成23年	21	捜査の端緒	Y	91.0%
	24	捜索・差押え	Y	93.7%
	29	訴因総合問題	Y	88.4%
	33	自由心証主義	Y	89.9%
	39	控訴審の権限	74	77.2%

	21	緊急逮捕	64	71.4%
	23	捜査機関が行う写真等の撮影	22	92.3%
	26	公訴	32	95.8%
	29	公判前整理手続	40	81.3%
平成24年	30	犯罪の証明	Y	85.9%
	31	自白法則	52	94.6%
	32	補強証拠	55	87.1%
	33	酒酔い・酒気帯び鑑識カードの証拠能力	72	73.4%
	35	証言の証拠能力（伝聞法則）	56	93.6%
	36	被害者参加	6	91.6%
	24	捜索・押収	63	72.8%
	28	公訴時効	37	84.2%
	29	保釈	38	81.8%
平成25年	32	共犯者の供述と補強証拠の要否	53	82.9%
	34	一事不再理効	58	86.0%
	35	前科証拠の証拠能力	50	81.1%
	36	余罪と量刑事情	51	91.0%
	37	公判前整理手続	39	96.1%
	22	自動車検問	11	81.1%
平成26年	29	被告人の特定	34	80.6%
	32	証人尋問	69	72.8%
	34	現場録音	70	70.1%

Ｙ：直近12年以前の問題につき、登載見送り

－：平成19年以降と異なる統計基準につき、数値未記入

【予備試験】

年度	問題	タイトル	本書No.	正答率
平成23年	22	自由心証主義	Y	89.9%
平成24年	15	逮捕状の呈示	65	60.2%
	18	自白法則	52*	94.6%
平成25年	17	覚醒剤取締法違反被疑事件の捜査	23	90.5%
	24	余罪と量刑事情	51*	91.0%
	25	公判前整理手続	39*	96.1%
	14	検察官・司法警察員の権限	13	73.9%
	20	実況見分調書	68	55.5%
平成27年	22	公判前整理手続	42	68.5%
	23	裁判員裁判	1	89.3%
	24	犯罪被害者	44	73.5%
	26	控訴申立ての理由の審査	60	74.1%
	14	告訴	12	80.4%
	20	公判前整理手続	41	76.3%
	21	訴因変更の要否	35	60.9%
平成28年	23	共犯者の自白	54	81.4%
	24	直接証拠・間接証拠	45	67.2%
	25	被害者参加制度	7	68.7%
	26	再審	61	66.9%
	14	任意処分と強制処分	9	90.3%
	15	現行犯逮捕	15	72.4%
平成29年	18	一罪の一部起訴	33	73.2%
	23	書面等を示しての尋問	48	73.9%
	25	厳格な証明	67	40.0%

平成30年	16	被疑者の勾留理由開示	17	65.0%
	17	逮捕に伴う令状によらない捜索・差押え	20	81.1%
	18	弁護人の権限	4	79.2%
	19	黙秘権	27	73.9%
	21	訴因総合問題	36	70.7%
	23	裁判員裁判	2	68.4%
	26	控訴	59	73.6%
令和元年	14	刑事手続における諸概念の意義や沿革	62	66.3%
	15	捜査	19	77.1%
	18	弁護人の活動	5	84.0%
	21	証人尋問	47	66.0%
	23	違法収集証拠の証拠能力	57	77.1%
	25	犯罪の証明	46	84.5%
令和2年	16	捜索・押収	CT	62.7%
	18	血液採取	26	65.7%
	20	検察官の権限	3	85.3%
	21	第一審の被告人質問	49	72.0%
	26	択一的認定	73	59.6%
令和3年	15	逮捕・勾留	16	81.0%
	16	逮捕に伴う捜索・差押え	21	83.8%
	18	接見交通権	29	74.1%
	20	法定刑の軽重による異同	66	76.6%
	23	伝聞証拠	71	67.4%
令和4年	14	司法警察員と検察官	14	78.6%
	16	体液等の採取	24	86.7%
	17	鑑定	25	69.8%
	18	黙秘権	28	70.8%
	19	弁護人の権限	30	83.0%
	21	公判前整理手続	43	65.4%
令和5年	14	捜査の端緒	8	69.5%
	15	任意捜査の限界	10	75.2%
	18	身体検査等	18	73.6%
	19	弁護人の活動	31	65.3%

Y：直近12年以前の問題につき、登載見送り

CT： **CORE TRAINING** として収録

＊：司法試験と同一の問題

伊藤 真 （いとう・まこと）

[略 歴]

1958年 東京生まれ。 1981年 司法試験に合格後、司法試験等の受験指導に携わる。

1982年 東京大学法学部卒業後、司法研修所入所。 1984年 弁護士登録。

1995年 15年間の司法試験等の受験指導のキャリアを活かし、合格後、どのような法律家になるかを視野に入れた受験指導を理念とする「伊藤真の司法試験塾」（その後、「伊藤塾」に改称）を開塾。

伊藤塾以外でも、大学での講義（慶應義塾大学大学院講師を務める）、代々木ゼミナールの教養講座講師、日経ビジネススクール講師、全国各地の司法書士会、税理士会、行政書士会、弁護士会等の研修講師も務める。

現在は、予備試験を含む司法試験や法科大学院入試のみならず、法律科目のある資格試験や公務員試験を目指す人達の受験指導をしつつ、「一人一票実現国民会議」及び「安保法制違憲訴訟」の発起人となり、弁護士として社会的問題にも取り組んでいる。

（一人一票実現国民会議 URL：https://www2.ippyo.org/）

[主 著]

『伊藤真の法律入門シリーズ』、『明日の法律家へ』（以上、日本評論社）、『伊藤真試験対策講座シリーズ』、『伊藤真ファーストトラックシリーズ』、『伊藤真の条文シリーズ』、『伊藤真の判例シリーズ』、『試験対策問題集 短答』、『試験対策問題集 論文』、『試験対策問題集 予備論文』、『試験対策問題集 新・論文』（以上、弘文堂）、『伊藤真が選んだ短答式一問一答1000』（法学書院）など多数。

伊藤塾

〒150-0031 東京都渋谷区桜丘町17-5 ☎03（3780）1717

https://www.itojuku.co.jp/

いとうじゅく ごうかく
伊藤塾 合格セレクション

しほうしけん　よびしけん　たんとうしきかこもんだいしゅう　けいじそしょうほう
司法試験・予備試験 短答式過去問題集 刑事訴訟法 2024

［司法試験・予備試験 短答式過去問題集 刑事訴訟法
第1版：2022年1月10日発行、第2版：2022年12月10日発行］

●──2024年6月20日 第1版第1刷発行

監修者──伊藤 真

編 者──伊藤 塾

発行所──日本評論社サービスセンター株式会社

発売所──株式会社日本評論社

　　　　〒170-8474 東京都豊島区南大塚3-12-4

　　　　電話03-3987-8621（販売）──8592（編集） 振替 00100-3-16

　　　　https://www.nippyo.co.jp/

印刷所──精文堂印刷株式会社

製本所──株式会社難波製本

装 幀──銀山宏子

検印省略 © M. ITOH, Itojuku 2024

ISBN 978-4-535-52780-5 Printed in Japan

受験生必携の書、続々刊行中！

伊藤塾合格セレクション

司法試験 予備試験 2024

短答式過去問題集

伊藤 真／監修・伊藤塾／編

◆司法試験・予備試験の短答式試験の
多く正解した問題を厳選！

◆試験合格のために必要な法解説も
織り込んだ過去問題集。

2023
（令和5）年
収録版

憲法 2024 ■定価3,300円　**民法** 2024 ■定価4,840円
　　　　　　　　　　　　　　　　　　 ■7月刊行予定

刑法 2024 ■定価3,960円　**商法** 2024 ■定価3,080円

民事訴訟法 2024 ■定価3,190円

刑事訴訟法 2024 ■定価3,080円

行政法 2024 ■定価2,970円

●全て A5判　　　日本評論社　　　※表示価格は税込
https://www.nippyo.co.jp/